ASSIM FALAVA ZARATUSTRA

NIETZSCHE

TRADUÇÃO
Alfredo Margarido

Veríssimo é um selo da Faro Editorial.

Diretor editorial **PEDRO ALMEIDA**
Coordenação editorial **RENATA ALVES**
Editora assistente **LETÍCIA CANEVER**
Tradução **ALFREDO MARGARIDO**
Preparação **ANA CAROLINA SALINAS e MARINA MONTREZOL**
Revisão **MARCIA GNANNI e CRIS NEGRÃO**
Capa **OSMANE GARCIA**
Imagens de capa **ESTÚDIO FARO**
Diagramação **VANESSA S. MARINE**

Dados Internacionais de Catalogação na Publicação (CIP)
Jéssica de Oliveira Molinari CRB-8/9852

Nietzsche, Friedrich Wilhelm, 1844-1900
Assim falava Zaratustra / Friedrich Nietzsche ; tradução de Alfredo Margarido. — São Paulo : Faro Editorial, 2025.
192 p.

ISBN 978-65-5957-572-5
Título original: Also sprach Zarathustra: Ein Buch für Alle und Keinen

1. Filosofia alemã I. Título II. Margarido, Alfredo

24-1471 CDD 193

Índice para catálogo sistemático:
1. Filosofia alemã

Veríssimo

1ª edição brasileira: 2025
Direitos desta versão em língua portuguesa, para o Brasil, adquiridos por FARO EDITORIAL

Avenida Andrômeda, 885 – Sala 310 – Alphaville
Barueri – SP – Brasil
CEP: 06473-000
www.faroeditorial.com.br

PRIMEIRA PARTE

PRÓLOGO DE ZARATUSTRA

1

Quando Zaratustra completou trinta anos, deixou a sua pátria e o lago da sua pátria e foi para as montanhas. Ali viveu, alimentando-se de sua sabedoria e solidão, e dez anos se passaram sem que se cansasse. Mas, então, seu coração mudou. Certa manhã, levantou-se com a aurora, ficou diante do sol e assim lhe falou:

— Ó, grande astro! Que seria da tua felicidade se não tivesses aqueles a quem iluminas?

"Há dez anos vens até minha caverna, já estarias aborrecido de tua luz e desse trajeto se não fosse por mim, minha águia e minha serpente.

"Mas nós o esperávamos todas as manhãs, para tomar o teu excesso e te dar graças.

"Olha, estou farto da minha sabedoria, como a abelha que acumula demasiado mel; preciso de mãos que se estendam para mim.

"Queria doar, despender a minha sabedoria, até o dia em que os sábios entre os homens se sentissem felizes por serem tolos; e os pobres, felizes por serem ricos.

"Para isso, preciso descer às profundezas, como fazes todas as noites, quando mergulhas no mar para levar a tua luz ao mundo subterrâneo, ó, astro que transborda riqueza.

"Terei que, assim como tu, *declinar*, como dizem os homens a quem quero visitar.

"Abençoa-me, então, ó, olho afável capaz de ver sem inveja até mesmo o excesso de felicidade!

"Abençoa a taça que transborda, para que seu ouro corrente leve por todos os lados o reflexo da tua felicidade!

"Olha! Esta taça quer de novo se esvaziar, e Zaratustra quer de novo se tornar homem."

Assim começou o declínio de Zaratustra.

2

Zaratustra desceu sozinho da montanha, sem encontrar ninguém pelo caminho. Porém, ao chegar aos bosques, de repente viu um ancião se aproximar; ele tinha deixado o seu eremitério para procurar raízes na floresta. E assim o ancião falou a Zaratustra:

— Este andarilho não me é estranho; passou por aqui há muitos anos. Chamava-se Zaratustra, mas está mudado.

"Naquele tempo, levavas as tuas cinzas para as montanhas; agora, é o teu fogo que queres levar para o vale? Não temes o castigo reservado aos incendiários?

"Sim, reconheço Zaratustra. O seu olhar é puro, e o seu lábio está livre de qualquer desgosto. Não está ele caminhando como se dançasse?

"Zaratustra mudou, Zaratustra voltou a ser menino, Zaratustra despertou. Que queres procurar entre os que dormem?

"Vivias na solidão como se estivesses no seio de um oceano, e esse oceano te transportava. Desgraçado, queres, então, saltar para a terra? Desgraçado, queres, então, tornar a arrastar tu mesmo o peso do teu corpo?"

Zaratustra respondeu:

— Amo os homens.

— Então, por que – rebateu o santo – me retirei para a floresta e para este deserto? Não foi também por amar demais os homens?

"Agora amo Deus; não mais os homens. O homem é uma criatura demasiado imperfeita para o meu gosto. O amor pelo homem me mataria."

Zaratustra respondeu:

— Quem está falando de amor! Levo uma dádiva aos homens.

— Não dês nada aos homens – argumentou o santo. — Tira-lhes uma parte do fardo e ajuda a carregar; nada dará mais prazer a eles e poderá também ser bom para ti!

"E, se queres dar uma dádiva, que seja uma esmola, e, ainda assim, espera que te peçam."

— Não – replicou Zaratustra –, eu não dou esmolas. Não sou pobre o bastante para isso.

O santo riu de Zaratustra e falou assim:

— Nesse caso, cuida para que aceitem os tesouros. Eles desconfiam dos eremitas e não são capazes de acreditar que lhes vamos oferecer presentes.

"O som dos nossos passos ecoa demasiado solitário pelas ruas. É por isso que, à noite, nas suas camas, quando ouvem um homem caminhar muito antes do nascer do sol, perguntam-se: *Onde irá este ladrão*?

"Não vás para junto dos homens, fica nas montanhas. É melhor ires fazer companhia aos animais. Por que não queres ser como eu, urso entre os ursos, ave entre as aves?"

— E que faz o santo na floresta? – perguntou Zaratustra.

O santo respondeu:

— Faço canções, canto-as e, enquanto faço as minhas canções, rio, choro e sussurro; é essa a minha maneira de louvar Deus.

"Cantando, chorando, rindo e sussurrando, louvo o Deus que é o meu Deus. Mas, diga, que dádiva trazes?"

Ao ouvir essas palavras, Zaratustra despediu-se do santo e lhe disse:

— Não me faltariam dádivas para lhes trazer! Mas deixai-me ir embora depressa, para que não lhes tire alguma coisa! – E assim se separaram um do outro: o idoso e o homem, rindo como duas crianças.

Entretanto, uma vez que Zaratustra ficou só, falou assim ao seu coração:

— Será possível! Esse velho santo, na sua floresta, ainda não ouviu dizer que *Deus está morto*!

3

Quando Zaratustra chegou à cidade vizinha, situada na margem da floresta, encontrou uma grande multidão na praça pública, pois fora anunciado o espetáculo de um equilibrista. E Zaratustra assim falou ao povo:

— *Eu vos apresento o super-homem*. O homem só existe para ser superado. Que fizestes para o superar?

"Até agora todos os seres criaram alguma coisa que os superam, e vós quereis ser o refluxo dessa grande maré e regressar ao animal em vez de superar o homem?

"Que é o macaco para o homem? Uma risada ou uma dolorosa vergonha. Tal será o homem para o super-homem: uma risada ou uma dolorosa vergonha.

"Percorrestes o caminho que vai do verme ao homem, e ainda em vós resta muito do verme. Outrora fostes macacos, e mesmo agora o homem é mais macaco do que qualquer macaco.

"Mesmo o mais sábio de todos vós não passa de um ser híbrido e disparatado, meio planta, meio fantasma. Acaso vos disse que deveis ser fantasma ou planta?

"Eis que vos apresento o super-homem.

"O super-homem é o sentido da terra. Que a vossa vontade diga: seja o super-homem o sentido da terra!

"Imploro, meus irmãos, *permanecei fiéis à terra* e não acrediteis naqueles que vos falam de esperanças supraterrâneas. Conscientemente ou não, são envenenadores.

"São menosprezadores da vida, moribundos, intoxicados e de quem a terra está cansada: que pereçam, então!

"Em outros tempos, blasfemar contra Deus era a maior das blasfêmias, mas Deus morreu e com ele morreram esses blasfemadores. Agora, o crime mais atroz é blasfemar contra a terra e ter em maior conta as entranhas do impenetrável do que o sentido da terra.

"Em outros tempos, a alma lançava ao corpo um olhar de desdém, e nada era mais estimado do que esse desprezo. A alma queria um corpo fraco, horrível, faminto. Assim julgava que estaria livre do corpo e da terra.

"Essa alma, oh, como era ainda fraca, horrível e faminta! E descobria, na crueldade, o seu maior deleite!

"Mas vós, meus irmãos, dizei-me: o que conta o vosso corpo sobre a vossa alma? Não é ela miséria, imundície e conformidade lastimosa?

"Na verdade, o homem é um rio lamacento. É preciso ser como o oceano para absorver um rio lamacento sem se corromper.

"Pois bem, eu vos apresento o super-homem. É ele esse oceano; nele, irá se perder o vosso grande desprezo.

"Qual pode ser o maior acontecimento da vossa vida? É a hora do grande desprezo. A hora em que a vossa própria felicidade aborrece a vós, assim como a vossa razão e a vossa virtude.

"A hora em que dizeis: 'Que importa a minha felicidade! Não passa de miséria, imundície e conformidade lastimosa. Ora, a minha felicidade deveria justificar a própria existência.'

"A hora em que dizeis: 'Que importa a minha razão! Terá ela fome de saber, como o leão tem fome de carniça? Não passa de miséria, imundície e conformidade lastimosa.'

"A hora em que dizeis: 'Que importa a minha virtude? Ainda não me enlouqueceu. Estou farto do meu bem e do meu mal! Tudo isso é apenas miséria, imundície e conformidade lastimosa.'

"A hora em que dizeis: 'Que importa a minha justiça? Não me parece que eu seja ainda todo fogo e todo chama. Ora, o justo é todo fogo, todo chama.'

"A hora em que dizeis: 'Que importa a minha compaixão! Não é a compaixão a cruz onde se prega aquele que ama os homens? Ora, a minha compaixão não me crucificou.'

"Já dissestes essas coisas? Já gritastes essas coisas? Ai, tivesse eu ouvido esse grito!

"Não são os vossos pecados, é a vossa morna satisfação que clama aos céus; é a vossa parcimônia, mesmo no pecado, que clama aos céus.

"Onde está o raio que vos irá lamber com a sua chama? Onde está o delírio contra o qual será necessária proteção?

"Eis que vos apresento o super-homem. É ele esse raio, é ele esse delírio!"

Depois que Zaratustra assim disse, um homem gritou do meio da multidão:

— Já chega de falar desse equilibrista! Agora nos deixa vê-lo! – E toda a gente ria de Zaratustra. Porém o equilibrista, julgando que essas palavras eram dirigidas a ele, começou imediatamente a fazer seu trabalho.

4

Entretanto, Zaratustra olhava a multidão com assombro. E falou assim:

— O homem é uma corda estendida entre o animal e o super-homem, uma corda sobre um abismo.

"É perigoso vencer o abismo, é perigoso ir por esse caminho, é perigoso olhar para trás, é perigoso ter uma tontura e parar de repente!

"A grandeza do homem está em ele ser uma ponte, e não uma meta; o que se pode amar no homem é ele ser *transição e perdição*.

"Amo os que só sabem viver com a condição de perecer, porque perecendo se superam.

"Amo aqueles que se enchem de desprezo, pois trazem consigo o respeito supremo, são as flechas do desejo apontadas para a outra margem.

"Amo aqueles que não precisam procurar para além das estrelas uma razão para perecer e se sacrificar, mas que se sacrificam pela terra para que a terra venha a ser o império do super-homem.

"Amo o que vive apenas para saber e que quer saber a fim de permitir que um dia o super-homem viva. É assim que deseja a própria perda.

"Amo o que trabalha e inventa a fim de um dia construir a residência do super-homem e lhe preparar a terra, o animal e a planta. É assim que deseja a própria perda.

"Amo o que ama a sua virtude porque a virtude é o desejo de perecer e flecha do infinito desejo.

"Amo o que não reserva para si a menor gota do seu espírito, mas quer ser a essência da própria virtude; é nesse estado de espírito que atravessará a ponte.

"Amo o que faz da sua virtude a sua tendência e o seu destino; pois assim quer, ao mesmo tempo, viver e deixar de viver.

"Amo o que não quer ter demasiadas virtudes. Uma virtude é mais virtude do que duas e é o forte laço a que se prende o destino.

"Amo o que esbanja a sua alma, nunca a restitui e ainda recusa qualquer gratidão; pois doa sempre e não reserva nada para si.

"Amo o que se envergonha quando vê os dados caírem a seu favor e se pergunta: 'Estarei eu trapaceando?' – pois o seu desejo é perecer.

"Amo o que espalha uma rima de palavras de ouro perante as suas ações e faz sempre mais do que promete; pois o seu desejo é perecer.

"Amo o que justifica os vindouros e redime os passados; pois o seu desejo é perecer pelos de agora.

"Amo o que castiga o seu Deus porque ama o seu Deus; pois perecerá com a cólera do seu Deus.

"Amo aquele cuja alma é profunda, mesmo nas feridas, e que pode morrer de qualquer acidente fútil; porque é de bom grado que passará a ponte.

"Amo aquele cuja alma transborda, a ponto de perder a consciência de si mesmo e nele carregar todas as coisas, pois é a totalidade das coisas que causa a sua perda.

"Amo o que tem o espírito e o coração livres; a sua cabeça apenas serve de entranhas ao seu coração, mas é o seu coração que o leva a perecer.

"Amo todos os que se parecem com as gotas pesadas que caem uma a uma da sombria nuvem suspensa sobre os homens; anunciam que o relâmpago está próximo, perecem por serem os anunciadores.

"Vede, eu sou o anunciador do raio, eu sou uma pesada gota caída da nuvem, mas este raio é o *super-homem*."

5

Depois de Zaratustra pronunciar essas palavras, considerou outra vez a multidão em silêncio.

— Aí estão – disse ao seu coração –; eles riem, não me compreendem, não sou a boca que convém a esses ouvidos.

"Terei de lhes arrebentar os tímpanos para que aprendam a ouvir com os olhos? Terei de tocar címbalos e berrar como pregadores de quaresma? Ou só acreditarão no palavreado dos que gaguejam?

"Há uma coisa de que se orgulham. Como se chama mesmo a coisa de que se sentem orgulhosos? Chama-se cultura, é o que os distingue dos pastores de cabras.

"É por isso que não gostam de nada que os tratem com desprezo. Então, é ao seu orgulho que vou falar.

"Falarei sobre o que existe de mais desprezível no mundo, falarei sobre o *último homem*."

E Zaratustra falou ao povo:

— É tempo de o homem determinar um objetivo. É tempo de o homem plantar e germinar a sua esperança suprema.

"O seu solo está ainda bastante rico para tal. Mas um dia esse solo será pobre e infértil e não mais poderá fazer crescer uma grande árvore.

"Ai! Aproxima-se o tempo em que o homem já não lançará a flecha de seu desejo por cima da humanidade, e em que a corda de seu arco terá desaprendido a se esticar.

"Eu vos digo: é preciso ter ainda um caos dentro de si para gerar uma estrela dançante. Eu vos digo: tendes ainda um caos dentro de vós.

"Ai! Aproxima-se o tempo em que o homem se tornará incapaz de gerar uma estrela dançante. Ai! O que se aproxima é a época do homem mais desprezível, aquele que nem poderá desprezar a si mesmo.

"Vede! Eu vos apresento o *último homem*."

"'O que é amar? O que é criar? O que é desejar? O que é uma estrela?', assim falará o último homem, piscando os olhos.

"A terra, então, terá se tornado escassa, e nela se verá saltitar o último homem, que diminui todas as coisas. A sua espécie é tão indestrutível como a do pulgão; o último homem será o que viver mais tempo.

"'Descobrimos a felicidade', dirão os últimos homens, piscando os olhos.

"Terão abandonado as regiões onde a vida é rigorosa, pois precisam de calor. Ainda amarão o próximo e irão se esfregar nele porque precisam de calor.

"A doença e a desconfiança são como outros tantos pecados; é preciso ver onde se anda! Insensato é aquele que ainda tropeça nas pedras e nos homens!

"Algum veneno de vez em quando, coisa que proporciona sonhos agradáveis. E muito veneno por fim, para se ter uma morte agradável.

"Trabalharão ainda porque o trabalho distrai. Mas terão cuidado para que essa distração nunca se torne cansativa.

"Ninguém mais se tornará rico ou pobre; são duas coisas penosas demais. Quem desejará ainda governar? Quem desejará ainda obedecer? São duas coisas penosas demais.

"Nenhum pastor e um só rebanho! Todos quererão a mesma coisa, todos serão iguais; quem tiver um sentimento diferente entrará voluntariamente no manicômio.

"'Em outro tempo, toda a gente era doida', dirão os mais sagazes, piscando os olhos.

"Serão espertos e saberão tudo o que se passou antigamente; assim sua zombaria não cessará. Ainda vão discutir, mas depressa vão se reconciliar, por medo de estragar a digestão.

"Terão um pouco de prazer durante o dia e um pouco de prazer durante a noite; respeitando a saúde.

"'Descobrimos a felicidade', dirão os últimos homens, piscando os olhos."

Aqui, terminou o primeiro discurso de Zaratustra, que também se chama Prólogo; pois neste ponto foi interrompido pelos gritos e pelas risadas da multidão.

— Dá-nos esse último homem, Zaratustra – gritava o povo. — Torna-nos semelhantes a esses últimos homens! E pode ficar com o teu super-homem! – E o povo todo exultava e dava estalos com a língua. Mas Zaratustra afligiu-se e disse ao seu coração:

— Não me compreendem, não sou a boca que convém a esses ouvidos.

"Vivi tempo demais nas montanhas, ouvi demais os rios e as árvores, e agora lhes falo como os pastores de cabras.

"A minha alma não se abalou em nada, é clara como as montanhas pela manhã. Mas eles julgam que sou frio, como um sinistro zombador.

"E aí estão, olhando para mim e rindo; e não contentes em rir de mim, ainda por cima me odeiam. Há gelo em seu riso."

6

Mas, então, aconteceu algo que fez calar todas as bocas e atraiu todos os olhares. Naquele espaço de tempo, o equilibrista começara a trabalhar; saíra de uma pequena porta e andara pela corda, presa a duas torres sobre a praça e a multidão; entretanto, quando estava justamente a meio caminho, abriu-se outra vez a portinha e saltou um rapaz cheio de cores que parecia um palhaço, o qual correu a grandes passos até o primeiro.

— Depressa, aleijado! – gritava com a sua horrível voz. — Depressa, preguiçoso, manhoso, cara deslavada! E toma cuidado para que eu não te pise os calcanhares! Que fazes metido entre estas duas torres? Na torre, devias estar trancado, já que impedes o caminho de outro melhor do que tu.

E a cada palavra se aproximava mais; mas, quando estava a apenas um passo do primeiro, ocorreu algo terrível que fez calar todas as bocas e atraiu todos os olhares: o recém-chegado lançou um grito diabólico e saltou por cima daquele que estava em seu caminho. Este, ao ver a vitória do seu rival, perdeu a cabeça e caiu da corda; deitou fora o balancim e precipitou-se ainda mais depressa no abismo, com um redemoinho de braços e de pernas. A praça e a multidão pareciam o mar quando se desencadeia a tormenta; todos fugiram atropeladamente para todos os lados, sobretudo do local onde devia cair o corpo.

Mas Zaratustra não se mexeu, e o corpo caiu justamente perto dele, ferido e despedaçado, mas ainda vivo. Passado um momento, o ferido recuperou os sentidos e viu Zaratustra ajoelhado ao seu lado.

— Que fazes aqui? – acabou por dizer. — Há muito, eu sabia que o Diabo me daria uma rasteira. Agora, me levará para o inferno. Queres impedi-lo?

— Amigo – respondeu Zaratustra –, palavra de honra que nada do que falas existe; não há Diabo nem inferno. A tua alma morrerá ainda mais depressa do que o teu corpo; então, não tenha medo.

O homem lançou um olhar desconfiado.

— Se dizes a verdade – continuou o equilibrista –, ao perder a vida, não perderei nada. Não passo de um animal a quem ensinaram a dançar, com pancadas e punhados de comida.

— Não – contrapôs Zaratustra. — Fizeste do perigo o teu ofício, e isso nada tem de desprezível. Agora, morrerás por causa do teu ofício e, por isso, serás sepultado por minhas próprias mãos.

O moribundo já não respondeu a essas palavras, mas moveu a mão, como se procurasse a de Zaratustra para lhe agradecer.

7

Caiu a noite, a praça sumia nas trevas; então, a multidão se dispersou, pois até mesmo a curiosidade e o pavor cansam. Mas Zaratustra continuava sentado no chão, ao lado do morto; abismado em suas reflexões, esquecera-se do tempo. Por fim, fez-se madrugada e um vento frio soprou sobre o solitário. Zaratustra se levantou e disse ao seu coração:

— Na verdade, Zaratustra teve hoje uma boa pescaria! Não pescou um homem, mas um cadáver!

"A vida humana é sinistra e sempre desprovida de sentido; basta um palhaço para lhe ser fatal.

"Quero ensinar aos homens o sentido da sua existência, falar do super-homem, o relâmpago que deve brotar da sombria nuvem humana.

"Mas estou ainda muito longe deles, os meus pensamentos não falam aos seus sentidos. Os homens ainda veem em mim apenas um meio-termo entre um louco e um cadáver.

"Obscura é a noite, obscuros são os caminhos de Zaratustra. Vamos, rígido e gelado companheiro! Vamos para onde, por minhas mãos, serás sepultado."

8

Tendo assim falado ao seu coração, Zaratustra levou o cadáver às costas e se pôs a caminho. Ainda não havia andado cem passos quando um homem furtivamente se aproximou e lhe sussurrou algumas palavras ao ouvido; ora, o que falava era o palhaço da torre.

— Sai desta cidade, ó, Zaratustra – disse ele; muita gente aqui te odeia. Os bons e os justos te odeiam e dizem que tu os desprezas; os fiéis da verdadeira crença te odeiam e dizem que és um perigo para a multidão. Ainda tiveste sorte que riram de ti; e, na verdade, falaste como um palhaço. Tiveste sorte em te associar a este morto e te rebaixar dessa forma; isso o salvou por hoje. Mas sai desta cidade, senão amanhã poderei saltar por cima das tuas costas; um vivo por cima de um morto. – Tendo assim falado, o homem desapareceu; mas Zaratustra seguiu o seu caminho ao longo das ruazinhas escuras.

À porta da cidade, encontrou os coveiros; levantaram as tochas à altura de seu rosto, reconheceram Zaratustra e riram muito dele.

— Cá temos Zaratustra a carregar o burro morto! Bravo! Bom que Zaratustra tornou-se coveiro, porque não iremos sujar as nossas mãos com semelhante peça! Zaratustra quer roubar o alimento do Diabo? Enfim, muito bem! Coragem e bom apetite! Isto é, se o Diabo não for melhor ladrão do que Zaratustra, porque é capaz de roubar e ainda devorar os dois! – E desataram a rir, enquanto cochichavam uns com os outros.

Zaratustra não respondeu palavra e seguiu o seu caminho. Depois de ter caminhado durante duas horas e vencido florestas e pântanos, cansou-se de ouvir o uivo esfomeado dos lobos e também ele se sentiu atormentado pela fome. Por esse motivo, parou diante de uma casa isolada de onde brilhava uma luz.

— A fome me assalta como um salteador – disse Zaratustra. — A minha fome me assalta no meio das florestas e dos pântanos, em plena noite.

"A minha fome tem estranhos caprichos. Muitas vezes, só me aparece depois de comer, e hoje, em todo o dia, não apareceu. Onde estaria escondida?

Assim dizendo, Zaratustra bateu à porta da casa. Logo apareceu um ancião com uma luz, que perguntou:

— Quem vem à minha casa perturbar o meu fraco sono?

— Um vivo e um morto – respondeu Zaratustra. — Dê-me de comer e beber; esqueci-me de o fazer durante o dia. O que dá de comer ao faminto reconforta a sua própria alma; assim fala a sabedoria.

O ancião afastou-se, mas logo regressou e ofereceu pão e vinho a Zaratustra.

— Esta terra é ruim para os que têm fome – disse ele. — É por isso que moro aqui. Vêm ao meu eremitério homens e animais. Mas diz ao teu companheiro que coma e beba também; ele está mais cansado do que tu.

Zaratustra respondeu:

— O meu companheiro está morto; não será fácil convencê-lo a comer.

— Nada tenho com isso – resmungou o ancião. — O que bate à minha porta deve aceitar o que ofereço. Comei e passai bem!

Zaratustra caminhou durante mais duas horas, confiando no caminho e na luz das estrelas, porque estava acostumado a caminhar de noite e gostava de olhar em pleno rosto todos os que dormiam. Mas quando principiou a madrugada, Zaratustra achou-se numa espessa floresta onde já não se via mais nenhum caminho. Então, pousou o cadáver no côncavo de uma árvore, à altura de sua cabeça – pois queria livrá-lo dos lobos – e deitou-se também, no musgo do chão. No mesmo instante, adormeceu, de corpo cansado, mas com a alma tranquila.

9

Zaratustra dormiu por muito tempo; passaram sobre o seu rosto não só a aurora, mas também a manhã. Enfim, abriu os olhos; admirado, Zaratustra olhou para a floresta e para o silêncio e, admirado, olhou para dentro de si. Ergueu-se depressa, como um navegante que de súbito avista terra, e soltou um grito de alegria porque se dava conta de uma verdade nova. E assim falou ao seu coração:

— Um raio de luz me atravessa a alma; preciso de companheiros, vivos, não mortos e cadáveres que levo para onde quero.

"É de companheiros vivos que preciso, de companheiros que me sigam porque querem me seguir, para onde eu quiser ir.

"Um raio de luz me atravessa: não é para a multidão que Zaratustra deve falar, mas para companheiros. Zaratustra não deve ser pastor de um rebanho nem o cão do pastor.

"Vim apartar do rebanho muitas ovelhas. É preciso que a multidão e o rebanho se irritem comigo; Zaratustra quer que os pastores vejam nele um salteador.

"Eu digo pastores, mas eles chamam a si próprios de fiéis da verdadeira crença. Eu digo pastores, mas eles chamam a si próprios de bons e justos.

"Vede esses bons e justos! A quem odeiam mais? A quem lhes despedaça as tábuas de valores, o destruidor, o criminoso; ora, este é o criador.

"Vede esses fiéis da verdadeira crença! A quem odeiam mais? A quem lhes despedaça as tábuas de valores, o destruidor, o criminoso; ora, este é o criador.

"O criador procura companheiros, e não cadáveres; não quer nem rebanhos, nem fiéis. Procura criadores para se associarem a ele, desses que gravam valores novos em tábuas novas.

"O criador procura companheiros que o ajudem na sua colheita porque tudo nele está maduro para colher. Porém, faltam-lhe cem foices; por isso, arranca as espigas aos punhados e se aborrece.

"O criador procura companheiros que sabem afiar as suas foices. Serão chamados de destruidores e desprezadores do bem e do mal. Mas são ceifadores, que ceifam primeiro e descansam depois.

"Zaratustra procura homens que queiram criar com ele, ceifar com ele, descansar com ele. Que se importa ele com rebanhos, pastores e cadáveres?

"E tu, primeiro companheiro meu, descansa em paz! Com cuidado, te sepultei na tua árvore oca, bem abrigado dos lobos.

"Mas me separo de ti; o tempo chegou. Entre o crepúsculo e a aurora, me surgiu uma verdade nova.

"Não devo ser pastor nem coveiro. Deixarei até de falar ao povo; foi pela última vez que falei com um morto.

"Quero me unir aos criadores, aos ceifadores, aos que descansam só depois de cumprido o trabalho; eu lhes mostrarei o arco-íris e todas as escadas que levam ao super-homem.

"Cantarei minha canção aos solitários, aos que se retiraram sozinhos ou aos pares para a solidão e a quem quer que tenha ainda ouvidos para as coisas inauditas; este terá o coração oprimido pela minha ventura.

"Caminho para o meu fim, sigo o meu caminho; saltarei por cima dos hesitantes e dos retardatários. Assim, o meu avanço apressará a sua perda!"

10

Assim falara Zaratustra ao seu coração, quando o sol atingia o meio-dia; depois, dirigiu um olhar indagador para as alturas porque ouvia por cima de si o grito penetrante de uma ave. E eis que uma águia descrevia largos círculos no ar, e uma serpente estava suspensa por ela, não como uma presa, mas como amiga, pois se enroscava ao pescoço da ave.

— Eis os meus animais! – disse Zaratustra com o coração cheio de alegria.

"O mais orgulhoso e o mais astuto animal sob o sol; ambos saíram em exploração.

"Querem saber se Zaratustra ainda está vivo. E, de fato, estarei ainda vivo?

"Descobri que é mais perigoso viver entre os homens do que entre os animais. Zaratustra percorre perigosos caminhos. Que meus animais me guiem!"

Depois de dizer essas frases, Zaratustra recordou-se das palavras do santo da floresta; suspirou e falou assim ao seu coração:

— Devo ser mais sábio! Devo ser pura sabedoria, como a minha serpente.

"Peço, porém, o impossível; pedirei, então, que o meu orgulho caminhe sempre ao lado da minha prudência.

"E, se um dia a minha prudência me abandonar – ai, gosta tanto de tanto fugir! – possa, então, o meu orgulho voar com a minha loucura!"

Assim começou o declínio de Zaratustra.

OS DISCURSOS DE ZARATUSTRA

AS TRÊS METAMORFOSES

Apresento a vós as três metamorfoses do espírito: como o espírito se transforma em camelo; o camelo em leão; e o leão, por fim, em criança.

Há muitas coisas pesadas para o espírito robusto e paciente, todo imbuído de respeito; a sua força requer fardos pesados, os mais pesados que existam no mundo.

— O que há de mais pesado para transportar? – pergunta o espírito robusto, transformado em besta de carga, que se ajoelha como um camelo e pede um fardo pesado.

— Qual é a tarefa mais pesada, ó, heróis – pergunta o espírito robusto, transformado em besta de carga –, para que eu a assuma e desfrute a minha própria força?

Seria nos rebaixar para machucar o nosso orgulho? Deixar cintilar a nossa loucura para zombar da nossa sensatez?

Seria abandonar uma causa triunfante? Escalar altas montanhas para tentar o tentador?

Seria nos alimentar com as bolotas e a erva do conhecimento e, por amor à verdade, obrigar nossa alma a passar fome?

Ou seria estar enfermo e afastar os consoladores para fazer amizade com os surdos, que nunca ouvem o que queremos?

Ou seria mergulhar numa água lodosa, se for a água da verdade, e não afastar as frias rãs e os abrasados sapos?

Ou seria amar os que nos desprezam e estender a mão ao fantasma que quer nos assustar?

Todos esses fardos pesados o espírito robusto, transformado em besta de carga, toma sobre si; de forma semelhante ao camelo que atravessa o deserto com sua carga, assim ele se apressa para atravessar o seu deserto.

E aí, naquela extrema solidão, acontece a segunda metamorfose: o espírito se torna leão; pretende conquistar a liberdade e ser o rei do próprio deserto.

Procura, então, o seu último senhor; será o inimigo dele e do seu último Deus, quer lutar e vencer o grande dragão.

Qual é o grande dragão a que o espírito já não quer chamar nem senhor nem Deus? O nome do grande dragão é *Tu deves*. Mas o espírito do leão diz: *Eu quero*.

Tu deves lhe impede o caminho, reluzindo em ouro, coberto de escamas; e, em cada escama, brilha, em letras douradas, as palavras: *Tu deves*.

Valores milenares brilham nessas escamas, e o mais poderoso de todos os dragões fala assim:

— Em mim, brilha o valor de todas as coisas. Todos os valores foram criados no passado, e eu sou a soma de todos eles. Na verdade, no futuro não deve existir o *Eu quero*! – assim fala o dragão.

Meus irmãos, para que serve o leão do espírito? Não bastaria o animal paciente, resignado e respeitador?

Criar valores novos é algo que o leão não pode fazer, mas, com sua força, o leão pode se libertar e, assim, ganhar essa habilidade.

Para criar a própria liberdade e o direito sagrado de dizer *não*, mesmo ao dever, para isso, meus irmãos, é preciso ser leão!

Conquistar o direito a valores novos é a tarefa mais temível para um espírito paciente e laborioso. E decerto vê nisso o ato de um animal de rapina.

O que ele amava outrora, como bem mais sagrado, era o *Tu deves*. Agora, precisa descobrir as ilusões e as arbitrariedades do que há de mais sagrado no mundo; e, assim, depois de um rude combate, conquistar o direito de se libertar de seu amor; para exercer semelhante violência, é preciso ser leão.

Dizei-me, irmãos, o que a criança pode fazer que o leão não pôde? Para que será preciso que o altivo leão se transforme em criança?

É que a criança é inocência e esquecimento, um novo começo, um brinquedo, uma roda que gira sozinha, um primeiro movimento, uma afirmação sagrada.

Na verdade, irmãos, para jogar o jogo dos criadores é preciso ser afirmação sagrada, é preciso dizer sim; agora, o espírito quer a *sua* vontade; tendo perdido, conquistará o próprio mundo.

Apresentei a vós as três metamorfoses do espírito: como o espírito se transforma em camelo; o camelo em leão; e o leão, por fim, em criança."

Assim falava Zaratustra. Nesse tempo, ele morava na cidade que se chama Vaca Malhada.

AS CÁTEDRAS DA VIRTUDE

Elogiaram para Zaratustra um sábio que falava doutamente do sono e da virtude; com isso, ele havia acumulado honrarias, dinheiro e admiração, e todos os jovens se sentavam diante de sua cátedra. Zaratustra foi até ele e, como todos os seus discípulos, sentou-se diante de sua cátedra. E o sábio falou assim:

— Honrai e respeitai o sono! É o primeiro princípio. E fugi de todos os que dormem mal e ficam acordados de noite.

"Até mesmo o ladrão tem pudor diante do sono, anda a passos leves e passa furtivo pela noite. Sem pudor é o guarda que está de vigília à noite; tão sem pudor que usa a sua corneta.

"Saber dormir não é algo insignificante; é preciso ter estado acordado um dia inteiro para o conseguir.

"Dez vezes ao dia deves conseguir uma vitória sobre ti mesmo; eis o que cria uma grande fadiga, eis o ópio da alma.

"Dez vezes deves te reconciliar contigo mesmo; pois vencer a si mesmo é amargo, e dorme mal aquele que não vence o seu rancor.

"Dez verdades tens de procurar durante o dia, para evitar que as busque na noite e tua alma fique faminta.

"Dez vezes ao dia procura rir e estar alegre, senão serás atormentado à noite pelo teu estômago, esse pai da melancolia.

"Ainda que seja uma verdade pouco conhecida, é preciso ter todas as virtudes para dormir bem. Darei falso testemunho? Cometerei adultério?

"Cobiçarei a serva do próximo? Tudo isso combina mal com um bom sono.

"E, mesmo no caso de possuirmos todas as virtudes, é preciso acrescentar mais este conhecimento: saber colocar as virtudes para dormir, no tempo certo.

"É crucial que essas lindas mulherzinhas não briguem. E por tua causa, desgraçado!

"Paz com Deus e com o próximo, eis o que exige um bom sono. E paz com o diabo do próximo, senão virá te assombrar à noite!

"Respeito e obediência à autoridade, mesmo àquela duvidosa. Eis o que exige um bom sono. Fazer o que se o poder gosta de andar com pernas vacilantes?

"Aquele que gosta de pastar as suas ovelhas no mais verde prado, para mim, será sempre o melhor pastor. Eis o que favorece um bom sono.

"Não ambiciono nem grandes honras, nem grandes riquezas; fazem mal para o estômago. Dorme-se mal, porém sem uma boa reputação e um pequeno tesouro.

"Prefiro uma companhia vazia a uma má; mas é essencial que saiba chegar e ir embora no momento certo. Isso favorece um bom sono.

"Também me agradam muito os pobres de espírito; ajudam a dormir bem. Bem-aventurados os pobres de espírito, principalmente se damos sempre razão a eles.

"Assim, passa o dia para o virtuoso. Quando chega a noite, bem me livro de chamar o sono. O sono, que é o rei das virtudes, não gosta nada de ser chamado.

"Somente penso em tudo o que fiz e pensei durante o dia. E, paciente como uma vaca, ruminando, me pergunto: 'Quais foram as tuas dez vitórias sobre ti mesmo?'

"E as tuas dez reconciliações, e as tuas dez verdades, e as dez gargalhadas que te alegraram o coração?

"Assim, sonhando e embalado pelos meus quarenta pensamentos, sinto-me de súbito tomado pelo sono que não chamei, o rei de todas as virtudes.

"O sono bate nos meus olhos, eles se tornam pesados. O sono encosta nos meus lábios, eles ficam entreabertos.

"Na verdade, ele aparece com passos de veludo, o mais suave ladrão, e me rouba os pensamentos; fico estúpido, como esta cátedra.

"Mas não resisto por muito tempo. Eis que já estou entregue."

Depois de ter ouvido o sábio falar, Zaratustra riu consigo mesmo, pois uma luz tinha se acendido para ele. E disse para seu coração:

— Este sábio me parece doido, com os seus quarenta pensamentos; mas creio que compreende bem o sono.

"Afortunados os que vivem próximos a este sábio! Um sono assim é contagioso, mesmo através de uma parede espessa.

"Um encanto emana da sua cátedra. Não é em vão que os jovens vêm se sentar aos pés deste pregador da virtude.

"A sua sabedoria consiste em ficar acordado para dormir bem. E, na verdade, se faltasse sentido à vida e eu tivesse de eleger qualquer absurdo, esse seria o tipo de absurdo que eu escolheria.

"Mas agora compreendo o que se buscava antigamente, ao procurar mestres da virtude: garantir um bom sono e virtudes coroadas de ópio!

"Para todos esses ilustres sábios catedráticos, a sabedoria era um sono sem sonhos; não conheciam o sentido mais elevado da vida.

"Ainda hoje existem pessoas que se parecem com esse pregador de virtude e nem todas são assim honestas; mas o seu tempo já passou. E não resistirão por muito tempo; eis que já estão entregues.

"Bem-aventuradas são elas por terem sono; porque não tardarão a adormecer."

Assim falava Zaratustra.

DOS VISIONÁRIOS DO ALÉM

Outrora, também Zaratustra, como todos os elucidados do além, lançou a seta da sua ilusão para além da humanidade. O mundo pareceu a ele, então, a obra de um Deus doente e atormentado.

O mundo me parecia um sonho, um poema inventado por um Deus. Uma nuvem colorida se abrindo diante dos olhos de um divino descontente.

Bem e mal, alegria e desgosto, eu e tu – outras tantas nuvens coloridas diante dos seus olhos criadores. O Criador queria desviar o olhar de si mesmo: foi, então, que criou o mundo.

Para quem sofre, é uma alegria inebriante desviar os olhos do próprio sofrimento e esquecê-lo. Antes, o mundo me parecia alegria inebriante e esquecimento de si.

Esse mundo, eternamente imperfeito, imagem de uma eterna contradição, apareceu como uma alegria inebriante para o seu imperfeito Criador. Essa era a imagem que eu fazia do mundo.

Da mesma maneira, de forma semelhante a todos os visionários do outro mundo, lancei para além do homem a seta do meu desejo ilusório. Para além do homem, na verdade?

Ai! Meus irmãos, esse Deus que eu criei era obra e loucura humana, como todos os deuses.

Era homem, um pobre fragmento de homem e de Eu, um fantasma saído das minhas cinzas, das minhas chamas, nunca veio do além!

Que aconteceu, meus irmãos? Soube me dominar, mesmo que sofredor; levei as minhas cinzas para as montanhas, inventei uma chama mais viva. E eis que o fantasma se dissipou.

Agora que estou curado, seria um sofrimento para mim, um tormento, acreditar em semelhantes fantasmas. Eis o que tenho a dizer a essas pessoas do além.

Sofrimento e impotência; eis o que criaram todos os aléns, e esse breve delírio de felicidade que só o mais sofredor conhece.

A fadiga que quer atingir o extremo, com um único salto, um salto mortal; essa pobre fadiga ignorante, que não tem ao menos um desejo além desse, ela criou todos os deuses e todos os *além-mundos*.

Acreditai-me, meus irmãos! Foi o corpo em desespero do corpo que tateou as últimas paredes com os dedos de espírito perdido.

Acreditai-me, meus irmãos! Foi o corpo em desespero da terra que ouviu as entranhas do ser lhe falarem.

Quis, então, derrubar as últimas paredes e passar a cabeça por elas, e não só a cabeça: quis passar inteiro para o *outro mundo*.

Mas esse *outro mundo* está oculto dos homens, mundo desumano e desnaturado, nada celeste; e as entranhas do ser não dizem nada, a menos que falem pela voz do homem.

É bastante difícil, na verdade, demonstrar o ser e obrigá-lo a falar! Dizei-me, meus irmãos: não é a coisa mais insólita também a mais bem demonstrada?

De fato, esse Eu cheio de contradição e de confusão é ainda o que fala mais honestamente do seu ser; esse Eu que cria, que quer e que julga, esse Eu que é a medida e o valor das coisas.

E esse ser muito honesto, o Eu, fala do corpo e quer o corpo, mesmo quando sonha e divaga ou esvoaça com as asas partidas.

O Eu aprende a se expressar com uma honestidade crescente e, quanto mais aprende, mais palavras acha para enaltecer o corpo e a terra.

Esse Eu me ensinou um novo orgulho, que ensino aos homens: não mais ocultar a cabeça na areia das coisas celestes, mas levantar bem alto a cabeça terrena, que dá sentido à terra.

Ensino aos homens uma nova vontade: querer o caminho que o homem percorreu cegamente, considerá-lo bom e não mais fugir dele, como fazem os doentes e os moribundos.

Foram os doentes e os moribundos que menosprezaram o corpo e a terra, inventaram as realidades celestes e as gotas de sangue redentor; mas até esses venenos doces e fúnebres precisaram buscar no corpo e na terra!

Queriam fugir da sua miséria, e as estrelas estavam longe demais. Então, suspiraram:

— Oh! Se houvesse caminhos celestes para alcançarmos outra existência e outra felicidade! – Foi então que inventaram os seus artifícios e as suas poções sangrentas.

E pensaram, então, que estavam livres do corpo e da terra, os ingratos! Mas a quem deviam o espasmo e a volúpia do seu êxtase? Ao corpo e à terra.

Zaratustra tem compaixão pelos doentes. Na verdade, não o incomodam as suas formas de consolo ou de ingratidão. No entanto, que se curem, que se superem e criem um corpo superior!

Zaratustra também não se incomoda com o convalescente que lança um olhar de ternura à sua ilusão e vai à meia-noite assombrar a tumba do seu Deus; mas as suas lágrimas continuam sendo doença, corpo doente.

Houve sempre muitos enfermos entre os poetas e os que buscam Deus; perseguem com um ódio furioso os adeptos do conhecimento e a mais nova das virtudes: a honestidade.

Olham sempre para trás, para tempos de trevas; quando a loucura e a fé tinham um rosto diferente, a demência da razão aproximava o homem de Deus, e a dúvida era pecado.

Conheço bem demais essas pessoas que pensam ser semelhantes a Deus; querem que acreditemos nelas, e que a dúvida seja considerada pecado.

E também sei, bem demais, em que elas acreditam acima de tudo.

Na verdade, não é nos mundos do além nem nas gotas de sangue redentor; sobretudo, acreditam no corpo, e, para essas pessoas, seu próprio corpo é a coisa em si.

Porém, o corpo é uma coisa doente para elas; gostariam de se ver livres dele. Por isso, escutam os pregadores da morte e pregam elas próprias os *além-mundos*.

Preferi antes, meus irmãos, a voz do corpo são. É uma voz mais leal e mais pura.

O corpo são, realizado, construído com esquadro, fala com mais lealdade e mais pureza, e fala do sentido da terra.

Assim falava Zaratustra.

DOS QUE DESPREZAM O CORPO

Tenho uma palavra a dizer aos que desprezam o corpo. Não lhes peço para mudar de opinião nem de doutrina, apenas deem adeus ao próprio corpo; isso os tornará mudos.

— Eu sou corpo e alma – assim fala a criança. E por que não havemos de falar como as crianças?

Mas o homem, desperto para a consciência e para o conhecimento, diz: "Todo eu sou corpo e nada mais; a alma é uma palavra que designa uma parte do corpo".

O corpo é uma grande razão, uma multiplicidade unânime, um estado de guerra e paz, um rebanho e seu pastor.

Essa pequena razão que chamas de *espírito*, ó, meu irmão, é apenas um instrumento do teu corpo, e um pequeno instrumento, um brinquedo da tua grande razão.

Dizes *Eu* e te orgulhas dessa palavra. Entretanto, há algo maior, em que te recusas a acreditar, é o teu corpo e a tua grande razão; ele não diz Eu, mas procede como Eu.

Aquilo que a inteligência pressente, aquilo que o espírito reconhece, nunca tem seu fim em si. Mas a inteligência e o espírito quereriam te convencer de que são o fim de todas as coisas, tal é a sua soberba.

Inteligência e espírito não passam de instrumentos e brinquedos; o *Em si* está situado para além deles. O Em si também se informa pelos olhos dos sentidos, também ouve pelos ouvidos do espírito.

O Em si está sempre à escuta, alerta; compara, submete, conquista, destrói. Reina e é também soberano do Eu.

Por trás dos teus pensamentos e dos teus sentimentos, meu irmão, há um senhor poderoso, um sábio desconhecido, que se chama Em si. Habita no teu corpo, é o teu corpo.

Há mais razão no teu corpo do que na própria essência da tua sabedoria. E quem sabe por que o teu corpo necessita da essência da tua sabedoria?

O teu Em si ri do teu Eu e dos teus saltos arrogantes. "Que significam para mim esses saltos e esses voos do pensamento?", diz para si. "Eles me desviam do objetivo. Eu sou o guia e inspiro todos os seus pensamentos."

O Em si, então, diz ao Eu: "Sofre agora". O Eu sofre e se pergunta como deve agir para deixar de sofrer – é para esse fim que lhe deve servir o pensamento.

O Em si, então, diz ao Eu: "Agora, sinta prazer". O Eu sente alegria e se pergunta como deve agir para experimentar mais vezes a alegria – é para esse fim que lhe deve servir o pensamento.

Quero dizer uma coisa aos que desprezam o corpo. Aquilo que desprezam é a substância a que devem a sua estima. Quem criou a estima e o desprezo, o valor e a vontade?

O Em si criador criou a estima e o desprezo, criou a alegria e a dor. O corpo criador criou para si o espírito, emanando sua vontade.

Até na tua loucura e no teu desdém, vós que desprezam o corpo obedecem ao teu Em si. Eu vos digo: o vosso Em si quer morrer e se afasta da vida.

Não pode fazer o que mais desejaria: criar para superar a si mesmo. É o que ele mais deseja; é essa a sua paixão.

Contudo, é tarde demais para isso: até o vosso Em si quer desaparecer, desprezadores do corpo!

O vosso Em si quer desaparecer: é por isso que desprezam o corpo! Por não poder criar além e superar a vós.

Por isso, vos revoltais contra a vida e a terra. No olhar oblíquo do vosso desprezo, transparece uma inveja inconsciente.

Eu não sigo o vosso caminho, desprezadores do corpo! Para mim, não sois pontes que se encaminhem para o super-homem!

Assim falava Zaratustra.

DAS ALEGRIAS E PAIXÕES

Meu irmão, se tens uma virtude que é tua; então, não a tens em comum com pessoa alguma.

Na verdade, queres chamá-la pelo nome e acariciá-la; queres puxar sua orelha e te divertir com ela.

E eis que tens agora o teu nome em comum com o povo e te tornaste povo e rebanho com a tua virtude!

Farias melhor dizendo:

"Coisa inexprimível e sem nome é o que constitui o tormento e a doçura da minha alma, e o que é também a fome das minhas entranhas."

Seja a tua virtude demasiado alta para denominações familiares, e, se necessitas falar dela, não te envergonhes de balbuciar.

Fala e balbucia assim:

"Este é o meu bem, o que amo; só assim me agrada inteiramente; só assim o quero bem!

"Não o quero como mandamento de um Deus, nem como uma lei e uma necessidade humana; não há de ser para mim um guia de terras superiores e paraísos.

"O que eu amo é uma virtude terrena, que não se relaciona com a sabedoria e o sentir comum.

"Esse pássaro, porém, construiu o seu ninho em mim; por isso, o quero e o estreito ao coração. Agora, incuba em mim os seus dourados ovos."

É assim que deves balbuciar e elogiar a tua virtude.

Antes tinhas paixões, julgava que eram más. Agora, tens apenas as tuas virtudes: elas nasceram das tuas paixões.

Puseste nessas paixões o teu objetivo mais elevado; então, passaram a ser tuas virtudes e alegrias.

Fostes da raça dos coléricos, dos voluptuosos, dos fanáticos ou dos vingativos. Enfim, todas as tuas paixões acabaram por se tornar virtudes; e todos os teus demônios, anjos.

Antes tinhas cães selvagens em teu porão, mas acabaram por se converter em pássaros e em aves canoras.

Com os teus venenos, preparaste o teu bálsamo; ordenhaste a tua vaca de aflição e agora bebes o saboroso leite dos seus úberes.

E nenhum mal nasce em ti, a não ser aquele que nasce da luta das tuas virtudes.

Meu irmão, és feliz se só tens uma virtude, e não várias; pois assim passas mais ligeiro pela ponte.

É uma distinção ter muitas virtudes, mas é um pesado destino; e não são poucos os que se mataram no deserto, cansados de ser combate e campo de batalha das próprias virtudes.

Meu irmão, serão um mal a guerra e a batalha? Mas são males necessários, e também são necessários ciúmes, desconfiança e calúnia entre as tuas virtudes.

Repara como cada uma das tuas virtudes é insaciável e tudo deseja; cada uma quer que a totalidade da tua alma lhe sirva de arauto, quer toda a tua força na cólera, no ódio e no amor.

Cada virtude tem ciúmes das outras, esse é um sentimento terrível. As próprias virtudes podem morrer por ciúmes.

Aquele que anda ao redor da chama do ciúme acaba, como o escorpião, voltando contra si mesmo o seu ferrão envenenado.

Ai! Meu irmão, nunca viste uma virtude caluniar e apunhalar a si própria?

O homem é um ser que deve se superar; por isso, deves amar as tuas virtudes – porque por elas morrerás.

Assim falava Zaratustra.

DO PÁLIDO CRIMINOSO

Ó, juízes e sacrificadores, não quereis matar antes que a besta tenha curvado a cabeça? Vede, o pálido criminoso inclinou a cabeça; o seu olhar exprime o supremo desprezo.

O meu Eu é o que deve ser superado, o meu Eu inspira-me o profundo desprezo do homem – eis o que diz esse olhar.

O momento em que se condenou foi o seu apogeu; não o deixeis descer desse auge para a sua baixeza.

Para aquele que tanto sofre por si não há redenção possível, a não ser uma morte rápida.

Quando matais, ó, juízes, que seja por compaixão, e não por vingança. E, ao matar, procurai justificar a própria vida!

Não basta que vos reconcilieis com aqueles que matais. Que a vossa tristeza seja amor pelo super-homem; assim justificareis a vossa própria sobrevivência.

Deveis lhe chamar *inimigo*, e não *malfeitor*; *enfermo* ou *infame*, *louco*, e não *pecador*.

E tu, juiz vermelho, se confessasses em voz alta o que fizeste em pensamento, toda a gente gritaria: "Abaixo esta imundície, esta serpente venenosa!".

Mas uma coisa é o pensamento; outra, é o ato; outra coisa, ainda, a imagem do ato. Não há, entre eles, nenhum laço de causalidade.

Uma imagem fez com que este homem ficasse pálido. Estava à altura do seu ato quando o realizou, mas não suportou a sua imagem depois de o ter consumado.

Vê-se apenas como o autor de um único ato, desde então. É isso que chamo de loucura; tomou a exceção pela norma.

Um risco de giz no chão hipnotiza a galinha: o ato praticado hipnotizou a sua pobre razão; é isso que chamo de loucura *depois* do ato.

Ouvi, ó, juízes! Há também outra loucura, a loucura *antes* do ato. Ah! Ainda não penetraste profundamente nessa alma.

Assim fala o juiz vermelho: "Por que foi que esse homem matou? Para roubar". Mas eu vos digo: a sua alma tinha sede de sangue, não de roubo; queria a felicidade da faca!

Porém, a sua pobre razão não compreendeu essa loucura e o persuadiu de outra coisa: "Que importa o sangue?" – disse. "Nem ao menos queres aproveitar para roubar? Ou para te vingar?"

E ouviu a sua pobre razão cujas palavras pesavam sobre ele como chumbo; então, roubou depois de ter matado. Não queria se envergonhar da sua loucura.

E, agora, o chumbo do seu crime volta a pesar sobre ele, e a sua pobre razão lhe parece tão embotada, tão paralisada, tão torpe!

Se ao menos pudesse abanar a cabeça, o seu fardo cairia. Mas quem poderá abanar essa cabeça?

Quem é esse homem? Um novelo de doenças que sonham em se lançar pelo mundo para procurar a sua presa.

Quem é este homem? Um nó de serpentes ferozes que raras vezes estão em paz umas com as outras e então abrem caminho, uma para cada lado, para procurar sua presa pelo mundo.

Vede esse pobre corpo. Os seus sofrimentos e desejos a sua pobre alma tentou interpretar como uma sede de crime, como a aspiração ao prazer da faca.

Aquele que hoje cai doente sucumbe ao mal de hoje, quer fazer sofrer os outros com aquilo que o faz sofrer. Mas houve outros tempos e outras espécies de bem e de mal.

Antes, o mal era a dúvida e o desejo de ser Em si. O doente era herege ou feiticeira; e era como herege ou feiticeira que padecia e queria padecer.

Todavia, trata-se de coisas que vos recusais a ouvir; prejudica, dizeis, aqueles a quem chamais pessoas de bem. Mas que me importam as vossas pessoas de bem?

Nas vossas pessoas de bem, há muitíssimas coisas que me repugnam, e certamente não o mal que existe nelas. Desejaria que tivessem uma loucura que as levasse a perecer, como esse pálido criminoso!

Na verdade, quereria que a sua loucura se chamasse verdade, lealdade ou justiça; mas a sua virtude lhe serve para viver durante muito tempo em mísera conformidade.

Eu sou um corrimão na margem do rio; agarre-me quem puder. Mas não sou vossa muleta.

Assim falava Zaratustra.

LER E ESCREVER

Dos escritos, só amo o que se escreve com o próprio sangue. Escreve com sangue, e descobrirás que sangue é espírito.

Não é nada fácil compreender o sangue alheio; eu detesto todos os que leem como ociosos.

Quando se conhece o leitor, nada mais se faz pelo leitor. Mais um século de leitores, e o próprio espírito será um fedor.

Que toda a gente tenha o direito de aprender a ler, eis o que com o tempo estraga não somente a escrita, mas o pensamento.

Outrora o espírito era Deus, depois se tornou homem, agora se transforma na plebe.

O que escreve com o seu sangue e em máximas não quer ser lido, mas decorado.

Nas montanhas, o caminho mais curto vai de um cume a outro; mas, para isso, é preciso ter pernas compridas. As máximas devem ser cumes, e aqueles a quem as destina devem ser esbeltos e altos.

O ar leve e puro, o perigo próximo e o espírito pleno de alegre malícia, tudo isso se harmoniza maravilhosamente.

Gosto de me ver rodeado por duendes maliciosos, porque sou corajoso. A coragem afugenta os fantasmas, mas cria os seus próprios duendes. A coragem gosta de rir.

Sinto todas as coisas de modo diferente de vós; a nuvem que vejo abaixo de mim, escura e carregada, e que me faz rir — é para vós uma nuvem tempestuosa.

Olhais para cima, porque aspirais à elevação. E eu, como estou no alto, olho para baixo.

Qual de vós sabe ainda rir, mesmo depois de ter atingido o alto?

Aquele que escala os mais elevados montes ri das cenas trágicas do palco e da gravidade trágica da vida.

Corajosos, despreocupados, zombeteiros, imperiosos, assim nos quer a sabedoria; ela é mulher e só pode amar os guerreiros.

Vós me dizeis: "A vida é um fardo pesado". Mas para que manter o vosso orgulho matinal e a vossa resignação da tarde?

A vida é um fardo pesado? Não sejais tão consternados! Não passamos todos de uns bons burrinhos e burrinhas de carga.

Que temos em comum com o botão de rosa que se dobra sob o peso de uma gota de orvalho?

É verdade que amamos a vida por estarmos mais habituados a amar do que a viver.

Há sempre alguma loucura no amor. Mas também há sempre alguma razão na loucura.

E quanto a mim, que gosto da vida, parece-me que aqueles que melhor se entendem com a felicidade são as borboletas e as bolhas de sabão, e os homens que são como elas.

Ver essas alminhas aladas e loucas se agitarem, graciosas e movediças, é o que dá a Zaratustra vontade de chorar e cantar.

Eu só poderia acreditar num Deus que soubesse dançar.

E quando vi o meu Diabo, achei-o grave, meticuloso, profundo, solene; era o espírito da gravidade, é ele que faz cair todas as coisas.

Não é a cólera, é o riso que mata. Adiante! Matemos o espírito da gravidade!

Eu aprendi a andar: desde então, deixei de esperar que me empurrassem para mudar de lugar.

Agora me sinto leve, estou voando e me vejo do alto, como um pássaro. Agora, há um Deus dançando em mim.

Assim falava Zaratustra.

A ÁRVORE NA MONTANHA

Zaratustra tinha notado que um jovem o evitava. E uma tarde, ao atravessar sozinho as montanhas que rodeiam a cidade denominada Vaca Malhada, eis que encontrou em seu caminho esse jovem, sentado ao pé de uma árvore, dirigindo ao vale um olhar cansado. Zaratustra segurou a árvore em que o jovem se encostava e disse:

— Se eu quisesse sacudir esta árvore com as minhas mãos, não seria capaz.

"Mas o vento, que não vemos, a açoita e a dobra como lhe agrada. As mãos invisíveis são hábeis em nos dobrar e açoitar à sua vontade."

Ao ouvir tais palavras, assustado, o jovem se levantou e exclamou:

— Ouço Zaratustra e estava pensando justamente nele.

Zaratustra replicou:

— Que te assustas? O que sucede à árvore sucede ao homem.

"Quanto mais aspira a subir para as alturas e para a luz, mais as suas raízes aspiram a mergulhar na terra, nas trevas, nas profundezas – no mal."

— Sim, no mal – exclamou o jovem. — Como é possível teres descoberto a minha alma?

Zaratustra sorriu e disse:

— Há almas que nunca descobriremos, a não ser que as tenhamos inventado.

— Sim, no mal! – repetiu o jovem. — Disseste a verdade, Zaratustra. Já não tenho confiança em mim desde que aspiro a elevar-me às alturas, e mais ninguém confia em mim. A que se deve isso?

"Mudo depressa demais. O meu Eu de hoje contradiz o meu Eu de ontem. Com frequência salto degraus quando subo – e nenhum degrau me perdoa.

"Quando chego ao alto, estou sempre só. Ninguém me dirige a palavra, a solidão glacial me obriga a tremer. O que procuro nas alturas, afinal?

"O meu desejo e o meu desprezo crescem juntos; quanto mais me elevo, mais desprezo o que se eleva. O que ele procura nas alturas, afinal?

"Como me envergonho de subir aos tropeções! Como zombo do meu fôlego ofegante! Como odeio aquele que tem asas! Como me sinto cansado de ter subido tão alto!"

Aqui, o rapaz calou-se. E Zaratustra, olhando atento para a árvore em que estavam encostados, assim lhe falou:

— Esta árvore cresceu solitária na montanha; cresceu acima de homens e animais.

"E, se quisesse falar, ninguém a compreenderia, tão alto que cresceu.

"Agora ela espera, espera sem cessar – mas o quê? Habita perto demais da morada das nuvens; decerto, espera o raio que não tardará a vir."

Quando Zaratustra acabava de dizer estas palavras, o jovem, dominado por uma violenta agitação, exclamou:

— É verdade, Zaratustra, dizes bem. Ao procurar as alturas, aspirava à minha queda, e tu és o raio que esperava. Olha: que sou eu desde que tu nos apareceste? Foi a *inveja* que te tenho que me destruiu! — assim falou o jovem, chorando amargamente. Zaratustra o envolveu com seu braço e o levou consigo.

Depois de andarem juntos durante algum tempo, Zaratustra falou assim:

— Tenho o coração dilacerado. Melhor do que as tuas palavras, os teus olhos me dizem o perigo em que estás.

"Ainda não és livre, ainda procuras a verdade. Essa procura te fez passar noites em claro e exasperou a tua consciência.

"Queres escalar as livres alturas, a tua alma aspira às estrelas. Mas os teus maus instintos também têm sede de liberdade.

"Os teus cães selvagens querem te libertar; ladram de alegria em seu porão, enquanto o teu espírito tende a abrir todas as prisões.

"Tu és ainda, como verifico, um prisioneiro que sonha com a liberdade. Ai! A alma desses presos se torna prudente, mas também astuta e má.

"Até o espírito que se liberta precisa se purificar, ele guarda ainda a sombra da sua prisão e o cheiro do mofo; é preciso que o seu olhar se purifique.

"É certo, conheço o perigo em que estás. Mas te suplico, em nome do meu amor e da minha esperança: não abandones o teu amor e a tua esperança!

"Ainda te reconheces nobre, assim como nobre te reconhecem os que te querem mal e te olham com maus olhos. Fica sabendo que o homem nobre é uma pedra no caminho de todos os outros.

"Até para os bons o nobre é um obstáculo, e mesmo quando o chamam de bom querem apenas uma maneira de excluí-lo.

"O homem nobre quer criar alguma coisa nova e uma nova virtude. O bom deseja as velhas coisas e conservar tudo o que é velho.

"E o perigo para o nobre, contudo, não é tornar-se bom, mas insolente, zombador e destruidor.

"Ah! Quantos nobres corações assim conheci, que perderam a sua mais elevada esperança! E depois caluniaram todas as elevadas esperanças.

"Desde então, têm vivido uma vida de poucas aspirações, feita de alegrias breves, sem ver mais longe, passando apenas de um dia para outro.

"'O espírito também é volúpia', diziam. E quebravam as asas do seu espírito. Agora, rastejam e mancham tudo o que consomem.

"Em outro tempo, pensavam em se tornar heróis; agora, são apenas zombadores. O herói é, para eles, aflição e espanto.

"Mas, em nome do meu amor e da minha esperança, eu te suplico: não abandones o herói que há em ti! Venera piedosamente a tua mais elevada esperança!"

Assim falava Zaratustra.

DOS PREGADORES DA MORTE

Há pregadores da morte, e a terra está cheia de pessoas a quem se devia pregar que desapareçam da vida.

A terra está cheia de pessoas supérfluas, e os que estão excedentes estragam a vida. Procuremos, então, com o engodo da *vida eterna*, persuadi-los a deixar essa vida!

Amarelos, assim se costuma chamar aos pregadores da morte – ou então *negros*. Mas eu os mostrarei a vós também sob muitas outras cores.

Os mais terríveis são os que têm dentro de si a fera e que só podem escolher entre os prazeres e as aflições. E até no seu prazer existe aflição!

Homens temíveis, que sequer estão ao nível de homem! Que preguem o abandono da vida e desapareçam!

Eis os tuberculosos da alma; mal nasceram e começaram logo a morrer, têm sede das doutrinas de cansaço e de renúncia.

Quereriam estar mortos, e devemos aceitar seu desejo. Livremo-nos de acordar esses mortos e de tocar nessas sepulturas vivas!

Basta encontrarem um doente, um velho ou um cadáver, que exclamam imediatamente: "A vida está reprovada."

Os reprovados, contudo, são eles unicamente, eles e o seu olhar que só vê uma das faces da existência.

Sumidos numa densa melancolia e apaixonadamente ávidos dos mais leves acasos que podem causar a morte, eis que a esperam, de dentes cerrados.

Ou então estendem a mão para doces e ao mesmo tempo zombam da própria criancice; estão apegados à palhinha de sua vida e escarnecem da força que ainda os agarra a essa palhinha.

A sua sabedoria diz: "Louco é aquele que se agarra à vida, mas somos como tais loucos. E essa é a maior loucura da vida."

"A vida é apenas sofrimento", dizem os outros; e não mentem. Tratem, portanto, de desaparecer. Fazei cessar uma vida que é apenas sofrimento.

Eis o que devia ensinar a vossa virtude: "Deves-te matar a ti mesmo. Deves desaparecer diante de ti mesmo."

"A luxúria é pecado", dizem alguns dos que pregam a morte. "Caminhemos separados e deixemos de conceber filhos."

"É doloroso dar à luz", dizem os outros, "e para que serve dar à luz? Só damos à luz infelizes desgraçados." Também estes são pregadores da morte.

"É preciso ter compaixão", dizem mais outros. "Recebei tudo o que tenho. Recebei o que sou. Assim ficarei menos ligado à vida."

Se tivessem compaixão verdadeira, tornariam a vida intolerável ao próximo. Ser mau seria, para eles, a verdadeira forma de bondade.

Entretanto, querem apenas se libertar da vida: pouco lhes importa se irão prender mais solidamente os outros, com as suas cadeias e com as suas dádivas.

E também vós, cuja vida é apenas inquietação e trabalho árduo, não estais exaustos da vida? Não estais maduros o bastante para a pregação da morte?

Vós todos, se amais o trabalho árduo e tudo o que é rápido, novo, desconhecido, é porque tendes dificuldade em suportar a vós mesmos; o vosso ardor no trabalho é uma maneira de fugirdes e de esquecerdes de vós próprios.

Se tivésseis mais fé na vida, não vos entregaríeis tanto ao momento presente. Mas não tendes substância suficiente para saber esperar, sequer para serdes preguiçosos.

Por toda parte, ressoa a voz dos que pregam a morte; e a terra está cheia de seres a quem a morte precisa ser pregada.

Ou a *vida eterna* – para mim, é o mesmo, contanto que se vão depressa.

Assim falava Zaratustra.

DA GUERRA E DOS GUERREIROS

Não nos preocupamos em ser poupados pelos nossos melhores inimigos nem por aqueles a quem amamos do fundo do coração. Deixai-me, portanto, dizer-vos a verdade.

Guerreiros, meus irmãos, eu vos amo de todo o coração. Sou semelhante a vós, sempre o fui. E sou também o vosso melhor inimigo. Deixai-me, portanto, dizer-vos a verdade.

Conheço o ódio e a inveja que vivem nos vossos corações. Não tendes suficiente grandeza de alma para ignorar o ódio e a inveja. Sede, então, bastante grandes para não vos envergonhardes disso!

E se não podeis ser santos do conhecimento, sede ao menos os seus guerreiros. Os guerreiros do conhecimento, que são os companheiros e os precursores dessa santidade.

Vejo muitos soldados: quisera ver muitos guerreiros. Chama-se *uniforme* aquilo que vestem; não seja, porém, *uniforme* o que esse trajo oculta.

Desejo que sejais daqueles cujo olhar está sempre à procura de um adversário – do *vosso* adversário. E em alguns de vós se descobre o ódio à primeira vista.

Procurai um inimigo, fazei a vossa guerra, uma guerra por vossos pensamentos. E se o vosso pensamento sucumbe, que a vossa integridade, ao menos, cante vitória.

Amai a paz como um meio de novas guerras; a paz breve mais do que a prolongada.

Não vos aconselho o trabalho, mas a luta. Não vos aconselho a paz, mas a vitória. Seja o vosso trabalho uma luta, seja a vossa paz uma vitória!

Só é possível guardar silêncio e permanecer tranquilo quando se tem um arco e uma flecha; de outro modo, o tempo passa em brigas e discussões. Seja a vossa paz uma vitória!

Dizeis que é a boa causa que santifica até mesmo a guerra? Mas eu vos digo: é a boa guerra que santifica todas as causas.

A guerra e a coragem fizeram coisas maiores do que a caridade. Não é a vossa piedade, mas a vossa bravura que até hoje socorre os miseráveis.

"O que vem a ser o bem?", perguntais. O bem é ser valente. Deixai as meninas dizerem: "O bem é o que é bonito e tocante ao mesmo tempo".

Chamam-vos gente sem coração; mas o vosso coração é sincero, e me agrada o pudor da vossa cordialidade. Não tendes vergonha da vossa abundância, como outros têm pudor da sua miséria.

Sois feios? Que sejam, meus irmãos. Envolvei-vos em sublime; é o manto da feiura.

E, quando a vossa alma cresce, torna-se presunçosa; na vossa grandeza, há maldade. Conheço-vos.

A maldade é o campo onde se encontram o presunçoso e o fraco. Mas não se compreendem. Conheço-vos.

O que precisais é de inimigos para odiar, não de inimigos para desprezar. Deveis sentir-vos orgulhosos do vosso adversário. Então, os triunfos dele serão também vossos.

A revolta é a nobreza do escravo. Que a vossa nobreza seja a obediência. Que o vosso mandato seja a obediência.

Para um verdadeiro guerreiro, *tu deves* soa melhor do que *eu quero*. Mesmo aquilo de que mais gostais, fazei como se fosse ordenado a vós.

Que o vosso amor à vida seja amor pela vossa mais elevada esperança, e que a vossa mais elevada esperança seja o mais alto pensamento da vida.

O vosso mais alto pensamento, porém, deixeis que eu o ordene a vós: o homem é algo que deve ser superado.

Vivei assim a vossa vida de obediência e de guerra. Que importa que a vida seja longa! Que guerreiro quer ser poupado?

Não uso de branduras convosco, amo-vos de todo o coração, guerreiros, meus irmãos!

Assim falava Zaratustra.

O NOVO ÍDOLO

Em certos lugares do mundo, ainda há povos e rebanhos, mas não entre nós, irmãos; entre nós, há Estados.

Estado? O que vem a ser isso? Vamos! Abri os ouvidos porque vos falarei da morte dos povos.

O Estado é o mais frio dos frios monstros. E frio mesmo quando mente; eis aqui a mentira que sai da sua boca: "Eu, o Estado, sou o povo".

Mentira! Criadores foram os que criaram os povos e suspenderam a fé e o amor sobre as suas cabeças; assim, serviram à vida.

Contudo, destruidores lançaram armadilhas à multidão, e a isso chamam de Estado; suspendem a espada e mil desejos sobre as suas cabeças.

Nos pontos onde ainda há um povo, ele não compreende nada do Estado e o odeia como uma maldição, como um pecado contra a moral e o direito.

Eis o sinal que dou a vós: cada povo fala uma língua particular, em matéria de bem e de mal, que o vizinho não compreende. Inventa uma língua para a moral e o direito.

Porém o Estado sabe mentir em todas as línguas do bem e do mal; mente em tudo o que diz e roubou tudo o que tem.

Tudo nele é falso; morde com dentes postiços, esse impaciente. Até as suas entranhas são falsas.

A confusão de todas as línguas do bem e do mal, eis o sinal que dou a vós; essa é a marca do Estado. Na verdade, é um sintoma da vontade de morrer. Na verdade, é um convite aos pregadores da morte!

Vêm ao mundo homens demais. O Estado foi inventado para os supérfluos.

Vede como ele atrai os supérfluos! Como os engole, mastiga e volta a mastigar!

"Na terra não há nada maior do que eu; eu sou o dedo soberano de Deus", assim grita o monstro. E não são só os que têm vista curta e ouvidos sensíveis que se ajoelham diante dele!

Ai! Também para vós, grandes almas, ele sussurra as suas sinistras mentiras. Ai! Ele adivinha os corações ricos que gostam de esbanjar.

Sim, percebe também a vós, vencedores do Deus antigo. Cansastes do combate, e agora a vossa fadiga serve ao novo ídolo.

Ele quereria se rodear de heróis e homens respeitáveis. Esse monstro frio gosta de se aquecer ao sol das boas consciências.

Dará tudo a vós, contanto que adoreis esse novo ídolo; comprará por esse preço o brilho da vossa virtude e o olhar dos vossos olhos altivos.

Quer usar-vos como isca para a multidão. Sim, inventou com isso uma máquina infernal, um corcel da morte, tilintante nos adornos das suas honrarias divinas.

Sim, inventou para muitos uma forma de morte, que se glorifica de ser vida; na verdade, o melhor serviço que podia prestar aos predicadores da morte.

O Estado é o lugar onde todos se perdem, os bons e os maus; onde o lento suicídio de todos se chama *vida*.

Vede esses supérfluos! Eles roubam as obras dos inventores e os tesouros dos sábios. Chamam seu roubo de cultura, e tudo se torna doença e problema para eles!

Vede esses supérfluos! Estão sempre doentes, vomitam a sua bílis, e a isso chamam de *jornais*. Devoram uns aos outros e sequer chegam a digerir-se.

Vede, pois, esses supérfluos! Adquirem riquezas e só se tornam mais pobres. Querem o poder, e primeiro de tudo a alavanca do poder, muito dinheiro – esses impotentes!

Vede trepar esses ágeis macacos! Trepam uns por cima dos outros e arrastam-se mutuamente para o lodo e para o abismo.

Todos querem ascender ao trono, essa é a sua loucura; como se a felicidade estivesse no trono! Muitas vezes, é a lama que está no trono; e, muitas vezes, é o trono que está plantado no lodo.

São todos loucos, eu vos digo, todos macacos trepadores e febris. O seu ídolo, esse frio monstro, cheira mal como eles, esses idólatras.

Quereis abafar a exalação das suas goelas e dos seus desejos, ó, meus irmãos? Arrancai antes as janelas e saltai para o ar livre!

Evitai esse cheiro odioso! Evitai cair na idolatria desses supérfluos!

Evitai esse cheiro odioso! Afastai-vos da fumaça desses sacrifícios humanos!

Para aqueles que se exilam voluntariamente, solitários ou aos pares, ainda há muitos lugares vagos, onde sopra o hálito dos mares silenciosos.

Ainda resta uma vida livre às almas grandes. Na verdade, quando se possui pouco, tanto menos se é possuído. Abençoada seja uma modesta pobreza!

Onde acaba o Estado, começa o homem que não é supérfluo; onde acaba o Estado, começa o canto da necessidade, a melodia única, insubstituível.

Onde *acaba* o Estado – olhai para lá, meus irmãos! Não vedes o arco-íris e as pontes que levam ao super-homem?

Assim falava Zaratustra.

AS MOSCAS DA PRAÇA PÚBLICA

Foge, meu amigo, foge para tua solidão! Vejo-te atordoado pelo estrondo dos grandes homens e aborrecido pelos ferrões dos pequenos.

Os rochedos e as florestas saberão calar-se, de modo admirável, na tua companhia.

Assemelha-te de novo à tua árvore querida, àquela árvore de amplos galhos, que escuta silenciosa, suspensa sobre o mar.

Onde cessa a solidão começa a praça pública; e onde começa a praça pública começa também o ruído dos grandes cômicos e o zumbido das moscas venenosas.

No mundo, as melhores coisas não são nada apreciadas se não houver alguém que as coloque em cena; a multidão chama esses encenadores de grandes homens.

A multidão não sabe o que é ser grande, ou seja, o que é ser criador. Mas é sensível aos encenadores e aos atores das grandes coisas.

O mundo gira em torno dos inventores de valores novos; gira com um movimento invisível. Porém, em torno dos comediantes, gira a multidão e a glória: assim vai o mundo.

O comediante tem espírito, mas um espírito despojado de consciência. Acredita sempre naquilo que leva os outros a acreditar – nele.

Amanhã terá uma fé nova, e depois de amanhã outra mais nova. Possui percepções rápidas, como a multidão, e intuições variáveis.

Derrubar: para ele, o mesmo que demonstrar. Enlouquecer: para ele, o mesmo que convencer. E o sangue é, para ele, a melhor das razões.

Uma verdade feita apenas para ouvidos delicados, para ele, é o mesmo que mentira e nada. No fundo, só acredita nos deuses que provocam muito barulho no mundo.

A praça pública está cheia de bufões solenes, e a multidão vangloria-se dos seus grandes homens; saúda neles os senhores do momento.

Entretanto, o momento os oprime e por isso te oprimem também. E também a ti exigem que lhes respondas com um sim ou com um não. Desgraçado de ti se quiseres te colocar entre o pró e o contra!

Não invejes esses intransigentes, esses impacientes, adorador da verdade! Nunca a verdade se entregou nos braços dos intransigentes.

Não tenhas medo desses impulsivos: só na praça pública assediam uma pessoa para lhe arrancar um sim ou um não.

A vida das fontes profundas decorre com vagar; têm de esperar muito tempo antes de saberem o que caiu na sua profundidade.

Tudo o que é grande foge da praça pública e da fama; é longe da praça pública e da fama que sempre viveram os inventores de valores novos.

Foge, meu amigo, foge para a tua solidão! Vejo-te picado pelas moscas venenosas. Foge para onde o vento sopre rígido e forte!

Foge para a tua solidão! Viveste muito perto dos pequenos e dos miseráveis. Foge da sua vingança invisível! A teu respeito, só têm um sentimento: a vingança.

Não levantes mais a mão contra eles! São inúmeros; e o teu destino não é espantar moscas!

São inúmeros, esses pequenos, esses miseráveis; já se viram altivos edifícios reduzidos a escombros pela ação das gotas da chuva e das ervas más.

Não és de pedra, mas já estás corroído por essas gotículas. Acabarás por te despedaçar, por te quebrar sob todas essas gotas.

Vejo-te aborrecido pelas moscas venenosas, sangrando por cem arranhões, e o teu orgulho nem uma só vez se quer irritar.

Querem o teu sangue com a maior inocência; as suas almas anêmicas reclamam sangue e picam com a maior inocência.

Mas tu, coração profundo, sofres profundamente com feridas, mesmo leves; e, antes de terem cicatrizado, os mesmos vermes vêm rastejar por tua mão.

Pareces-me orgulhoso demais para matar esses devoradores; mas toma cuidado para que não sejas condenado a suportar toda a sua venenosa injustiça!

Aparecem a zumbir à tua volta; mesmo quando te louvam, o seu louvor é pura importunidade. O que eles querem é estar o mais perto possível da tua pele e do teu sangue.

Adulam-te como se adula um deus ou um diabo! Choramingam diante de ti, como diante de um deus ou de um diabo. Que importa? Não passam de aduladores e de chorões, nada mais.

Também costumam ser amáveis contigo, mas essa sempre foi a astúcia dos covardes. Ora, os covardes são espertos.

Pensam muito em ti, com aquela alma mesquinha deles; acham-te inquietante. Aquilo em que as pessoas pensam muito acaba sempre por se tornar inquietante.

Castigam-te por todas as tuas virtudes. Perdoam de todo o coração apenas os teus erros.

Compreensivo e justo como és, dizes: "Não tem culpa da sua própria mediocridade". Mas a sua alma, acanhada, pensa: "A culpa é da existência de tudo o que é grande".

Mesmo quando és benevolente com eles, eles pensam que os desprezas; e as tuas boas obras são pagas com dissimuladas maldades.

O teu mudo orgulho sempre os desagrada; ficam contentes sempre que és modesto o bastante para ser vaidoso.

O que reconhecemos nos outros é também o que neles atiçamos. Livra-te, portanto, dos pequenos.

Na tua presença, eles se sentem pequenos; a sua baixeza é como um carvão que se avermelha e choca contra ti uma invisível vingança.

Não notaste como se calavam bruscamente quando te aproximavas, e como a força parecia abandoná-los, assim como a fumaça abandona o fogo que se apaga?

Sim, meu amigo, és a má consciência do teu próximo porque nenhum está à tua altura. Por isso, te odeiam e quereriam sugar o teu sangue.

Os teus próximos sempre serão moscas venenosas; a tua grandeza só os torna mais venenosos e mais importunos.

Foge, meu amigo; foge para tua solidão, para onde sopra um vento muito forte. Não é teu destino espantar moscas.

Assim falava Zaratustra.

DA CASTIDADE

Gosto da floresta. Vive-se mal nas cidades, pois nelas se encontram muitos humanos no cio.

Não é melhor cair nas mãos de um assassino do que nos sonhos de uma mulher no cio?

Olhai para esses homens: os seus olhos o dizem, não conhecem nada de melhor no mundo do que deitar-se com uma mulher.

Têm um depósito de lodo no fundo da alma; e coitados deles se o seu lodo também tiver inteligência!

Se ao menos fôsseis pura e simplesmente animais! Mas o animal tem a inocência por si.

Será isso aconselhar-vos a matar os vossos sentidos? Eu vos aconselho a inocência dos sentidos.

Será isso aconselhar-vos a castidade? Em alguns, a castidade é uma virtude, mas em muitos, quase um vício.

É bem possível que sejam castos; mas a vil sensualidade se mantém de sentinela e trai a sua cobiça em tudo o que fazem.

Até no alto da sua virtude e nas zonas frias do espírito, persegue-os e inquieta a besta monstruosa.

E com que gentileza ela sabe mendigar um pedaço de espírito, essa vil sensualidade, quando negam um pedaço de carne a ela.

Amais as tragédias e tudo o que despedaça o coração? Por isso, desconfio da vossa sensualidade.

Tendes olhos demasiado cruéis e um ar de sensualidade lasciva quando olhais para os que sofrem. Não será simplesmente porque a vossa sensualidade se disfarçou e usa o nome de compaixão?

E também vos proporei esta parábola: muitos que queriam expulsar seus demônios se transformaram em porcos.

Se a castidade vos pesa, é preciso que a evite, para que, assim, a castidade não se torne para vós o caminho do inferno, isto é, da lama e da luxúria da alma.

Falei-vos de coisas imundas? Para mim, isso não é o pior.

Não quando a verdade é imunda, mas quando não passa de uma água sem profundidade, na qual o herói do conhecimento se repugna a mergulhar.

Na verdade, há homens castos por essência; são de coração mais meigo, riem com mais gosto e com mais frequência do que vós.

Riem até da castidade e perguntam:

“O que vem a ser a castidade? Não será uma loucura? Mas essa loucura veio ter conosco, não fomos nós que a buscamos.”

Oferecemos a essa estranha a hospitalidade do nosso coração; veio habitar em nós; que se demore tanto quanto queira!

Assim falava Zaratustra.

DO AMIGO

“Tenho sempre junto de mim uma presença inoportuna”, pensa o solitário. “A repetição, de uma em uma, acaba por fazer duas, com o correr do tempo.”

Eu e Mim lançaram-se num diálogo bastante veemente. Como isso seria suportável, se não houvesse o amigo?

Para o solitário, o amigo é sempre um terceiro; o terceiro é a válvula que impede a conversa de se afundar nas profundezas.

Ai! Existem sempre abismos demais para todos os solitários. É por isso que têm uma tal sede do amigo e de sua altura.

A nossa fé nos outros revela o que desejaríamos acreditar de nós mesmos. O nosso desejo de um amigo acaba por nos trair.

E, muitas vezes, a amizade só serve para saltar por cima da inveja. E, muitas vezes, só atacamos e criamos um inimigo para escondermos que somos vulneráveis.

"Sê, de todos, o menos meu inimigo!", assim fala o verdadeiro respeito, que não ousa solicitar a amizade.

Se quisermos ter um amigo, é preciso também lutar por ele; e, para lutar, é crucial poder ser inimigo.

É preciso honrar no amigo o próprio inimigo. Podes te aproximar do teu amigo sem passar para o seu lado?

É preciso ter no amigo o melhor inimigo. E resistindo a isso ficarás mais perto do seu coração.

Não queres usar nenhum véu para o teu amigo? Pensas ser uma honra para ele te ver tal como és? Mas, para te agradecer, ele te mandará para o diabo!

Aquele que não dissimula nada de si provoca a nossa indignação; por isso, é tão necessário recear a nudez. Se fôsseis deuses, decerto seria das vossas roupas que teríeis vergonha.

Nunca te adornarás demais para o teu amigo porque deves ser para ele a flecha do desejo lançado para o super-homem.

Já viste dormir o teu amigo, para o conheceres tal como é? Qual é, então, o rosto habitual do teu amigo? É o teu próprio rosto, visto num espelho tosco e imperfeito?

Já viste dormir o teu amigo? Não tiveste medo, vendo-o tal como é? Ó, meu amigo, o homem é o que deve ser superado.

É preciso que o amigo tenha se tornado mestre na arte de adivinhar e se calar; não deves querer ver tudo. Que o teu sonho te revele o que teu amigo faz acordado.

Seja a tua compaixão adivinhadora; sabe primeiro se o teu amigo deseja a tua compaixão. Talvez ame em ti o olhar passível e a contemplação da eternidade.

Que a tua compaixão por ele se dissimule sob uma rude casca; parte um dente sobre essa compaixão; então, ela terá delicadeza e suavidade.

Serás para o teu amigo ar puro e solidão, pão e reconforto? Houve quem não pôde quebrar as suas próprias prisões, mas soube libertar o seu amigo.

És escravo? Não poderás ser amigo. És tirano? Não poderás ter amigos.

Durante muito tempo, houve na mulher um escravo e um tirano escondidos. Por isso, a mulher ainda não é capaz de amizade: apenas conhece o amor.

Há injustiça no amor da mulher e cegueira para tudo o que não ama. E, mesmo em seu amor iluminado, fica sempre a surpresa, o relâmpago e a noite, ao lado da luz.

A mulher ainda não é capaz de amizade; gatas, eis o que são as mulheres, ou aves, ou, no máximo, vacas.

A mulher ainda não é capaz de amizade. Mas dizei-me, homens, qual dentre vós é capaz de amizade?

Ai, que pobreza a vossa! E quão grande é a sordidez das vossas almas! O que dais ao vosso amigo estou pronto a oferecer para o meu inimigo e não me sentirei pobre por isso.

A camaradagem existe: que possa nascer a amizade!

Assim falava Zaratustra.

DOS MIL E UM FINS

Zaratustra viu muitos países e povos; assim descobriu o bem e o mal de muitos povos. E Zaratustra, em nenhuma parte do mundo, encontrou poder maior do que o bem e o mal.

Nenhum povo poderia viver se não começasse por fixar valores; mas, para permanecer, não pode adotar os valores do vizinho.

Muitas coisas que um povo considera boas são para outro apenas vergonha e escárnio; eis o que descobri. Vi muitas vezes coisas que aqui eram más, mas que ali eram decoradas com a púrpura das honrarias.

Nunca dois vizinhos se compreendem; um se espanta com a loucura e a maldade do outro.

Sobre cada povo, está suspenso um quadro de valores; é o quadro das suas vitórias sobre ele mesmo; é a voz da sua vontade de poder.

Chama-se honroso tudo o que parece difícil; o que é indispensável e difícil ao mesmo tempo chama-se bem; e o supremo recurso, no perigo mais extremo, o que há de mais raro e de mais difícil, chama-se sagrado.

O que garante domínio, vitória e esplendor a um povo – e que provoca o terror e a inveja do vizinho – passa-se por nobre e primordial, é a norma e o sentido de todas as coisas.

Na verdade, meu irmão, se conheces os perigos, o solo, o clima e os vizinhos do teu povo, poderás adivinhar a lei que rege as suas vitórias sobre si e saberás por que escolheu esta ou aquela escada para subir até a realização das suas esperanças.

"É preciso ser o primeiro em todas as coisas e superar todos os outros; a tua alma ciumenta não deve amar ninguém, exceto o amigo", eis o que fez outrora palpitar a alma grega; era para ela o caminho da grandeza.

"Dizer a verdade e saber manejar o arco e as flechas", eis o que parecia precioso e difícil ao povo a quem devo o meu nome, esse nome que me é caro e difícil de transportar.

"Honrar pai e mãe e estar submetido a eles até as raízes do ser"; outro povo fixou essa tábua por cima da sua cabeça, com suas vitórias sobre si, e se tornou poderoso e eterno.

"Ser leal e, por amor a essa lealdade, dedicar a sua honra e o seu sangue a uma causa, ainda que má e arriscada"; outro povo soube vencer a si graças a esse preceito e assim se tornou fértil e pleno de grandes esperanças.

Na verdade, os homens criaram para si as regras do bem e do mal; não as tomaram nem encontraram, e não apareceram para eles como uma voz vinda do céu.

Foi o homem que deu o seu valor às coisas, que ficassem em segurança; foi ele que deu um sentido a tudo – um sentido humano. É por isso que se chama *homem,* ou seja, o medidor das coisas[1].

Medir é criar: escutai, ó, criadores! São as vossas medidas que transformam as coisas em tesouros e em joias.

Medir é avaliar: sem essa avaliação, a existência seria uma noz oca. Escutai, ó, criadores!

Os valores mudam quando os criadores mudam. Se queremos criar, é necessário começar a destruir.

---

[1] Nietzsche faz o uso de um jogo etimológico arbitrário, baseado na palavra *Mensch* (de *mannisco,* diminutivo de *Mann.*), que relaciona ao latim *mensuratio. Mensch,* em alemão, também é *pessoa, humano.*

Os criadores de valores primeiro foram povos e só depois indivíduos. Na verdade, o indivíduo foi a última criatura a aparecer.

Antes, os povos gravaram sobre si as tábuas do bem. O amor que quer dominar e o amor que quer obedecer criaram juntos essas tábuas.

O prazer do rebanho é mais antigo do que o prazer do indivíduo. E, enquanto a boa consciência é a do rebanho, a má consciência diz: Eu.

Na verdade, o Eu esperto, o Eu sem coração, que procura no bem da maioria o próprio bem e não está na origem do rebanho: mas marca o seu declínio.

Foram sempre as almas amorosas e férteis que criaram o bem e o mal. As virtudes cintilam com os fogos do amor e da cólera.

Zaratustra viu muitos países e povos e em nenhuma parte do mundo encontrou poder maior do que as obras do amor: o *bem* e o *mal*.

Na verdade, poderosa é a força que reside no elogio e na censura. Dizei-me, ó, meus irmãos, quem poderá derrubar essa força? Dizei-me, quem poderá domar esse monstro? Dizei-me, quem poderá encadear essa besta de mil cervizes?

Até agora, houve mil fins diferentes porque houve milhares de povos. O que falta é a cadeia lançada a essas mil cervizes; o que falta é um fim único. A humanidade ainda não tem fim.

Mas dizei-me, irmãos, se a humanidade sofre por lhe faltar fim, não será porque ainda não existe humanidade?

Assim falava Zaratustra.

DO AMOR AO PRÓXIMO

Andais muito solícitos em redor do próximo e expressais a vossa solicitude com belas palavras. Mas eu vos digo: o vosso amor ao próximo é apenas o vosso mau amor por vós mesmos.

É para fugirdes de vós que cirandais em volta do próximo e quereríeis converter isso numa virtude; mas enxergo o vosso desinteresse.

O Tu é mais antigo do que o Eu; o Tu passa por santo, mas o Eu ainda não: por isso, o homem anda diligente em volta do próximo.

Acaso vos aconselho o amor ao próximo? Antes vos aconselharia a fugir do próximo e a amar apenas o distante!

Acima do amor ao próximo, há o amor pelo longínquo e pelo futuro; acima do amor pela humanidade, coloco o amor às coisas e aos fantasmas.

Esse fantasma que corre diante de ti, meu irmão, é mais belo do que tu. Por que não lhe dás a tua carne e os teus ossos? Entretanto, tens medo e procuras refúgio junto do teu próximo.

Não suportais a vossa própria companhia e não vos amais bastante; procurais, então, seduzir o próximo com o vosso amor e dourar-vos com a vossa ilusão.

Quisera que todos os próximos fossem intoleráveis para vós; assim, teríeis que extrair de vós mesmos o amigo de coração transbordante.

Convocais uma testemunha quando quereis falar bem de vós; e logo que a haveis induzido a pensar bem da vossa pessoa, pensais bem de vós mesmos.

É mentiroso não só o que fala contra a sua consciência, mas também o que fala contra a sua inconsciência. Ora, é assim que falais de vós aos outros e que enganais o próximo e a vós mesmos.

Assim fala o louco: "O comércio dos homens estraga o caráter, sobretudo quando não temos caráter".

Um procura o próximo porque se procura; o outro porque aspira a perder-se. O vosso mau amor por vós próprios converte a vossa solidão num cativeiro.

São os mais afastados que pagam pelo vosso amor ao próximo; e, quando há cinco de vós reunidos, é preciso que exista um sexto para morrer.

Também não me agradam as vossas festas; encontrei nelas demasiados comediantes, e até os próprios espectadores se comportam, repetidas vezes, como comediantes.

Não vos falo do próximo, mas do amigo. Que o amigo seja, para vós, a festa da terra e o pressentimento do super-homem.

Falo-vos do amigo de coração transbordante. Mas é preciso saber ser esponja quando se quer ser amado por corações transbordantes.

Falo-vos do amigo que traz o mundo em si, acabado como uma taça transbordante de bênçãos; do amigo criador que vos oferece a todo instante um mundo acabado.

E do mesmo modo que vê o mundo se desenrolar diante dos seus olhos, vê o mundo se enrolar outras vezes, em espirais nas quais o bem é produzido pelo mal, e os fins nascem do acaso.

Que o futuro e as coisas mais distantes sejam as causas do teu labor de hoje; no teu amigo, deves amar o super-homem, que é a razão do teu ser.

Meus irmãos, não vos aconselho o amor ao próximo; aconselho-vos o amor ao distante.

Assim falava Zaratustra.

DOS CAMINHOS DO CRIADOR

Queres, meu irmão, ir para a solidão? Queres procurar o caminho que leva a ti mesmo? Espera ainda um pouco e ouve.

"O que procura facilmente se perde. Toda solidão é um pecado", assim fala a multidão, o rebanho; e tu pertenceste ao rebanho durante muito tempo.

Ainda, durante muito tempo, a voz do rebanho falará dentro de ti. E quando disseres: "A minha consciência já não tem nada de comum com a vossa", isso será, para ti, lamento e dor.

Porque essa dor foi produzida por essa consciência comum; e a última centelha dessa consciência lança ainda um reflexo sobre a tristeza.

Mas queres seguir o caminho da tristeza, o caminho para ti mesmo? Então mostra-me se tens esse direito e essa força.

Acaso és força nova e direito novo? Primeiro movimento? Roda que gira por si mesma? Podes obrigar as estrelas a gravitar à tua volta?

Ai de mim! Há tanta cobiça por arrogância! Há tantas convulsões de ambição! Mostre-me que tu não és um ambicioso e cobiçoso!

Ai! Existem tantos pensamentos grandes que apenas fazem o mesmo que um fole: inchando, aumentam o vazio.

Declaras-te livre? O que quero conhecer é o teu pensamento fundamental, não quero saber qual é o jugo de que escapaste.

Pertencerás tu aos que *têm direito* de se escapar do jugo? Há quem perca o seu último valor no dia em que se liberta da sua servidão.

Livre de quê? Zaratustra pouco se importa com isso. Entretanto, que o teu olhar me diga claramente *para que* és livre.

Saberás prescrever a ti mesmo o teu bem e o teu mal, e suspender a tua vontade acima de ti como uma lei? Saberás ser o teu próprio juiz e o vingador da tua própria lei?

Terrível é estar a sós com o juiz e o vingador da nossa própria lei! É como um astro precipitado no espaço vazio e no meio do sopro gelado da solidão.

Ainda hoje se atormenta a multidão, ó, solitário; ainda hoje dispões de toda a tua coragem e das tuas esperanças.

Mas vem o dia em que te cansarás da tua solidão, em que o teu orgulho se abaterá, em que a tua coragem rangerá os dentes. Então, clamarás: "Estou só!".

Um dia, a tua grandeza escapará da tua vista e a tua baixeza te agarrará pelo pescoço, o teu pensamento mais sublime te amedrontará, como um fantasma. Um dia, clamarás: "Tudo é falso!".

Há sentimentos que procuram matar o solitário; se o não conseguem, então, que seja ele a matá-los! Mas haverá em ti a essência de um assassino?

Meu irmão, já conheces a palavra *desprezo*? E o cúmulo da tua justiça: ser justo para com os que te desprezam?

Obrigaste muita gente a mudar de opinião a teu respeito; odeiam-te terrivelmente. Aproximaste-te deles, mas passaste adiante; nunca irão te perdoar por isso.

Elevas-te acima deles; mas quanto mais te elevas, tanto menor te veem os olhos dos invejosos. O mais odiado é aquele que tem asas.

"Como quereríeis ser justos para comigo?", assim é que devias falar. "Eu elegi para meu destino a vossa injustiça."

Eles lançam sobre o solitário a injustiça e a baixeza; mas, meu irmão, se queres ser uma estrela, nem por isso os iluminará menos.

E livra-te dos bons e justos! Agrada-lhes crucificar os que inventam a sua própria virtude – odeiam o solitário.

E livra-te da santa simplicidade! Tudo o que não é simples lhe parece ímpio; também ela gosta de brincar com o fogo – o fogo das fogueiras.

E livra-te também dos teus acessos de ternura pelos homens! O solitário estende depressa demais a mão ao primeiro que aparece.

Há homens a quem não deves estender a mão, mas a pata; e faz com que a tua pata tenha garras!

Mas tu serás sempre o teu pior inimigo; sempre à espreita, és tu que te vigias pessoalmente no fundo das cavernas e das florestas.

Solitário, segues o caminho que leva a ti próprio e aos teus sete demônios.

Herege e feiticeiro te sentirás, e também adivinho, louco, incrédulo, ímpio e malvado aos teus próprios olhos.

É necessário que queiras te consumir na tua própria chama; como poderias renascer se não fosses primeiro consumido?

Solitário, segues o caminho dos criadores. Procuras fazer nascer um Deus dos teus sete demônios.

Solitário, segues o caminho do amoroso; amas a ti mesmo e, por isso, desprezas a ti como só os amantes sabem desprezar.

É por desprezo que o amoroso quer criar. Que saberá do amor aquele que não sentiu nenhum constrangimento em desprezar o que amava?

Volta para a tua solidão, ó, meu irmão, com o teu amor e o teu desejo criador; e mais tarde somente a justiça te seguirá até lá, aos tropeços.

Volta para a tua solidão, meu irmão, e as minhas lágrimas vão contigo. Amo o homem que deseja criar algo que o supera e que disso perece.

Assim falava Zaratustra.

DAS MULHERZINHAS NOVAS E VELHAS

— Por que deslizas tão furtivamente ao crepúsculo, Zaratustra? E que escondes com tanto cuidado debaixo da tua capa?

"É algum tesouro que te deram? Ou um filho que nasceu? Ou seguirás agora pelos atalhos dos ladrões, tu, o amigo dos maus?"

— Na verdade, meu irmão – respondeu Zaratustra –, foi um tesouro que me deram, uma pequena verdade que levo comigo.

"Mas é rebelde como uma criança; e se não lhe tapasse a boca gritaria desaforadamente.

"Caminhava eu hoje solitário pelo meu caminho, à hora em que o sol declina, quando encontrei uma velhinha que falou assim à minha alma:

"'Zaratustra, muitas vezes se dirigiu a nós, as mulheres, mas nunca falou das mulheres.'

"E respondi-lhe:

"'Deve-se falar das mulheres apenas para os homens.'

"'Também podes me falar das mulheres', disse ela, 'sou bastante velha para esquecer tudo logo em seguida.'

"Atendendo ao desejo da velhinha, disse-lhe assim:

"'Na mulher, tudo é um enigma, mas esse enigma tem uma solução; e essa solução é a maternidade.

"'Para a mulher, o homem é um meio; o fim é sempre o filho. Mas o que é a mulher para o homem?

"'O homem digno só ama duas coisas: o perigo e o jogo. É por isso que ele deseja a mulher, pois é o brinquedo mais perigoso.

"'O homem deve ser educado para a guerra; a mulher para o prazer do guerreiro: fora isso, tudo é loucura.

"'O guerreiro não gosta dos frutos adocicados. É por isso que ele ama a mulher; a mulher mais doce tem sempre um pouco de amargo dentro de si.

"'A mulher, melhor do que o homem, compreende as crianças; mas o homem é criança, mais do que a mulher.

"'Em todo homem digno se oculta uma criança que deseja brincar. Ide, mulheres, descobrir a criança escondida no homem!

"'Que a mulher seja um brinquedo puro e delicado, semelhante ao diamante, cintilando com as virtudes de um mundo que ainda não existe.

"'Que brilhe no vosso amor o fulgor de uma estrela distante. Que a vossa esperança seja: Nasça de mim o super-homem!'.

"'Que o vosso amor seja corajoso! Fortalecidos com o vosso amor, enfrentai aquilo de que tendes medo.

"'Que tenha honra no vosso amor! Em geral, a mulher pouco entende de honra. Mas a vossa honra é amar mais do que sois amadas e nunca ficar em segundo plano.

"'Que o homem tema a mulher, quando a mulher ama: ela não recuará diante de nenhum sacrifício, e tudo o mais lhe parecerá sem valor.

"'Que o homem tema a mulher, quando a mulher odeia: porque, no fundo, o homem é maldoso; mas a mulher é perversa.

"'Qual é o homem a quem a mulher odeia acima de todos os demais? O ferro disse um dia ao ímã: É a ti que odeio mais do que tudo; atrais, mas não tens força bastante para me transportar até onde estás'.

"'A felicidade do homem está em dizer: 'Eu quero'. A felicidade da mulher está em poder dizer: 'Ele quer'.

"'Até que enfim, o mundo acaba de atingir a perfeição! – tal é o pensamento de todas as mulheres no instante em que se submetem por amor.

"'E a mulher tem necessidade de obedecer e de dar profundidade à sua superfície. A alma da mulher é superficial; é uma superfície movediça e agitada sobre uma grande profundidade.

"'Mas a alma do homem é profunda, a sua corrente ressoa em grutas subterrâneas; a mulher pressente essa força, mas não a compreende.

"Então, a velhinha respondeu-me:

"'Zaratustra disse coisas muito agradáveis, sobretudo para as que são bastante novas para isso.

"'Coisa estranha, Zaratustra conhece pouco as mulheres, contudo, julga-as bem. Será porque, em matéria de mulheres, não há nada impossível?

"'Aceita, agora, em troca, uma pequena verdade. Sinto-me suficientemente velha para te dizer.

"'Embrulha-a bem e lhe tampe a boca, para que essa pequena verdade não grite alto demais.'

"'Dá-me, ó, mulher, essa pequena verdade!', disse eu. E a velhinha falou assim:

"'Vais até as mulheres? Não te esqueças do chicote!'"

Assim falava Zaratustra.

A PICADA DA VÍBORA

Certo dia, Zaratustra tinha adormecido debaixo de uma figueira, porque fazia calor, e tinha tapado o rosto com o braço. Então, uma víbora apareceu e lhe mordeu o pescoço. Zaratustra soltou um grito de dor. Afastando o braço do rosto, olhou a cobra; ela reconheceu os olhos de Zaratustra, contorceu-se desajeitadamente e tentou escapar.

— Ainda não! – disse Zaratustra. — Ainda não te agradeci! Acordaste-me a tempo. Tenho ainda muito que andar.

— O caminho que te resta já não é muito grande – disse a víbora com tristeza. — O meu veneno é mortal.

Zaratustra pôs-se a rir:

— Quando foi que o veneno de uma cobra matou um dragão? – perguntou ele. — Reabsorve o teu veneno. Não és rica o bastante para me presentear com ele.

Então, a víbora tornou a enlaçar seu pescoço e sugou-lhe a ferida.

Quando um dia Zaratustra estava a contar essa história aos seus discípulos, eles perguntaram:

— Ó, Zaratustra, qual é a moral do teu conto?

Zaratustra respondeu-lhes:

— Os bons e os justos chamam-me o destruidor da moral: o meu conto é imoral.

"Se tendes, porém, um inimigo, evitai pagar-lhe o mal com o bem; com isso se sentirias humilhado. Demonstrai-lhe, antes, que ele vos fez um bem.

"Zangai-vos contra ele, pois isso valerá mais do que humilhá-lo. E se vos amaldiçoarem, não me agrada nada que vós queirais abençoar. Respondei, antes, com outra maldição.

"E se fizeram a vós uma grande injustiça, respondei imediatamente com cinco injustiças pequenas. Horroriza ver o homem que nunca sofre outro peso senão o da injustiça sofrida.

"Já o sabíeis? Uma injustiça partilhada é quase um direito. E para ser capaz de praticar uma injustiça, é necessário ter a força de suportar uma injustiça.

"Uma pequena vingança é mais humana do que nenhuma. E quando o castigo não constitui um direito e uma honra, mesmo para o delinquente, também não estimo os vossos castigos.

"É mais nobre aceitar a injustiça sofrida do que reivindicar o seu direito, sobretudo quando estamos no nosso direito. Mas é preciso ser bastante rico para isso.

"Não me agrada a vossa fria injustiça; nos olhos dos vossos juízes, vejo luzir o olhar do carrasco e o relâmpago da sua gelada foice.

"Dizei-me, onde se encontra a justiça, que é amor clarividente?

"Inventai, pois, peço-vos, um amor pronto a suportar não somente todos os castigos, mas também todas as faltas!

"Inventai, pois, a justiça que absolva todos os homens, exceto aquele que julga!

"Quereis ouvir mais? No que quer ser rigorosamente justo, a própria mentira é sinal de brandura.

"Mas como poderia eu ser rigorosamente justo? Como poderia dar a cada um o que *lhe* pertence? Basta-me dar a cada um o que *me* pertence.

"Enfim, irmãos, livrai-vos de ser injustos com os solitários. Como poderia um solitário esquecer? Como poderia devolver?

"O solitário é como um poço sem fundo. É fácil lançar nele uma pedra; mas, uma vez a pedra chegada ao fundo, dizei-me, quem se atreverá a tirá-la?

"Livrai-vos, então, de ofender o solitário. Mas se vos acontecer de ofendê-lo; então, matai-o também!"

Assim falava Zaratustra.

DO FILHO E DO CASAMENTO

Tenho uma pergunta, apenas para ti, meu irmão. Lanço-a na tua alma como uma sonda, para conhecer sua profundidade.

És jovem e desejas mulher e filho. Eu, porém, pergunto-te, serás homem que *tenha o direito* de desejar um filho?

És vitorioso, senhor de ti e dos teus sentidos, senhor das tuas virtudes? É o que te pergunto.

Ou, pelo contrário, são o animal e a necessidade animal que falam nesse desejo? Ou a solidão? Ou o descontentamento de ti mesmo?

A tua vitória e a tua liberdade é que deveriam desejar o filho. Então, levantarás monumentos vivos à tua vitória e à tua libertação.

Terás de construir qualquer coisa que te seja superior. Mas peço-te que primeiro tenhas construído bem a ti mesmo, retangular de corpo e alma.

Não se trata somente de propagar a tua raça, mas de a elevar! É a isso que te deve ajudar o jardim do casamento.

Terás de criar um corpo superior, um primeiro movimento, uma roda que gire por si mesma – terás de criar um criador.

Casamento: chamo assim a vontade de dois criarem o ser único, que deverá superar aqueles que o puseram no mundo. Respeito mútuo, eis o que constitui o casamento; no meu entender, respeito recíproco dos que são animados por tal vontade.

Tal deve ser o sentido e a verdade do teu casamento. Mas isso que a plebe e a multidão dos supérfluos chamam de casamento, ai! Que nome lhe darei?

Ai! Esta miséria da alma a dois! Ai! Esta imundície da alma a dois! Ai! Esta mísera conformidade entre dois!

Eis o que chamam de casamento. E pretendem que os seus casamentos estejam inscritos no céu!

Pois bem, eu não quero esse céu dos supérfluos! Não, não amo essas bestas enredadas nas redes celestes!

E fique longe de mim esse Deus que vem hesitante abençoar o que não uniu!

Não rias de semelhantes casamentos. Que filho não teria razão para chorar por causa dos seus pais?

Certo homem parecia-me respeitável e amadurecido o suficiente para compreender o sentido da terra – mas quando vi a mulher dele, a terra me pareceu uma casa de doidos.

Na verdade, quereria que a terra se convulsionasse quando um santo se acasala com uma pata.

Um outro partiu, como um herói, em busca da verdade e só capturou uma mentira enfeitada. É isso o que ele chama de casamento.

Um outro parecia reservado nas suas relações e exigente no seu gosto. Mas estragou com um único golpe, e para sempre, a sua companhia. É isso o que ele chama de casamento.

Um terceiro procurava uma criada dotada das virtudes de um anjo. Mas, de repente, foi ele que se transformou em criado de uma mulher; agora, seria tempo de ele se tornar anjo, ainda por cima.

Só encontrei compradores prudentes e todos têm os olhos plenos de astúcia. Porém o mais esperto, quando se casa, compra às cegas.

Muitas breves loucuras – é isso que chamais de amor. E o casamento acaba com essas loucuras por uma grande tolice.

O vosso amor à mulher, e o amor da mulher pelo homem: ah, se fosse compaixão para deuses doentes e ocultos! Mas, na maioria das vezes, são apenas dois animais que se farejam.

E até o vosso melhor amor nunca é mais do que metáfora apaixonada e ardor doloroso. É uma tocha que vos deve iluminar o caminho para os caminhos mais elevados.

Um dia, amareis para além de vós próprios. *Aprendei*, pois, primeiro a amar assim. Por isso, foi-vos preciso beber o cálice amargo do vosso amor.

Existe amargura mesmo no cálice do melhor amor; assim, inspira-nos o desejo do super-homem; que te dá sede, ó, criador!

Sede do criador, flecha do desejo lançada para o super-homem; diz-me, meu irmão, é isso que procuras no casamento?

Semelhante vontade, semelhante casamento são, para mim, sagrados para sempre.

Assim falava Zaratustra.

DA MORTE VOLUNTÁRIA

Muitos morrem tarde demais, e alguns morrem cedo demais. Ainda nos é estranho o preceito: "Morre no tempo certo!".

Morre no tempo certo; tal é o conselho de Zaratustra.

Entretanto, como poderá morrer no tempo certo aquele que nunca viveu no tempo certo? Mais valia que não tivesse nascido. É o conselho que dou aos supérfluos.

Mas os próprios supérfluos dão demasiada importância à sua morte, e a noz mais vazia ainda exige que a quebrem.

Todos levam a morte a sério, mas a morte ainda não é uma festa. Os homens ainda não aprenderam a celebrar as suas mais belas festas.

Eu vos mostrarei uma morte que é a marca da realização; uma morte que é para os vivos um ferrão e uma promessa.

O homem que soube cumprir o seu destino morre como vencedor de uma morte que é sua, rodeado por aqueles que são esperança e promessa.

É assim que devíamos aprender a morrer; e nunca se deveria celebrar festa sem que um tal moribundo aí aparecesse para dar a sua consagração aos juramentos dos vivos.

Não há nada maior do que morrer assim e, em segundo lugar, morrer em pleno combate, esbanjando uma grande alma.

Odiosa tanto ao combatente quanto ao vencedor é a vossa morte, que avança gesticulando e rastejando como um ladrão, e que, contudo, se apresenta como soberana.

Faço-vos o elogio da minha morte, a morte voluntária, que virá porque eu quero.

Mas quando o quererei? Aquele que tem um desígnio e um herdeiro escolhe morrer no momento mais favorável a esse desígnio e a esse herdeiro.

E é por respeito ao seu desígnio e ao seu herdeiro que renuncia, um dia, a ornar com grinaldas murchas o santuário da vida.

Eu vos digo, não quero me parecer com os cordoeiros que esticam o comprimento dos seus fios enquanto caminham para trás.

Há quem se torne demasiado velho para as suas virtudes e para as suas vitórias; uma boca desdentada deixa de ter direito a todas as verdades.

E quem quer que ambicione a glória deve saber despedir-se das honras a tempo e praticar a arte difícil de se retirar no tempo certo.

É preciso fugir no preciso momento em que vos começam a tomar gosto; bem o sabem os que querem ser amados muito tempo.

Decerto há maçãs ácidas cujo destino é aguardar até o último dia de outono, para se tornarem de repente maduras, douradas e enrugadas.

Para uns, é o coração que envelhece primeiro; para outros, é o espírito. Alguns são velhos desde a sua juventude; mas a juventude que aparece tarde é a que dura mais tempo.

Há os que falham em sua vida; um verme venenoso rói seu o coração. Tratem, por isso, de acertar ainda melhor na sua morte.

Outros nunca se tornam doces e apodrecem já no verão. Só a covardia os sustenta no ramo.

Há demasiados homens que vivem e que durante muito tempo pendem dos seus ramos. Venha uma tempestade que sacuda da árvore todos os frutos podres ou bichados!

Venham os pregadores da morte *pronta*! Eis as verdadeiras tempestades que eu gostaria de ver sacudir a árvore da vida. Mas só ouço pregar a morte lenta e a paciência com a existência terrena.

Ah! Pregais a paciência para com a existência terrena? É essa existência que tem muita paciência convosco, blasfemadores!

Na verdade, morreu muito cedo aquele hebreu a quem honram os pregadores da morte lenta; e, para muitos homens, foi uma fatalidade ele ter morrido cedo demais.

Ele só conhecia ainda as lágrimas e a melancolia dos hebreus, e o ódio dos bons e dos justos – o hebreu Jesus. E, por isso, o desejo da morte o acometeu subitamente.

Tivesse ele ficado no deserto, longe dos bons e dos justos! Talvez houvesse aprendido a viver e a amar a terra – e a rir, ainda por cima!

Acreditai em mim, meus irmãos, ele morreu cedo demais! Ele próprio se retrataria da sua doutrina se tivesse chegado à minha idade. Era bastante nobre para se retratar!

Mas não estava ainda maduro. O amor do jovem é sem maturidade, e é por falta de maturidade que odeia os homens e a terra. São ainda presas e pesadas as suas asas e a essência do seu espírito.

No homem, contudo, há mais de criança do que no jovem, e menos melancolia: compreende melhor a morte e a vida.

Livre para morrer e livre na morte, negador sagrado quando já não é tempo de afirmar, é assim que ele sabe morrer e viver.

Não seja a vossa morte uma blasfêmia contra os homens e contra a terra, meus amigos; eis a graça que imploro ao mel da vossa alma.

Que no momento de morrer o vosso espírito e a vossa virtude brilhem ainda, como a aurora do poente abrasa a terra; caso contrário, não tereis sabido morrer.

Assim quero eu morrer, de tal modo que, ó meus amigos, amásseis melhor a terra por causa de mim; quero tornar-me terra para procurar o repouso naquela que me gerou.

Na verdade, Zaratustra tinha um gol para o qual jogou a sua bola; agora, meus amigos, sois vós que herdais o meu gol, e a vós lanço a minha bola de ouro.

Prefiro a todas as coisas, amigos, ver-vos lançar a bola de ouro. E é por isso que me demoro ainda um pouco na terra. Perdoai-me!

Assim falava Zaratustra.

DA VIRTUDE DADIVOSA

1

Quando Zaratustra deixou a cidade que o seu coração amava, cujo nome é Vaca Malhada, muitos dos que se diziam seus discípulos o seguiram e o escoltaram. Assim, chegaram a uma encruzilhada. Então, Zaratustra disse-lhes que preferia prosseguir sozinho o seu caminho porque era amigo das caminhadas solitárias. Seus discípulos, então, ofereceram-lhe um bastão cujo cabo era uma serpente de ouro enroscando-se em torno do sol. O bastão agradou Zaratustra, que se apoiou nele; depois, falou assim aos seus discípulos:

— Dizei-me: como o ouro alcançou o mais alto valor? É por ser raro e inútil, de brilho cintilante e brando; dá-se sempre.

"É por ser a imagem da virtude suprema que adquiriu o valor supremo. O olhar do que dá brilha como o ouro. Um raio dourado basta para reconciliar a lua e o sol.

"Rara é a virtude suprema, inútil, cintilante e de doce fulgor; a virtude suprema é a virtude que dá.

"Em verdade, entendo-vos, meus discípulos: tendes vos esforçado, como eu, a praticar a virtude que dá. Que tendes de comum com os gatos ou os lobos?

"Tendes sede de vos oferecer a vós próprios como vítimas e como oferendas; por isso, desejais acumular todas as riquezas possíveis nas vossas almas.

"A vossa alma é insaciável de tesouros e de joias porque a vossa virtude tem a vontade insaciável de dar.

"Obrigais todas as coisas a fluírem para vós e em vós, de modo que elas voltem a fluir de vossa fonte como dádivas de vosso amor.

"Na verdade, um amor tão generoso saqueia todos os tesouros; mas eu vos digo: esse egoísmo é são e sagrado.

"Há outro egoísmo, um egoísmo indigente, famélico, que só procura roubar, o egoísmo dos doentes, o egoísmo doente.

"E com olhos de ladrão, que fita tudo o que brilha; é com uma avidez famélica que mede aquele que tem bastante para comer; e gira sem cessar em torno da mesa dos que dão.

"Essa avidez exprime a doença e uma invisível degenerescência; a avidez desse egoísmo revela um corpo doente.

"Dizei-me, meus irmãos, o que há para nós de mau e de pior? Não é a degenerescência? E nós pressentimos uma *degenerescência* logo que falta a virtude generosa.

"O nosso caminho é um caminho que ascende, da espécie para a espécie superior. Mas o que nos faz tremer é o espírito degenerado que diz: 'Tudo para mim'.

"O nosso espírito lança-se para as alturas; serve, portanto, de símbolo ao nosso corpo e é imagem de uma ascensão. Os nomes das virtudes são outros tantos símbolos dessa ascensão.

"O corpo avança, ao longo da história, evoluindo e lutando sem cessar. E o espírito? Que é ele para o corpo? Para que lhe serve? É o arauto das suas lutas e das suas vitórias, é o seu companheiro e o seu eco.

"Os diversos nomes do bem e do mal são outras tantas parábolas; não exprimem nada, sugerem. Louco é o que espera deles o saber!

"Respeitai, meus irmãos, a hora, qualquer que seja, em que o vosso espírito quer falar por metáforas: é então que nasce a vossa virtude.

"Nesse instante, o vosso corpo eleva-se acima dele mesmo e ressuscita. A sua alegria arrebata o espírito que se torna criador; avalia, ama e esbanja os seus dons a todas as coisas.

"O momento em que o vosso coração se derrama, largo e abundante como um rio, bênção e perigo para os ribeirinhos, é a hora em que nasce a vossa virtude.

"A hora em que vos sentis acima do louvor e da censura; em que a vossa vontade entende mandar em todas as coisas, como uma vontade apaixonada, é a hora em que nasce a vossa virtude.

"O momento em que desprezais o conforto e a cama fofa, em que nunca vos julgais bastante longe da moleza para repousar, é o momento em que nasce a vossa virtude.

"A hora em que tendes apenas uma vontade única, em que essa esquina de todas as necessidades se transforma para vós na própria necessidade, é o momento em que nasce a vossa virtude.

"Na verdade, exprime um novo bem e um novo mal. Na verdade, é um novo e profundo sussurro de água borbulhante, e a voz de uma fonte nova!

"É uma força, uma virtude nova; é um pensamento dominador que envolve uma alma sutil, um sol de ouro, e, enrolada à sua volta, a serpente do conhecimento."

2

Aqui, Zaratustra calou-se por um instante e olhou os discípulos com ternura. Em seguida, prosseguiu assim – e a sua voz estava alterada:

— Meus irmãos, permanecei fiéis à terra com toda a força da vossa virtude! Estejam a serviço da terra o vosso amor generoso e a vossa inteligência. Eu vos rogo e a isso vos conclamo.

"Não deixeis a vossa virtude fugir das coisas terrenas e bater as asas contra as paredes da eternidade. Ai! Houve sempre tanta virtude que se extraviou durante o voo!

"Restitui, como eu, restitui à terra a virtude extraviada, restitui ao corpo e à vida para que dê à terra o seu verdadeiro sentido, um sentido humano.

"O espírito, tal como a virtude, tem se extraviado e enganado de mil maneiras diferentes. Ai! Ainda agora habitam no nosso corpo todas essas loucuras e esses enganos; tornaram-se corpo e vontade.

"A inteligência e a virtude extraviaram-se de mil maneiras diferentes até hoje. O próprio homem não passa de um esboço. Ai! Quanta ignorância e quanto erro se incorporaram em nós!

"Não é somente a razão dos séculos, mas também a sua loucura que se revela em nós. Como é perigoso carregar uma herança!

"Lutamos ainda passo a passo com o gigante acaso; e até hoje reinou sobre a humanidade inteira o absurdo, a falta de sentido.

"Sirvam com o vosso espírito e a vossa virtude o sentido da terra, meus irmãos; renovai o valor de todas as coisas. É por isso que deveis combater. É por isso que deveis criar!

"O corpo se purifica pelo saber; eleva-se por tentativas conscientes; para o servidor do conhecimento todos os instintos são santificados; e a chegada à elevação da alma está cheia de alegria.

"Médico, cura-te a ti mesmo; curarás o teu doente por acréscimo. A tua melhor cura será mostrar um homem que curou a si mesmo.

"Há ainda mil caminhos que nunca foram percorridos, mil fontes de saúde, centenas de pequenas ilhas secretas da vida. Ainda não se descobriu nem esgotou o próprio homem, nem a terra do homem.

"Vigiai e escutai, ó, solitários! Do futuro, chegam até nós brisas com misteriosas palpitações de asas; e os que têm ouvidos apurados percebem a auspiciosa notícia.

"Solitários de hoje, que viveis à margem, um dia formareis um povo; vós, que a vós próprios vos elegestes, dareis nascimento a um povo eleito, e desse povo nascerá o super-homem.

“Na verdade, a terra acabará por se tornar, algum dia, uma morada salutar. Já a envolve um odor novo, um aroma saudável – e uma nova esperança.”

3

Depois de ter assim falado, Zaratustra emudeceu como um homem que ainda não disse a última palavra. Equilibrou demoradamente o bastão, como que perplexo. Por fim, falou assim – e a sua voz estava alterada:

— Agora, meus discípulos, vou-me embora sozinho. Ide vós também para longe daqui, sozinhos. Tal é a minha vontade.

“Na verdade, sou eu que vos dou este conselho: afastai-vos de mim e vos precavei contra Zaratustra. E, melhor ainda: envergonhai-vos dele! Talvez vos tenha enganado!

“O homem que procura a verdade deve poder não somente amar os seus inimigos, mas também odiar os seus amigos.

“O professor é malquisto se permanecer apenas um erudito. E por que não arrancais a minha coroa de flores?

“Tendes veneração por mim; mas o que acontecerá se um dia a vossa veneração ruir? Defendei-vos de serdes esmagados pela queda de uma estátua.

“Dizeis que acreditais em Zaratustra? Mas que importa Zaratustra? Acreditais em mim? Mas que importam todos os crentes!

“Vós ainda não havíeis procurado a vós mesmos quando me encontrastes. Assim fazem todos os crentes; é por isso que a fé importa tão pouco.

“Agora, mando que me percais e encontreis a vós próprios; e só quando todos me houverdes renegado voltarei para junto de vós.

“Na verdade, meus irmãos, então procurarei com outros olhos os meus amigos perdidos; eu vos amarei, então, com outro amor.

“E uma vez mais voltareis a ser meus amigos e os filhos de uma única esperança; então, pela terceira vez, voltarei para junto de vós a fim de celebrar convosco o grande meio-dia.

“E o grande meio-dia será o momento em que o homem, chegado ao meio do caminho que vai do animal ao super-homem, celebrará com sua esperança suprema o caminho declinante do crepúsculo; porque é o caminho para uma nova manhã.

“No momento de perecer, estará feliz por passar para outra esfera; e para ele o sol do conhecimento atingirá o seu auge.

“‘Todos os deuses morreram, o que queremos agora é que viva o super-homem!’, que seja um dia, no grande meio-dia, a nossa suprema vontade.”

Assim falava Zaratustra.

— [...] e, só quando todos me houverdes renegado, voltarei para junto de vós.

Na verdade, meus irmãos, então procurarei com outros olhos os meus amigos perdidos; eu vos amarei, então, com outro amor.

Assim falava Zaratustra, primeira parte, "Da Virtude Dadivosa"

A CRIANÇA AO ESPELHO

Depois disso, Zaratustra retornou para as montanhas e para a solidão da sua caverna, afastando-se dos homens; esperando, como o semeador que lançou a sua semente. Mas sua alma enchia-se de impaciência e de desejos por aqueles que amava, pois ainda tinha muito para dar a eles. O que há, com efeito, de mais difícil no mundo é, por amor, fechar a mão aberta e, esbanjando-se, conservar o pudor.

Assim, solitário, viu se escoarem os meses e os anos; mas a sua sabedoria aumentava e o fazia padecer com a sua abundância.

Uma manhã, contudo, despertando antes da aurora, meditou por muito tempo na cama e, por fim, disse consigo:

"Por que senti durante o sonho um terror tão grande que me fez acordar? Não vi se aproximar uma criança com um espelho?

"'Ó, Zaratustra', disse-me a criança, 'olha-te neste espelho!'

"Quando, porém, olhei para o espelho, soltei um grito e senti um baque no coração porque não era a mim que via, mas a cara contorcida e o riso de um diabo.

"Na verdade, compreendo muito bem o significado e a advertência do sonho: *a minha doutrina* está em perigo, o joio quer se passar por trigo.

"Os meus inimigos tornaram-se poderosos e desfiguraram a minha doutrina, a ponto de os meus amigos se sentirem envergonhados dos dons que lhes dei.

"Perdi os meus amigos; chegou o momento de ir procurar os meus amigos perdidos."

Dizendo essas palavras, Zaratustra se sobressaltou, não como um homem angustiado que procura tomar fôlego, mas antes como um vidente e um menestrel possuído pelo espírito. A sua águia e a sua serpente o olharam, admiradas, porque o seu rosto mostrava um reflexo de aurora no fulgor da sua próxima ventura.

— Que me aconteceu, queridos animais? – disse Zaratustra. — Não estou transformado? Não me assaltou a felicidade como uma tempestade?

"A minha ventura é louca e apenas dirá loucuras; é ainda muito jovem, tende paciência com ela!

"Voltei a me ferir com a minha ventura; sirvam-me de médicos todos os que sofrem!

"Posso, agora, tornar a descer para os meus amigos e também para os meus inimigos. Zaratustra vai poder falar novamente e esbanjar o seu amor aos seus prediletos!

"O meu impaciente amor transborda em torrentes, que descem todas as encostas para a nascente e para o ocaso. Do alto dos montes silenciosos e das nuvens tempestuosas da minha dor, a minha alma se lança com estrondo para os vales.

"Por tempo demais, estive consumido de desejo, com os olhos perdidos na distância.

"Por tempo demais, pertenci à solidão; esqueci a arte de me calar.

"Agora, sou apenas uma boca, um estrondo de rio descendo de elevados rochedos; vou precipitar os meus discursos nos vales.

"E ainda que o rio do meu amor se chocasse com qualquer obstáculo intransponível, qual rio não acabaria por encontrar o caminho do mar?

"Sem dúvida, há um lago em mim, um lago solitário que basta a si mesmo; mas o rio do meu amor o arrastará para a planície, para o mar.

"Sigo por caminhos novos, pois me foi dada uma palavra nova. Assim como todos os criadores, estou cansado das línguas antigas. O meu espírito se recusa a caminhar mais tempo com sandálias usadas.

"Para mim, todas as linguagens são morosas; salto para a tua carruagem, tempestade! E também te fustigarei com a minha malícia!

"Como um grito, como um clamor de alegria me lançarei para além dos mares longínquos, até as ilhas afortunadas, onde moram os meus amigos:

"...E entre eles os meus inimigos! Como amo todos, agora, pela única razão de poder falar a eles! Os meus próprios inimigos fazem parte da minha ventura.

"E quando quero montar no meu mais fogoso cavalo, nada me ajuda tanto como o meu dardo; é o melhor estribo para o meu pé:

"...Esse dardo que lanço contra os meus inimigos! Como estou grato aos meus inimigos por poder lançá-lo outra vez!

"A minha nuvem estava cheia até as bordas; por entre os risos dos relâmpagos, lançarei para os vales rajadas de granizo.

"Violentamente, meu peito se levantará e soprará a sua tempestade nas montanhas; e assim ficará aliviado.

"Na verdade, a minha felicidade e a minha liberdade desabarão sobre vós como a tempestade, e os meus inimigos julgarão que é o *Maligno* que se desencadeia sobre as suas cabeças. E vós também, meus amigos, vós tereis medo da minha sabedoria selvagem e, quem sabe? – talvez vos ponhais em fuga como os meus inimigos.

"Ah! Saiba eu tornar a atrair-vos com flautas dos pastores! Que aprenda a rugir com ternura a minha leoa sabedoria! Quantas coisas aprendemos os dois juntos!

"A minha sabedoria selvagem foi fecundada nas solidões das montanhas; nas pedras áridas, pariu o seu filho, o seu leãozinho recém-nascido.

"Eis que na sua loucura corre através do deserto inexorável e procura por toda a parte macios relvados, a minha velha sabedoria selvagem.

"Na doce relva dos vossos corações, meus amigos, no côncavo da vossa ternura ela deseja depositar o que tem de mais valioso!"

Assim falava Zaratustra.

NAS ILHAS AFORTUNADAS

Os figos caem das árvores. São doces e açucarados, e conforme caem assim se lhes abre a vermelha pele. Eu sou o vento do norte que deita abaixo os figos maduros.

Assim, os meus preceitos vos caem aos pés, meus amigos, semelhantes a figos maduros; bebei o suco e a polpa fresca. Estamos cercados pelo outono e pelo céu puro da tarde.

Vede que plenitude em torno de nós! É do seio da abundância que é belo lançar um olhar para os mares distantes!

Outrora invocava-se Deus, deixando errar os olhos pelos mares distantes, mas eu ensinei-vos a invocar o super-homem.

Deus é apenas uma suposição, mas não quero que as vossas suposições ultrapassem a medida da vossa vontade criadora.

Poderíeis *criar* um Deus? Pois, então, não me volteis a falar dos deuses! Poderíeis, contudo, criar o super-homem.

Talvez não em vós, meus irmãos, mas podeis transformar-vos em pais e em ascendentes do super-homem; é isso o que de melhor podeis criar.

Deus é uma suposição, mas quero que as vossas suposições se detenham nos limites do pensável.

Podeis *pensar* Deus? Porém, é necessário que a vossa vontade de encontrar a verdade transforme todas as coisas em realidade, que o homem possa pensar, ver e sentir! Tendes de levar o pensamento até o limite dos vossos próprios sentidos.

E o que chamáveis mundo deve ser criado novamente por vós. A vossa razão, a vossa imagem, a vossa vontade e o vosso amor devem tornar-se o vosso próprio mundo. E será aí, na verdade, que encontrareis a vossa felicidade, discípulos do conhecimento.

E como poderíeis suportar a vida sem essa esperança, discípulos do conhecimento? Não poderíeis aceitar ter sido colocados pelo nascimento num mundo inconcebível nem num mundo irracional.

E para vos abrir todo o meu coração, meus amigos, digo: se existissem deuses, como poderia eu suportar não ser Deus? *Portanto*, não há deuses.

Eis a conclusão que tirei, mas agora é ela que tira a mim mesmo.

Deus não passa de suposição; mas quem poderia esgotar sem morrer todos os tormentos dessa suposição? Será necessário tirar a fé do criador, tirar a águia de seu voo alto?

Deus é um pensamento que torce tudo o que é direito e faz girar tudo o que está fixo. Quê? Não existiria já o tempo, e todo o perecível seria mentira?

Esse pensamento produz vertigem no esqueleto humano e náuseas no estômago; na verdade, semelhante suposição é daquelas que provocam tonturas.

Chamo de malignas e desumanas todas essas teorias de um ser único, absoluto, imutável, satisfeito e imperecível.

O imperecível – é apenas um símbolo! E os poetas mentem demais.

Mas os melhores símbolos são os que falam do tempo e do devir; devem ser louvor e justificação de tudo o que é efêmero.

Criar – eis o que nos emancipa da dor, o que nos alivia a vida.

Mas, para que nasça o criador, é necessário muita dor e numerosas metamorfoses.

Sim, criadores, a vossa vida será rica em amargas agonias! E sereis assim os defensores e os advogados de tudo o que é efêmero.

Se o criador deve ser ele próprio a criança que trata de dar à luz, é preciso que ele aceite também ser a mãe em trabalho de parto e as dores, as contrações.

Na verdade, o meu caminho fez-me passar por centenas de almas, centenas de berços e dolorosos partos. Passei por muitas despedidas, conheço o desgarramento das últimas horas.

Mas assim quer a minha vontade criadora, o meu destino. Ou, para dizer mais francamente, é esse o destino que impõe a minha vontade criadora.

Todo o ser sensível sofre em mim por se sentir aprisionado, mas a minha vontade intervém sempre para me libertar e me dar a alegria.

Querer é libertação; tal é a verdadeira concepção da vontade e da liberdade; eis o que Zaratustra ensina.

Não querer mais, não julgar mais, não criar mais! Oh! Possa essa grande lassidão ser-me sempre estranha!

Na investigação do conhecimento, só experimento o prazer da minha vontade, ocupada em engendrar, em engrandecer; e se o meu conhecimento conserva em mim a sua inocência, é porque ela conserva sempre a vontade de ser fecunda.

Foi essa vontade que me afastou de Deus e dos deuses; que nos ficaria para criar se houvesse deuses?

A minha ardente vontade de criar impele-me sempre de novo para os homens, assim como o martelo é impelido para a pedra.

Ai! Ó, humanos, é na pedra que dorme a imagem que procuro, a que é para mim a imagem das minhas imagens. Oh! Por que deve ela dormir na mais dura, na mais feia das pedras?

Agora, o martelo se choca impiedosamente contra a sua prisão. A pedra se despedaça: que me importa?

Acabarei a minha estátua porque me apareceu uma sombra, visitou-me uma vez o que há de mais silencioso e mais leve no mundo.

A beleza do super-homem visitou-me como uma sombra. Ah! Meus irmãos, que me importam ainda – os deuses?

Assim falava Zaratustra.

DOS MISERICORDIOSOS

Meus amigos, aos ouvidos do vosso amigo chegaram palavras zombeteiras: "Olhem para Zaratustra! Ele não anda entre nós como se fôssemos animais?".

Mais valeria dizer: "Aquele que procura o conhecimento é realmente, no meio dos homens, um homem no meio dos animais".

E o próprio homem, para aquele que possui o conhecimento, não passa de um animal de faces vermelhas.

Mas por que tem ele faces vermelhas? Não será porque tem tido de se envergonhar repetidas vezes?

Ó, meus amigos! Assim fala o discípulo do conhecimento: vergonha, vergonha, vergonha – é essa a história da humanidade.

E, por isso, o homem de coração nobre impõe a si mesmo o dever de nunca humilhar ninguém; impõe-se uma justa vergonha em presença de tudo o que sofre.

Na verdade, não me agradam nada os misericordiosos que se comprazem na sua misericórdia: são demasiado carentes de pudor.

Se não me posso impedir de experimentar a piedade, não quero ao menos que se diga que sou piedoso; e, se o for, gosto de o ser a distância.

Agrada-me também ocultar a cara e fugir antes de ser reconhecido! É assim que vos recomendo que faças, amigos.

Possa o meu destino trazer-me sempre ao meu caminho apenas corações como os vossos, estranhos à dor, e aqueles com quem *tenho o direito* de repartir a minha esperança, a minha comida e o meu mel.

Na verdade, tenho feito muitas coisas pelos que sofrem, mas sempre me pareceu melhor trabalhar por aumentar a minha alegria.

Desde que o homem é homem, tem conhecido muito pouco a alegria; eis, meus irmãos, o único pecado original.

E se aprendermos a apreciar melhor a alegria, melhor nos esqueceremos de fazer mal aos outros e de inventar dores.

Por isso, lavo a mão que ajudou o desgraçado; por isso, limpo ainda a alma.

Porque tive vergonha da sua vergonha, mesmo vendo sofrer o que sofre; e quando o acudi em seu socorro, feri duramente o seu orgulho.

As grandes obrigações produzem não a gratidão, mas o ressentimento; e o miúdo benefício que não se pode esquecer transforma-se em verme roedor.

"Aceitai apenas com altivez! Aceitai um benefício como se dispensa um favor!" é o conselho que dou aos que não têm nada para dar.

Mas eu sou dos que dão; agrada-me dar, como amigo que satisfaz os seus amigos. Quanto aos estranhos e aos pobres, que colham por si sós os frutos da minha árvore; ficarão menos humilhados.

Deveria, porém, suprimir completamente os mendigos. Na verdade, dar a eles nos irrita, e não dar a eles nos irrita também.

Assim acontece com os pecadores e com as consciências manchadas. Acreditai-me, meus amigos, os remorsos ensinam a morder.

Mas o pior são os pensamentos mesquinhos. Na verdade, mais vale fazer mal do que pensar com mesquinhez.

Decerto dizeis: "O prazer que nos causam essas pequenas maldades nos poupam de mais um grande delito", mas, nesse domínio, é necessário nada poupar.

A má ação é como um furúnculo: irrita, coça e arrebenta – francamente.

"Vede: sou uma doença", assim fala a má ação; é a sua franqueza.

Mas o pensamento mesquinho é semelhante a uma infecção: ele se infiltra e esconde-se, até que o corpo inteiro esteja corroído e murcho de tantas pequenas infecções.

Todavia, eis as palavras que segredo ao ouvido de quem está possuído pelo demônio: "Mais vale, no fim das contas, que deixes crescer o teu demônio! Para ti, também existe um caminho de grandeza!".

Ai, meus irmãos! Sabemos demais uns dos outros; e há quem chegue a ser transparente para nós, mas, ainda assim, por muito tempo, estamos longe de ver com clareza através dele.

É difícil viver com os homens porque é difícil guardar silêncio.

E aquele com quem somos mais injustos não é o que nos é antipático, mas aquele que nos é perfeitamente indiferente.

Se o teu amigo está doente, oferece asilo ao seu sofrimento, mas sejas para ele um leito firme, um leito de campanha; é assim que lhe serás mais útil.

E se o teu amigo te faz mal, diz a ele: "Eu te perdoo pelo mal que me fizeste; mas o mal que fizeste a ti mesmo como poderei perdoar?"

Assim fala todo amor grande; supera até o perdão, até a piedade.

É preciso conter o coração; porque, se lhe soltássemos as rédeas, depressa vos faria perder a cabeça.

Ai! Onde se praticam mais loucuras do que entre os misericordiosos? E haverá no mundo maior causa de sofrimento do que as loucuras dos misericordiosos?

Pobres dos que amam, se não sabem dominar a sua própria piedade!

O Diabo falou-me um dia assim: "Deus também tem o seu inferno: é o seu amor pelos homens".

E recentemente ouvi dizer estas palavras: "Deus morreu: foi a sua piedade pelos homens que o matou".

Previno-vos, portanto, contra a piedade; é desse lado do horizonte que uma nuvem carregada ameaça o homem. Na verdade, conheço os sinais que anunciam a tempestade.

Mas lembrai-vos também destas palavras: todo o grande amor supera a sua própria piedade porque ele quer – criar aquilo que ama!

"Sacrifico-me ao meu amor e ao próximo como a mim mesmo", assim falam todos os criadores.

Porém, os criadores são cruéis.

Assim falava Zaratustra.

DOS SACERDOTES

E um dia Zaratustra, chamando os seus discípulos com um sinal, disse-lhes estas palavras:

— Olhai esses sacerdotes; embora sejam meus inimigos, passai junto deles em silêncio e com a espada na bainha.

"Entre eles, há heróis; muitos deles sofreram muito; por isso, querem fazer sofrer os outros.

"São inimigos cheios de astúcia; nada há de mais vingativo do que a humildade. E quem os atacar corre o risco de se sujar.

"Mas o meu sangue é aparentado com o deles; e eu quero que o meu sangue seja honrado no deles."

E quando passaram, Zaratustra foi embargado pela dor; e depois de lutar por um instante com ela, começou a falar assim:

— Tenho pena daqueles sacerdotes. Repugnam-me também, é verdade; para mim, é o que menos importa desde que vivo entre os homens.

"Mas tenho e sempre tive compaixão por eles; são, aos meus olhos, prisioneiros e reprovados. Aquele a quem chamam o seu Salvador os prendeu com algemas.

"Algemas dos valores falsos e das palavras ilusórias! Ai, haja quem os salve do seu Salvador!

"Sacudidos sobre o mar, julgaram um dia aportar em uma ilha; mas, afinal, não passava de um monstro adormecido.

"Falsos valores e palavras ilusórias, eis os piores monstros para os humanos; neles, a fatalidade fica muito tempo adormecida ou vigiando.

"Então, um dia se sobressalta, desperta, devora e traga aqueles que sobre ela tinham construído as suas cabanas.

"Oh! Olhai para as cabanas que esses padres construíram, essas cavernas embalsamadas que chamam de igrejas.

"Essa luz artificial, esse ar pesado! A alma é entravada na sua expansão para as alturas.

"Pelo contrário, o seu credo ordena: "Vós, pecadores, subi de joelhos as escadas!".

“Na verdade, prefiro antes a insolência aos olhos revolvidos pelo seu pudor e pela sua devoção.

“Quem construiu essas cavernas e essas escadas de penitência? Não eram homens que queriam se esconder e tinham vergonha de si mesmos em face do céu límpido?

“E só quando o céu límpido brilhar de novo através das abóbadas destruídas e contemplar a erva e as vermelhas papoulas das paredes danificadas, só então inclinarei o meu coração perante os santuários desse Deus.

“Eles chamaram de Deus aquele que os contrariava e os fazia sofrer; e, na verdade, havia heroísmo na sua devoção.

“E não souberam amar seu Deus, senão crucificando o homem!

“Quiseram viver como cadáveres, amortalharam de negro o seu cadáver; e até nos seus discursos percebo o odioso mofo das câmaras mortuárias.

“Viver junto deles é viver junto dos negros pântanos, no fundo dos quais o sapo entoa a sua doce e melancólica canção.

“Seria preciso cantar melhores canções para me fazer acreditar no seu Salvador; seria preciso que os seus discípulos tivessem a aparência de mais redimidos.

“Quereria vê-los nus: porque só a beleza devia pregar o arrependimento. Mas quem se deixará convencer por essa tristeza coberta de roupas?

“Na verdade, nem os seus próprios Salvadores são filhos da liberdade, nem desceram do sétimo céu da liberdade. Na verdade, nunca puseram os pés no tapete do conhecimento!

“O espírito desses Salvadores estava repleto de lacunas, mas em cada uma delas tinham colocado a sua ilusão, o seu tapa-buracos, que chamavam de Deus.

“O seu espírito estava mergulhado na sua piedade, e quando se inchavam e se enchiam de piedade, sempre alguma grande loucura flutuava à superfície.

“Ousadamente lançavam o seu rebanho no caminho, dando gritos; como se não houvesse mais do que um caminho que vai até o futuro. Na verdade, os próprios pastores não passavam de carneiros.

“Tais pastores tinham espírito pequeno e almas grandes; mas, meus irmãos, como são minúsculas essas almas, mesmo as mais espaçosas!

“Deixaram sinais sangrentos pelo caminho que trilharam, e a sua loucura proclamava que a verdade se demonstra pelo sangue derramado.

“Mas o sangue é o pior testemunho da verdade; o sangue envenena a doutrina mais pura e a transforma em loucura, em ódio nos corações.

“E, mesmo que alguém atravesse o fogo pela sua doutrina, isso prova o quê? Sem dúvida, vale mais que a nossa lei nasça do nosso próprio braseiro.

“Coração ardente e cabeça fria; quando essas duas coisas se reúnem, nasce o furacão, o *Salvador*.

“Na verdade, houve homens maiores e mais bem-nascidos do que aqueles a quem o povo chama Salvadores, esses furacões devastadores.

“E é preciso que sejais libertados daqueles que são ainda maiores do que todos os Salvadores, se quereis encontrar o caminho da liberdade.

“Ainda nunca existiu o super-homem. Vi nus todos os homens, o maior e o menor.

“Parecem-se ainda demais uns com os outros. Na verdade, até o maior me pareceu – demasiado humano!”

Assim falava Zaratustra.

DOS VIRTUOSOS

E é com grande reforço de tempestades e de celestes fogos de artifício que é preciso falar aos sentidos frouxos e adormecidos.

Mas a beleza fala em voz baixa; só se insinua nas almas mais despertas.

Hoje, o meu escudo estremeceu suavemente e sorriu para mim; era o riso sagrado, o estremecimento sagrado da beleza.

Era de vós, homens virtuosos, que ria hoje a minha beleza. E ouvi a sua voz me dizer: "Ainda por cima querem ser pagos!".

Vós quereis ainda por cima ser pagos, homens virtuosos! Quereis uma recompensa pela vossa virtude, e o céu em troca da terra, e a eternidade em troca do dia presente!

E me censurais por ensinar que não há celeste distribuidor de recompensas e de retribuições? E, na verdade, sequer ensino que a virtude seja recompensa de si mesma.

Ai! É essa a minha tristeza; até no mais profundo das coisas se introduziu a mentira da recompensa e do castigo; até no fundo das vossas almas, ó, virtuosos!

A minha palavra, porém, semelhante às presas do javali, dilacerará o solo das vossas almas; serei para vós um arado.

Será necessário trazer para a luz todos os mistérios das vossas almas; é quando tiverdes sido lavrados até o fundo e despedaçados à face do sol que a vossa mentira poderá ser separada da vossa verdade.

Porque, eis a vossa verdade: sois demasiado limpos para a sujeira destas palavras: *vingança, castigo, recompensa, retribuição.*

Amais a vossa virtude como a mãe ama o filho; mas quando se ouviu dizer que uma mãe quisesse ser paga pelo seu amor?

Nada vos é mais caro do que a vossa virtude; aspirais ao ciclo das metamorfoses; todos os ciclos giram e se enrolam sobre si mesmos, tudo para voltar a si.

E tudo o que realiza a vossa virtude é semelhante a uma estrela já apagada cuja luz está ainda a caminho e em migração. Até quando ela caminhará?

Assim, a luz da vossa virtude se propaga, ainda depois do ato realizado. Bem poderá a obra ser esquecida e morta, o seu raio luminoso continuará a viver e a percorrer o espaço.

Sede a vossa virtude, o vosso próprio Eu, e não um corpo estranho, uma epiderme, uma capa! Sede a verdade profunda das vossas almas, ó, virtuosos!

Mas há também alguns, é verdade, para quem a virtude é um espasmo produzido pelas disciplinas, e vós ouvistes de sobra os seus gritos!

E há outros que chamam de virtude a preguiça dos seus vícios; e quando alguma vez o seu ódio ou a sua inveja se preparam para adormecer, a sua *justiça* desperta e esfrega os olhos sonolentos.

E há outros que se veem arrastados para o abismo; é o seu demônio que para ele os arrasta. Mas quanto mais se afundam, mais os seus olhos brilham, mais ardentemente aspiram ao seu Deus.

Ai! Também o grito deles chegou aos vossos ouvidos, ó, virtuosos: "Tudo o que eu não sou: é isso que chamo de Deus e virtude".

E há outros que andam pesadamente, chiando como carroças que transportam pedras ladeira abaixo; têm sempre na boca as palavras de dignidade e virtude; aquilo que chamam de virtude é o casco que lhes serve de freio.

E há outros que parecem simples relógios bem montados; produzem o seu tique-taque e querem que esse tique-taque se chame virtude.

Na verdade, esses me divertem; onde quer que encontre tais relógios, dou corda com minhas zombarias, e sei que eles ainda irão sussurrar para mim.

E outros se orgulham da sua parcela de justiça e cometem em seu nome todos os abusos, de modo que o mundo fica submerso sob a sua injustiça.

Ai! Como a palavra virtude soa mal nas suas bocas! E quando dizem: "Sou justo", é em tom em que se percebe: "Estou vingado[2]".

Quereriam que a virtude arrancasse os olhos dos seus inimigos; e só se elevam para rebaixar os outros.

E há outros ainda que apodrecem no seu pântano e falam por entre o caniço: "A virtude consiste em estagnar tranquilamente no pântano. Não mordemos ninguém e evitamos os que nos querem morder, e em todas as coisas somos da opinião que nos é dada".

E há outros ainda que gostam da mímica e pensam: "A virtude é apenas a mímica".

Os seus joelhos estão sempre dobrados e as suas mãos postas em louvor da virtude, mas o coração está alheio a tudo isso.

E há outros que pensam que para serem virtuosos basta dizer: "A virtude é necessária". Mas, no fundo, só acreditam na necessidade de polícia.

E alguns, incapazes de discernir a grandeza do homem, declaram que a virtude se reduz a ver de muito perto as baixezas: desse modo, chamam de virtude a sua maldade.

E alguns desejam ser edificados e castigados, e chamam isso de virtude. E outros querem ser perturbados, e também chamam isso de virtude.

Assim, quase todos julgam ter alguma parte na virtude – ou pelo menos acreditam conhecer alguma coisa em matéria de *bem* e de *mal*.

Mas Zaratustra não veio de modo algum para dizer a todos esses mentirosos, esses loucos: "Que sabeis vós da virtude? Que poderíeis saber da virtude?".

E sim para que vós, meus amigos, vos desgostásseis das velhas fórmulas que aprendestes dos mentirosos e insensatos; para que vos canseis das palavras *recompensa, retribuição, castigo, justa vingança*; para que vos canseis de dizer que "uma ação é boa quando é desinteressada".

Ah! Meus amigos, quando estiverdes todos nos vossos atos, como a mãe está toda no seu filho, direi que é essa a vossa definição da virtude.

Na verdade, tirei-vos palavras às centenas e os brinquedos favoritos da vossa virtude; e eis que vos irritais comigo como crianças mimadas.

Brincavam à beira do mar e eis que veio a onda e lhes levou os brinquedos; e agora choram.

Mas a mesma onda lhes trará novos brinquedos e espalhará a seus pés novas conchas coloridas.

Assim, serão consoladas e, tal como elas, meus amigos, vós tereis também consolações – e novas conchas coloridas!

Assim falava Zaratustra.

---

[2] Jogo de palavras intraduzível: *gerecht* (justo); *gerächt* (vingados).

DOS CANALHAS

A vida é uma fonte de alegria; mas onde quer que os canalhas vão beber, todas as fontes estão envenenadas.

Amo tudo o que é puro, mas não posso ver as bocarras grotescas nem a sede dos impuros.

Lançaram as suas vistas para o fundo do poço; agora o poço reflete o seu repugnante sorriso.

Envenenaram a água santa com a sua volúpia e, ao chamar de alegria seus sonhos imundos, envenenaram as palavras ainda por cima.

A chama se indigna quando negam ao fogo os seus corações úmidos; o próprio espírito borbulha e fumega quando os canalhas se aproximam do fogo.

A fruta torna-se melada e enjoativa nas suas mãos, o seu olhar basta para secar a árvore de fruto.

E os que se desgostaram da vida foram desgostados pelos canalhas; não quiseram partilhar com os canalhas a água, a chama e o fruto.

E os que se retiraram para o deserto, para lá morrer de sede com as feras, queriam apenas não ter de se sentar em companhia dos imundos cameleiros em torno da cisterna.

E os que avançavam como exterminadores, semelhantes à tempestade de granizo que devasta os campos, só queriam pôr o pé nas gargantas dos canalhas e lhes calar o bico.

E o que me foi mais duro de engolir não foi saber que a própria vida requere inimizade, morte e torturas.

Mas um dia fiz a mim próprio esta pergunta, que quase me sufocava: "O quê? A vida também tem necessidade dos canalhas?".

Será necessário haver fontes envenenadas, fogos pestilentos, sonhos imundos e vermes no pão da vida?

Não é o meu ódio, mas o meu nojo que me devora a vida. Ai! Quantas vezes me cansou o espírito ao ver que até mesmo os canalhas o têm!

E dei as costas aos governantes quando vi o que eles agora chamam de governar: traficar e barganhar poder com os canalhas!

E vivi entre os povos de língua estranha, tapando os ouvidos a fim de ignorar sempre a linguagem do seu negócio e o seu barganhar pelo poder.

E atravessei com repugnância, tapando o nariz, tudo o que é de ontem e de hoje; na verdade, tudo o que é de ontem ou de hoje fede aos canalhas que escrevem.

Durante muito tempo, vivi como enfermo, cego, surdo e mudo, preferindo viver com os canalhas poderosos, os que escrevem e os que debocham.

Penosamente, com cautela, o meu espírito subiu muitas escadas; a menor esmola de alegria o reconfortava; arrastava-se como um cego, apoiado no seu bastão.

Que aconteceu comigo, então? Como me curei dessa aversão? Como rejuvenesci o meu olhar? Como voei às alturas onde nenhum dos canalhas se sentaria à beira das fontes?

Foi a minha aversão que me deu asas e o dom de descobrir esses mananciais? Na verdade, tive que voar até o mais alto dos montes para encontrar de novo a fonte da alegria.

Oh! Encontrei-a, meus irmãos! Aqui, no mais alto dos montes, brota para mim a fonte da alegria. E há uma vida em que os canalhas nunca molharam os lábios.

Fonte da alegria, quase brotas com demasiada violência! E com frequência esvazias a taça querendo enchê-la!

Ainda tenho de aprender a me aproximar de ti com mais modéstia; o meu coração acorre ao teu encontro com demasiada pressa.

O meu coração, onde arde o verão, o meu breve verão ardente, melancólico, bêbado de alegria: quanto anseia pelo teu frescor esse coração estival!

Dissipada a tristeza hesitante da minha primavera; abalada a malícia dos meus flocos de neve em pleno junho! Já sou apenas verão, pleno meio-dia de verão!

Um verão nas mais elevadas alturas, fontes frescas, silêncio bem-aventurado: ó meus amigos, vinde! E o silêncio se prolongará com uma felicidade ainda maior!

Porque esta é a *nossa* altura e a nossa pátria; aqui estamos elevados demais para os impuros e sua sede.

Mergulhai os vossos olhares puros no fundo da minha fonte de alegria, amigos! Como poderia turvar-se? Sorrirá para vós com toda a sua pureza.

Construiremos o nosso ninho na árvore do futuro. As águias nos levarão o sustento, ó, solitários!

Na verdade, os impuros não terão nenhuma parte desse sustento! Julgariam devorar o fogo e queimar a garganta.

Na verdade, não oferecemos aqui asilo aos impuros. A nossa ventura faria nos seus corpos e nos seus espíritos o efeito de uma caverna de gelo.

Porque vivemos muito alto, por cima deles, como os ventos fortes, na vizinhança das águias, das neves e do sol; assim vivem os ventos fortes.

E à semelhança do vento, soprarei sobre eles, e o meu espírito cortará a sua respiração; assim quer o meu futuro.

Na verdade, Zaratustra sopra como um vento forte por cima de todas as baixezas. E eis o conselho que dá aos seus inimigos e a todos que tossem e escarram: "Tomem cuidado para não cuspir contra o vento!".

Assim falava Zaratustra.

DAS TARÂNTULAS

Eis a toca da tarântula! Queres ver ela mesma? Eis a sua teia. Toca-a e estremecerá.

Eis aquela que não se faz de rogada. Bem-vinda, tarântula! Trazes nas costas o teu triângulo preto e a tua marca, e também sei o que há na tua alma.

Na tua alma, aninha-se a vingança; a tua mordida produz uma crosta negra; o veneno do teu espírito deixa as almas tontas.

Assim vos falarei em parábola, a vós que deixais as almas tontas, pregadores da *igualdade*. Não passais de tarântulas para mim, habita-vos o rancor oculto.

Eu, porém, acabarei por descobrir os vossos esconderijos; por isso, rio na vossa cara com o meu riso das alturas.

Também despedaço a vossa teia, para que o furor vos faça sair das vossas cavernas de mentira, e faça jorrar imediatamente as vossas palavras de *justiça*.

Porque libertar o *homem de qualquer pensamento de vingança* é para mim a ponte que leva às mais altas esperanças, e o arco-íris que vem após as grandes tormentas.

Mas completamente diversa é a vontade das tarântulas. "Aquilo que chamamos de justiça é encher o mundo com as tempestades da nossa vingança", eis o que dizem entre si.

"Queremos exercer a nossa vingança e insultar todos os que não são semelhantes a nós", eis o que juram as tarântulas em seu coração.

"E a virtude consistirá em querer a igualdade para todos; perseguiremos com os nossos gritos todos os que detêm o poder."

É assim, sacerdotes da igualdade, que a tirânica loucura da impotência reclama em altos gritos a *igualdade*; os vossos mais secretos desejos de tiranos assim se disfarçam sob nomes virtuosos.

Vaidade amarga, inveja contida, talvez vaidade e inveja ancestrais, eis o que de vós sai como uma chama e loucura de vingança.

O que o pai nele ocultou, o filho o exprime em palavras, e muitas vezes o filho trai o segredo do pai.

Parecem-se com entusiastas, mas não é o coração que neles arde, é a vingança. E quando se mostram sutis e frios, não é o espírito; é a inveja que os torna sutis e frios.

Os seus zelos os levam também aos caminhos dos pensadores; a marca do seu ciúme é que eles vão sempre longe demais, e o seu cansaço acaba por adormecer no meio da neve.

Todos os seus lamentos têm tons de vingança, todos os seus elogios traem a intenção de prejudicar; e a felicidade, para eles, é se tornarem juízes.

Dou-vos, portanto, este conselho, meus amigos: desconfiai sempre de todos os que sentem poderosamente o desejo de castigar.

São pessoas de má espécie, de má origem; nas suas faces, assomam polícia e carrasco.

Desconfiai de todos os que falam muito da própria justiça. Na verdade, não é só o mal que falta às suas almas.

E se se denominam *os bons e os justos*, não esqueçais que para serem fariseus só lhes falta – o poder.

Meus amigos, não quero ser misturado nem confundido com os outros.

Há quem pregue a minha doutrina da vida, mas são ao mesmo tempo pregadores da igualdade e tarântulas.

Aranhas venenosas, que dizem louvores da vida, mas estão escondidas nos seus covis, afastadas da vida; é a sua maneira de fazer mal.

Procuram prejudicar os que têm o poder, porque é entre estes que a pregação da morte é ainda mais familiar.

Se fosse de outro modo, as tarântulas mudariam de doutrina; porque em outro tempo foram excelentes em caluniar a vida e queimar hereges.

Não quero que me misturem nem que me confundam com esses pregadores da igualdade. Porque a justiça me diz assim: "os homens não são iguais".

Não devem tampouco chegar a sê-lo! Que seria o meu amor ao super-homem, se eu falasse de outro modo?

Os homens devem se precipitar por mil pontes e mil caminhos para conquistarem o futuro; é preciso que haja entre eles mais guerras e desigualdades; eis o que inspira o meu grande amor!

Será por necessidade de combate que eles inventarão imagens e fantasmas, e estas servirão para que travem batalhas supremas uns contra aos outros.

Bom e mau, rico e pobre, nobre e vilão, e todos os outros nomes de valores são outras tantas armas e emblemas tilintantes que devem ajudar a vida a se superar sem cessar.

A própria vida, para subir mais alto, constrói arcos e degraus, de onde poderá observar os horizontes distantes e as belezas que encantam o coração; é por isso que necessita das alturas.

E, porque necessita das alturas, são também necessários os degraus e a resistência que oferecem aos que os sobem. A vida quer se elevar e superar a si mesma.

E vede, meus amigos! Ao lado do antro da tarântula se elevam as ruínas de um antigo santuário. Olhai-as com olhos radiantes.

Na verdade, o que aqui em outros dias elevou essas pedras, para com elas exprimir o impulso da sua alma, conhecia o segredo da vida tão bem como o maior dos sábios.

O que aqui nos ensina com a parábola mais surpreendente é que toda a beleza contém luta, desigualdade, guerra, poder e tirania.

Vede a divina beleza dessas abóbadas e desses arcos que lutam e se quebram uns contra os outros; vede-os lançar assaltos de luz e de sombra no seu divino esforço.

Na mesma certeza infalível, na mesma beleza, sejamos também inimigos, meus amigos! Enlacemo-nos divinamente uns contra os outros!

Desventura! Também a mim me picou a tarântula, essa velha inimiga! Com uma admirável e divina certeza picou-me no dedo!

"É necessário um castigo, é necessária uma justiça", pensa ela, "é preciso que não se cantem aqui impunemente os louvores da inimizade!".

Sim, está vingada! Pobre de mim, por vingança ela vai fazer a minha alma girar.

Mas com medo de que a sua vertigem me domine, a mim também, meus amigos, atai-me fortemente a essa coluna. Prefiro ser transformado em estilista do que em turbilhão de rancor!

Na verdade, Zaratustra não é nem um turbilhão nem um choque e, se é verdade que é dançarino, pelo menos não dança a tarantela!

Assim falava Zaratustra.

DOS SÁBIOS CÉLEBRES

Todos vós, os sábios célebres, fostes servidores do povo e da superstição popular, mas nunca dos servidores da verdade. E é precisamente por isso que fostes venerados.

E por isso também foi tolerada a vossa incredulidade porque parecia uma brincadeira, um rodeio engenhoso que vos levava ao povo. Assim, o amo deixa exultar os seus escravos e saboreia a sua petulância.

Mas aquele que o povo odeia, com um ódio de cães pelo lobo, é o espírito livre, inimigo das algemas, o incrédulo que assombra as florestas.

Persegui-lo até o seu esconderijo é aquilo que o povo, em todos os tempos, chamou de *senso de justiça*; e ainda por cima instiga contra o solitário os seus mais ferozes cães.

"Porque a verdade está onde o povo está!" é um clamor que em todos os tempos se tem repetido.

Queríeis assentar na razão a piedade tradicional do vosso povo e isso chamais de *vontade de encontrar a verdade*, ó, sábios célebres!

E o vosso coração insiste em dizer: "Eu saí do povo, e foi também do povo que me veio a voz divina".

Teimosos e prudentes como burros, sempre defendestes o povo.

E mais de um poderoso, que queria estar em boas relações com o povo, atrelou à dianteira dos seus corcéis um burrico, um sábio célebre.

E agora, ó, sábios célebres, quisera que, enfim, lançassem para longe a vossa pele de leão, a vossa pelagem de carneiro, toda manchada, a vossa juba de explorador, de investigador, de conquistador.

Ai! Para aprender a acreditar na vossa *veracidade* seria necessário vos ver destruir todos os vossos respeitos tradicionais.

Chamo de verídico aquele que vai para os desertos sem Deus, depois de ter aniquilado o seu coração pleno de veneração.

No meio da areia dourada, queimado pelo sol, morrendo de sede, olhas com avidez para as ilhas de abundantes fontes, onde os vivos repousam sob a sombra das árvores.

Mas a sua sede não o convence de modo nenhum a imitar esses satisfeitos; sabe que há ídolos em todos os oásis.

Faminta, violenta, solitária, ímpia, tal deve ser a vontade leonina.

Livre de uma fidelidade servil, livre dos deuses e dos cultos, sem medo, terrível, grande e solitária, tal deve ser a vontade do verídico.

No deserto, sempre têm vivido os verídicos, os espíritos livres, como senhores do deserto; mas nas cidades residem os sábios célebres e bem-alimentados – os animais de tiro.

Porque são eles que puxam sempre, como burros, a carroça do *povo*!

Não que lhes queira mal por isso; mas na minha opinião não passam de criados e de animais de tiro, mesmo sob o seu escudo coberto de ouro.

E muitas vezes são bons servidores, dignos de louvor. Porque assim fala a virtude: "Se tens de ser servidor, procura aquele a quem os teus serviços sejam mais úteis. O espírito e a virtude do teu amo devem aumentar por estares a seu serviço; e assim tu mesmo te engrandeces com o seu espírito e a sua virtude".

E na verdade, sábios célebres, servidores do povo, aumentastes vós próprios à medida que cresciam o espírito e a virtude do povo, e o povo aumentou graças a vós. Digo isso em vossa honra.

Mas continuais a ser povo até nas vossas virtudes, povo de olhos fracos, povo estranho ao espírito.

O espírito é a vida que se sacrifica na sua própria carne; o seu tormento aumenta o seu saber – já o sabíeis?

E a felicidade do espírito é ter recebido a unção santa e a efusão de lágrimas que dele fazem a vítima designada para o sacrifício – já o sabíeis?

E a cegueira do cego, as suas hesitações, as suas apalpadelas testemunham ainda o poder do sol que ele olhou de frente – já o sabíeis?

É acumulando montanhas que o discípulo do conhecimento deve aprender a *construir*. Transportar montanhas é para o espírito pouca coisa – já o sabíeis?

Vós conheceis as centelhas que lança o espírito, mas não vedes que ele é uma bigorna; ignorais a crueldade do seu martelo.

Na verdade, vós não conheceis a altivez do espírito, mas suportaríeis menos ainda a modéstia do espírito se ela quisesse falar.

E nunca até agora conseguistes mergulhar o vosso espírito numa fossa cheia de neve: não tendes calor bastante para isso! Ignorais também, por conseguinte, a alegria extasiada que o frio do gelo dá ao espírito.

Tratais sempre o espírito de maneira demasiado familiar e fizestes da sabedoria um hospital e um asilo de maus poetas.

Vós não sois águias; nunca saboreastes os terrores do espírito. E a menos que se seja ave, não devemos construir o ninho por cima dos abismos.

Pareceis-me mornos; ora, qualquer conhecimento profundo é gelado! Frias como gelo são as fontes mais secretas do espírito; refrescam e divertem as mãos ardentes; os ardentes filhos da ação.

Bem vos vejo lá, respeitáveis e rígidos, a espinha ereta, ó, sábios célebres! Não estais em luta nem com as rajadas de vento, nem com uma forte vontade.

Nunca vistes cruzar o mar, estremecendo sob a impetuosidade do vento, uma vela trêmula e inflada?

Semelhante à vela, estremecendo sob a impetuosidade do espírito, assim cruza o mar a minha sabedoria, a minha selvagem sabedoria!

Mas vós, servidores do povo, sábios célebres, como *poderíeis* me acompanhar alguma vez?

Assim falava Zaratustra.

NOTURNO

É noite; eis que se eleva a voz das fontes jorrantes. E a minha alma é também uma fonte jorrante.

É noite; eis que despertam todos os cantos dos apaixonados. E a minha alma é também um canto apaixonado.

Há uma sede em mim, insaciada, insaciável, que quer elevar a voz. Há em mim um anseio de amor, um desejo que fala a linguagem do amor.

Eu sou luz: ah, se eu fosse trevas! Mas a minha solidão é estar rodeado pela luz.

Ah, se eu fosse sombra e trevas! Como me saciaria nos seios da luz!

E como vos abençoaria, mesmo a vós, estrelinhas cintilantes, vermes luzentes do céu! E tua luz me encheria de ventura.

Mas eu vivo encerrado na minha própria luz, voltando a absorver as chamas que de mim brotam.

Não conheço o prazer de receber; e com frequência tenho sonhado que há ainda mais felicidade em roubar do que em receber.

A minha pobreza reside no fato de que a minha mão nunca se cansa de doar; o que invejo são os olhares ávidos e as noites iluminadas pelo desejo.

Ó, sorte maldita de todos os que dão! Ó, eclipse do meu sol! Ó, desejo de desejar! Ó, fome devoradora no coração da saciedade!

Recebem o que lhes dou, mas acaso lhes pude tocar a alma? Há um abismo entre dar e receber; e o abismo mais estreito é o último a fechar-se.

Nasce uma fome na minha beleza; quereria fazer sofrer os que ilumino, roubar aqueles que presenteio; tal é a minha fome de maldade.

Retirando a minha mão quando me estendem a sua, semelhante à cascata que hesita antes da queda e hesita ainda na sua queda, assim eu tenho fome de maldade.

Tal é a vingança que imagina a minha riqueza excessiva, tal é a perfídia que jorra da minha solidão.

A felicidade de presentear morre no momento que presenteio, a minha virtude cansa-se da sua própria abundância.

Dando sem cessar, corre-se o risco de perder qualquer pudor; à força de presentear, o coração e a mão se tornam calejados.

Os meus olhos já não se arrasam de lágrimas ao ver a vergonha dos que imploram; a minha mão endurecida já não sente o tremor das mãos que encho.

Para onde foram as lágrimas dos meus olhos e a maciez do meu coração? Ó, solidão de todos os que dão! Ó, silêncio de tudo o que ilumina!

Inúmeros sóis gravitam no espaço deserto; a sua luz fala a todos os corpos tenebrosos; só para mim emudeceu.

Oh! Essa é a inimizade da luz contra tudo o que brilha; implacável, prossegue o seu caminho.

Profundamente injusto contra tudo o que brilha, indiferente aos outros sóis, assim gravita cada sol.

Semelhantes à tempestade, os sóis percorrem as suas órbitas; é esse o seu caminho. Só obedecem à sua vontade implacável; é essa a sua frieza.

Só vós, criaturas sombrias e tenebrosas, tirais da luz dos astros o vosso calor. Só vós bebeis o leite e o reconforto nos úberes da luz!

Ai, tudo é gelo à minha volta, a minha mão se queima em contato com o gelo! Ai, tenho sede de experimentar a vossa sede!

É noite: ah, que eu tenha que ser luz! E sede de trevas! E solidão!

É noite: eis que de mim brota como uma fonte o meu desejo de elevar a voz.

É noite: eis que se eleva mais alto a voz das fontes jorrantes. E também a minha alma é fonte jorrante.

É noite: eis que despertam todos os cantos dos apaixonados. E também a minha alma é canto apaixonado.

Assim falava Zaratustra.

O CANTO DA DANÇA

Uma tarde, Zaratustra atravessava a floresta com os seus discípulos, procurando uma fonte; eis que chegou a um verde prado, fechado por árvores e matagais: estavam lá garotas que dançavam umas com as outras. Logo que reconheceram Zaratustra, deixaram de dançar; mas Zaratustra se aproximou delas amigavelmente e disse estas palavras:

— Não pareis de bailar, encantadoras meninas! Não é um desmancha-prazeres de mau olhar que se aproxima de vós, não é um inimigo das jovens.

"Sou o advogado de Deus ante o Diabo. O Diabo é o espírito da seriedade. Como poderia eu ser inimigo das vossas danças divinas ou dos vossos pés juvenis de graciosos tornozelos?

"Decerto, sou uma floresta de árvores escuras e de trevas; mas os que não têm medo da minha sombra descobrirão roseirais debaixo dos meus ciprestes.

"E também aí encontrarão o pequeno deus preferido das donzelas; repousa junto da fonte, imóvel e de olhos cerrados.

"Na verdade, adormeceu em pleno dia, o brincalhão; deve ter apanhado muitas borboletas.

"Não vos aborreçais comigo, formosas dançarinas, se maltrato um tanto o pequeno deus. Vai sem dúvida gritar e chorar; mas mesmo quando chora se presta ao riso.

"E com lágrimas nos olhos vos deve pedir que lhe concedais uma dança; e eu próprio acompanharei essa dança com uma canção.

"Uma canção para dançar, um canto que zomba do espírito de gravidade, meu muito alto e muito poderoso Diabo, que os homens dizem ser o *senhor do mundo*."

E eis a canção que Zaratustra cantou enquanto Cupido dançava com as jovens:

Ainda há pouco mergulhei os olhos no teu olhar, ó, Vida, e parecia-me mergulhar num abismo sem fundo.

Mas tu voltaste a me pescar, agarrado ao teu anzol de ouro; desataste-te a rir, com ar zombeteiro, quando te declarei insondável.

— Assim falam todos os peixes – disseste –, o que eles não conseguem sondar é declarado insondável.

"Mas sou apenas, quanto a mim, volúvel e selvagem, mulher em todas as coisas, e nada virtuosa.

"Embora eu seja para vós, homens, a *profunda*, ou a *fiel*, ou a *eterna*, ou a *misteriosa*.

"Mas vós, homens, ó, virtuosos, emprestai-nos sempre as vossas próprias virtudes!"

Assim ria ela, a inacreditável; mas nunca acredito nela, nem nela nem no seu riso, quando fala mal de si.

E um dia em que me divertia a sós com a minha selvagem sabedoria, ela me disse:

— Tu queres, tu desejas, tu amas, e é por isso que cantas louvores à vida!

Pouco me faltou para lhe dar uma resposta irritada e dizer umas verdades à minha sabedoria; e não há resposta mais dura do que dizer à sabedoria as *suas verdades*.

Tais são as relações que mantemos entre os três. No fundo do coração, amo apenas a vida, e, na verdade, amo-a ainda mais quando a odeio.

Mas se sou bom para a minha sabedoria (às vezes, até demais), é porque me lembra muito a vida.

Tem os mesmos olhos, o mesmo riso, o mesmo anzol dourado; será culpa minha se são assim tão parecidas?

E quando um dia a vida me perguntou:

— Mas o que é a sabedoria? – eu respondi, afoito: — Ah, sim! A sabedoria!

"Estamos sedentos dela e não nos saciamos, olhamos através do seu véu, queremos captá-la com uma rede.

"É formosa? Como sabê-lo? Mas até as carpas mais velhas mordem as suas iscas.

"É volúvel e rebelde; muitas vezes, a vi morder os lábios e arrepiar o cabelo com o pente.

"Talvez seja má e pérfida, mulher em todas as coisas; mas nunca é tão sedutora como quando fala mal de si."

Quando assim respondi à vida, ela deu uma risada maldosa e cerrou os olhos.

— Mas de quem falas tu? – disse. — É de mim, sem dúvida?

"E mesmo admitindo que tivesses razão, serão coisas que se me digam na cara? Mas agora fala também da tua sabedoria."

Ai! E então tornaste a abrir os olhos, amada vida! E de novo eu caíra no coração do insondável.

Assim cantava Zaratustra. Mas acabada a dança e afastadas as donzelas, sentiu-se triste.

— O sol já se pôs há muito – disse por fim. — O prado está úmido, sente-se o frescor dos bosques.

"Uma presença desconhecida me cerca e me olha pensativa. O quê? Ainda vives, Zaratustra?

"Por quê? Para quê? Como? Para ir aonde? Para ficar onde? De que maneira? Não será uma loucura, viver?

"Ai, meus amigos! É a noite que assim me interroga. Perdoai-me a tristeza.

"Caiu a noite. Perdoai-me se a noite cai!"

Assim falava Zaratustra.

O CANTO DO SEPULCRO

Além, está a ilha dos sepulcros, a ilha muda; além, estão também os sepulcros da minha juventude. Quero para lá levar uma coroa viva, de um verde imortal.

E tendo assim decidido no meu coração, atravessei o mar.

Ó, imagens e visões da minha juventude! Ó, olhares de amor, momentos divinos! Como vos desvanecestes depressa! Penso hoje em vós como em mortos bem-amados.

Exalais para mim um suave perfume, mortos bem-amados, um perfume que alivia o coração e faz correr as lágrimas. De verdade, comove e alivia o coração do navegador solitário.

Sou eu ainda o mais rico e o mais digno de inveja, eu, o mais solitário entre todos. Porque vos possuístes e vós me possuis ainda. Dizei-me: qual outro foi mais presenteado do que eu com as maçãs vermelhas caídas da árvore?

Continuei a ser o patrimônio e o canteiro do vosso amor, onde florescem, em vossa memória, silvestres virtudes de todas as cores, ó, meus amados!

Ai! Nós éramos feitos para viver, juntos, estranhas e deliciosas maravilhas; viestes até mim, precedendo o meu desejo, não como pássaros espantados, mas confiando no amigo confiante.

Sim, feitos como eu para a afeição fiel, para eternidades de ternura; será necessário agora que vos dê um nome que lembre vossa infidelidade, ó, fulgores e instantes divinos? Ainda não aprendi a vos dar outros nomes.

Na verdade, morrestes demasiado cedo, ó, fugitivos. Não que me tenhais fugido, nem que eu vos tenha fugido. Somos inocentes em nossa mútua infidelidade.

Foi para me matar que estrangularam a vós, cantores das minhas esperanças! Sim, foi contra vós, bem-amados, que a maldade sempre arremessou as suas flechas para me alcançar o coração.

E alcançou! Não éreis vós o meu mais caro bem? Vós éreis meus, eu era vosso; *por isso* tivestes de morrer novos e cedo demais.

Dispararam flechas sobre o que eu tinha de mais vulnerável, sobre vós, cuja epiderme era suave como uma penugem, como um sorriso que morre ao primeiro olhar.

Mas assim o declaro aos meus inimigos: o que é um assassinato comparado com o que me fizestes?

O que me fizestes é pior do que todos os assassinatos, tirastes de mim o que ninguém poderia me dar – eis o que tenho a vos dizer, meus inimigos!

Porque assassinastes as visões e os graciosos prodígios da minha juventude! Tirastes de mim os meus companheiros, os espíritos bem-aventurados! Em sua memória, deponho aqui essa coroa e essa maldição.

Malditos sejais, meus inimigos! Porque abreviastes a minha parte de eternidade, como um som que expira na noite gelada! Só a vi brilhar por um instante como o fulgor de um olhar – o espaço de um abrir e fechar de olhos.

Antes, em horas propícias, a minha pureza dizia: "Para mim, todos os seres devem ser divinos".

Então precipitastes sobre mim imundos fantasmas. Ai! Para onde fugiu àquela hora propícia?

"Todos os dias devem ser sagrados para mim", assim falava, em outros tempos, a minha jovem sabedoria e, de fato, essa era a fala de uma alegre sabedoria.

Mas então, meus inimigos, vós roubastes as minhas noites e as vendestes ao tormento e à insônia. Ai! Para onde fugiu aquela alegre sabedoria?

Antes, pedia pássaros de felizes presságios; e vós pusestes no meu caminho uma monstruosa coruja, um pássaro de mau agouro. Ai! Para onde fugiu o meu doce desejo?

Um dia, fiz votos de renunciar a toda repugnância; então transformastes os meus próximos e os meus vizinhos em úlceras purulentas. Ai! Para onde fugiram os meus nobres votos?

Como cego, percorri venturosos caminhos; então, vós arrastastes imundícies ao caminho do cego; eis que agora sua antiga trilha o repugna.

E no dia em que consumei a minha proeza mais árdua e celebrei a minha mais alta vitória sobre mim mesmo, levastes os que me estimavam a clamar que eu nunca lhes tinha causado maior dano.

Na verdade, assim procedestes sempre; amargastes o meu melhor mel e o zelo das minhas melhores abelhas.

Sempre recomendastes à minha caridade os mendigos mais insolentes; sempre ajuntastes em torno da minha compaixão os mais incuráveis desavergonhados. Assim, feristes as minhas virtudes na sua fé.

E quando oferecia como sacrifício o bem mais sagrado que possuía, a vossa *devoção* se apressava a colher as mais gordas dádivas, de modo que as emanações da vossa gordura afogavam o que eu tinha de mais sagrado.

E, no dia em que eu quis dançar como nunca havia dançado, para além de todos os céus, cativastes com vossos artifícios o meu cantor preferido.

Ele entoou uma melodia lúgubre e medonha; ai, zumbiu-me aos ouvidos como a mais fúnebre trompa!

Cantor mortífero, instrumento da maldade dos outros, inocente entre todos! Eu preparava a mais bela das danças, quando viestes matar as minhas alegrias.

Apenas pela dança sei expressar as parábolas das verdades supremas; agora, a minha parábola mais sublime está aprisionada em meus membros.

Aprisionada, a minha suprema esperança se tornou prisioneira! E vi morrerem todas as visões que tinham consolado a minha juventude.

Como o pude suportar? Como pude me resignar a semelhantes feridas e as vencer? Como a minha alma conseguiu ressuscitar do fundo desses sepulcros?

Decerto, trago em mim uma força invulnerável, irrefreável, capaz de explodir rochedos: a minha *vontade*. Avança em silêncio, imutável ao longo dos anos.

A minha antiga vontade serve-se dos meus pés para percorrer seu caminho; a sua resolução é dura até o âmago, invulnerável.

Sou invulnerável apenas no calcanhar! Conseguiste, então, sobreviver, sempre igual a ti mesma, vontade paciente, espírito paciente! Sempre conseguiste voltar a emergir dos sepulcros.

Em ti ainda vive o irredimível da minha juventude; sob os traços da juventude e da vida vens cheia de esperança te sentar sobre os escombros amarelados dos sepulcros.

Sim, para mim, és a destruidora de todos os sepulcros. Salve, ó, minha vontade! Porque somente onde há sepulcros é que há ressurreições!

Assim cantava Zaratustra.

DA VITÓRIA SOBRE SI MESMO

A vontade de encontrar a verdade: esse é o nome que dais, ó, sábios ilustres, à força que vos impele e incendeia.

Vontade de tornar concebível tudo o que existe: é o nome que eu dou ao vosso desejo.

Quereis primeiro tornar imaginável tudo o que existe: porque duvidais, com justa desconfiança, de que tudo já seja imaginável.

É preciso, porém, que tudo se submeta e curve perante vós. Assim exige a vossa vontade; que tudo se suavize e se submeta ao espírito, que tudo se reduza ao seu espelho e ao seu reflexo.

É essa toda a vossa vontade, ó, sábios ilustres, e é uma vontade de poder, mesmo quando tendes na boca as palavras de bem e de mal e seus juízos de valor.

Quereis primeiro criar um mundo que possais adorar de joelhos; é a vossa última esperança, a vossa suprema embriaguez.

Os simples, todavia, o povo, são semelhantes ao rio por onde avança um pequeno barco: nele estão, solenes e mascarados, os juízos de valor.

Pusestes a vossa vontade e os vossos valores no rio do futuro; e essas crenças do povo a respeito do bem e do mal revelam a antiga vontade de poder.

Fostes vós, sábios ilustres, que instalastes esses passageiros no barquinho, depois de os terdes enfeitado com adornos e nomes orgulhosos — fostes vós e a vossa vontade dominadora.

Agora, o rio arrasta o vosso barco, arrasta-o contra sua vontade. Que importa se a onda espuma, quebra e colide furiosamente contra a quilha?

Não é o rio que vos ameaça, nem a morte da vossa noção do bem e do mal, ó, sábios ilustres; é a vossa própria vontade, a vossa vontade de poder, a vontade vital, inesgotável e criadora.

Mas para que compreendais o que tenho para vos dizer sobre o bem e o mal, vou acrescentar mais uma palavra a respeito da vida e da natureza de tudo o que é vivo.

Tenho seguido o rastro dos vivos, em caminhos grandes e pequenos, a fim de conhecer a sua natureza.

Quando a sua boca estava fechada, captei seu olhar nos meus cem espelhos, para que esse olhar me falasse, e esse olhar me falou.

Ora, por toda parte onde encontrei o ser vivo, ouvi falar em obediência. Tudo o que é vivo obedece.

Eis aqui o segundo ponto: recebe ordens aquele que não sabe obedecer a si mesmo. Esse é o costume entre os viventes.

Em terceiro lugar, aprendi que dar ordens é mais difícil do que obedecer. Não somente porque aquele que ordena suporta o peso de todos os que lhe obedecem, e essa carga o faz correr o risco de ser esmagado, mas porque reconheci que dar ordens carrega uma possibilidade e um risco: sempre que ordena, arrisca a própria vida.

E até quando dá ordens a si mesmo, não escapa à aflição. Torna-se fatalmente juiz, vingador e vítima da própria lei.

"Como é isso possível?", perguntei a mim mesmo. "O que faz o vivente obedecer, ordenar e, mesmo ordenando, continuar obedecendo?"

Ouvi agora as minhas palavras, ó, sábios ilustres!

Examinai seriamente se te aprofundastes na essência da vida e até as raízes do seu coração!

Onde me deparei com o que é vivo, encontrei a vontade de poder; até na vontade do que obedece há a vontade de ser senhor.

O fraco serve o forte porque sua vontade o inclina a isso, quer se tornar senhora de outras mais fracas do que ela; e dessa única alegria não consegue renunciar.

E assim como o menor se submete ao maior, para desfrutar do prazer de dominar o que está abaixo dele, também o maior se entrega e arrisca a vida pelo poder.

Quando o maior entra na briga, por sua vez, toma sobre si riscos e perigos, joga os dados com a morte.

Sacrifícios, serviços prestados e olhares apaixonados são manifestações da vontade de poder. Por caminhos secretos, o mais fraco se insinua na fortaleza do coração do poderoso e, então, rouba seu poder.

Eis o segredo que a vida me confiou: "Olha", disse, "eu sou o que sempre precisa superar a si mesmo, até o infinito."

Quer chameis essa necessidade de instinto ou de tendência a ascensão ao que é mais alto, mais distante e mais complexo, tudo isso dá no mesmo, é apenas um único segredo.

Prefiro desaparecer e renunciar a essa única aspiração; e, na verdade, quando se veem morrer os seres e cair as folhas é que a vida se sacrifica – por amor ao poder.

Por que será preciso que eu seja luta, e devir, e finalidade, e contradição? Ai! Aquele que adivinha a minha vontade adivinha como são *tortuosos* os caminhos que precisa seguir.

Seja qual for a coisa por mim criada, e o amor que lhe tenha, em breve tenho de me tornar inimigo da minha criatura e adversário do meu amor; assim quer a minha vontade.

E tu também, investigador da verdade, não és mais do que uma das trilhas, uma das pistas da minha vontade; de fato, a minha ânsia de poder segue também os vestígios do teu desejo de encontrar a verdade.

Certamente não encontrou a verdade aquele que discursa sobre a fórmula da *vontade de viver*; não há tal vontade.

Porque o que não existe não pode querer existir; e como poderia o que existe desejar a existência?

Só há vontade na vida; mas essa vontade não é querer viver; ela é vontade de poder.

Há muitas coisas que o vivente coloca acima da própria vida; mas nessa estima o que fala é a vontade de poder.

Eis o que a vida me ensinou outrora; foi o que me permitiu, sábios ilustres, resolver ainda o enigma dos vossos corações.

Em verdade, vos digo: bem e mal, noções imutáveis, não existem. Tudo trabalha para incessantemente se superar.

Os vossos juízos de valor e as vossas teorias do bem e do mal são meios de exercer o poder. Julgadores, é esse o amor secreto que brilha em vossos corações, vibrando e transbordando.

Mas há uma força maior que extrai dos vossos valores o seu crescimento e uma nova vitória sobre si, que parte os ovos e suas as cascas.

E aquele que tem a vocação de inovar no bem e no mal começará necessariamente por quebrar e destruir os valores.

Assim, a maldade suprema é parte integrante da bondade suprema, quero dizer, daquela que é criadora.

Falemos dessas coisas, sábios ilustres, embora vos desagrade. O silêncio é ainda pior. Todas as verdades caladas se tornam venenosas.

E que importa se tudo o que é frágil se destrói nas nossas verdades? Há ainda tantas casas para edificar!

Assim falava Zaratustra.

DAS ALMAS SUBLIMES

Tranquilo é o fundo do mar que trago em mim; quem adivinharia que oculta monstros divertidos?

Imutável é a minha profundidade, mas cintila de enigmas e gargalhadas flutuantes.

Hoje, vi um homem sublime, solene, um penitente do espírito. Oh, como a minha alma riu ao vê-lo assim, tão feio!

Inflando o peito, de modo semelhante aos que enchem o peito de ar, assim se apresentava esse homem sublime, não abrindo a boca.

Adornado com feias verdades e suas polainas de caça e coberto de vestidos rotos, trazia sobre ele muitos espinhos, mas não vi uma única rosa.

Ainda não conhece o riso nem a beleza. Foi com ar sombrio que esse caçador voltou das florestas do conhecimento.

Lutou com animais selvagens, mas a sua seriedade traiu a fera que traz em si, mal domada fera!

Ainda se assemelha ao tigre prestes a saltar, mas não aprecio nada essas almas tensas; não são do meu gosto todos esses retraídos.

E vós, amigos, dizei-me que questões de gostos e de cores não se discutem? Mas a vida inteira, contudo, não passa de uma discussão a respeito dos gostos e das cores.

O gosto é, ao mesmo tempo, o peso, a balança e o pesador; e coitado do vivente que não quisesse discutir a respeito dos pesos, da balança e do pesador!

Se esse homem sublime se enfastiasse da sua sublimidade, só então começaria a se embelezar, e então poderia apreciá-lo.

E só quando se afastar de si poderá saltar para fora da sua sombra – e, na verdade, saltar com um impulso para o *seu* sol.

Por muito tempo esteve sentado à sombra, esse penitente do espírito; as suas faces empalideceram, e a espera quase o matou de fome.

Ainda há desprezo em seus olhos, e repugnância no canto dos seus lábios. É verdade que descansa agora, mas ainda não se estendeu ao sol.

Deveria fazer como o touro: sua felicidade deveria ter cheiro de terra, e não de desprezo da terra.

Queria vê-lo como um touro branco que sopra e muge diante do arado, e o seu mugido deveria cantar o louvor das coisas terrenas.

O seu semblante está ainda sombrio, a sombra da sua mão se projeta sobre ele; o pensamento, nos seus olhos, está ainda misturado com a sombra.

A sua ação lança uma sombra; sua mão cobre de sombras aquele que atua. Ele ainda não domina o seu ato.

Agrada-me a sua nuca, de touro, mas queria ver também o olhar do anjo.

É ainda necessário que se desfaça da sua vontade de herói, quero que se sinta à vontade nas alturas, e não somente elevado; o próprio éter o deveria elevar, aliviado de qualquer vontade.

Dominou feras, decifrou enigmas; mas precisava também se tornar o redentor dos seus monstros e dos seus enigmas; precisava transformá-los em filhos divinos.

O seu conhecimento ainda não aprendeu a sorrir sem nada invejar; a onda da sua paixão ainda não se acalmou na beleza.

Na verdade, não é na saciedade que o seu desejo se deve abismar em silêncio, mas na beleza. A graça faz parte da nobreza dos magnânimos.

Com um braço pousado atrás da cabeça, eis como deveria repousar o herói, dominando até o seu repouso.

Mas para o herói é mais difícil atingir a *beleza*; o belo é irrealizável para toda a vontade violenta.

Um toque a mais ou a menos, aqui é muito, aqui é o essencial.

Conservar os músculos descontraídos e a vontade desembaraçada é o que há de mais difícil para vós, homens sublimes!

Quando o poder se torna clemente e condescende com o visível, a essa condescendência chamo eu beleza.

De ninguém exijo tanto a beleza como de ti, ó, poderoso; e a tua bondade deveria ser o teu derradeiro triunfo.

Sei que és capaz de todo o mal; é por isso que exijo o bem de ti.

Na verdade, repetidas vezes tenho rido dos fracos que se julgam bons por terem as mãos entorpecidas!

Deverias rivalizar em virtude com a coluna; quanto mais ela se eleva, mais se embeleza e se afina, ao mesmo tempo que se torna mais resistente e mais dura em seu interior.

Sim, homem sublime, um dia serás belo e apresentarás um espelho à tua própria beleza.

Então, a tua alma estremecerá de desejos divinos, e na tua própria vaidade haverá adoração!

Porque reside aqui o segredo da alma; quando o herói a abandona, somente se aproxima dela em sonhos – o super-herói.

Assim falava Zaratustra.

DO PAÍS DA CULTURA

O impulso me levou longe demais pelo futuro; fui dominado por um calafrio de horror.

E tendo lançado os olhos em torno de mim, eis que reparei que o tempo era o meu único companheiro.

Voltei, então, para o meu país, voando precipitadamente, cada vez mais apressado; assim cheguei até vós, homens de hoje, ao país da cultura.

Pela primeira vez, vos concedi um olhar e uma opinião favorável; na verdade, era o impulso do coração que me levava a vós.

E o que me aconteceu? Apesar do medo que me invadiu, não pude prender o riso. Nunca os meus olhos tinham visto semelhante estranheza.

Ria sem parar, enquanto tremiam minhas pernas e o coração. "É aqui, na verdade, a pátria de todos os vasos coloridos", pensei.

Com a face e os membros iluminados por cinquenta cores diferentes, assim me aparecíeis, para meu assombro, ó, homens do presente, estáveis cercados por cinquenta espelhos que adulavam e repetiam o efeito das vossas cores.

Na verdade, não poderíeis usar melhores máscaras do que os vossos próprios rostos, ó, homens do presente. Quem vos poderia então reconhecer?

Pincelados com os hieróglifos do passado, esses mesmos signos estão cobertos com sinais novos, assim conseguistes se esconder de todos os decifradores.

E ainda que fosse aquele que sonda o coração e as entranhas, quem acreditaria que tivésseis entranhas? Pareceis formados por cores e por pedaços de papel colados juntos.

Através dos vossos véus, vemos transparecer a variedade de todos os tempos e povos; todos os costumes e todas as crenças se expressam por meio das vossas atitudes.

Se vos despissem dos vossos véus, roupas, cores e gestos, apenas vos sobraria o necessário para espantar os pássaros.

Na verdade, eu mesmo sou esse pássaro espantado que uma vez vos viu nus e sem cores; fugi ao ver o vosso esqueleto me fazer sinais de amizade.

Preferiria ser empreiteiro nos infernos, entre as sombras do passado! As sombras dos infernos são mais robustas e consistentes do que vós.

O que é amargo às minhas entranhas é que não posso vos suportar nem nus, nem vestidos, ó, homens do presente!

Tudo o que inquieta no futuro, e tudo o que alguma vez pode espantar pássaros fugidos inspira ainda mais quietude e calma do que o vosso *realismo*.

Porque a vossa pretensão é dizer: "Nós estamos inteiramente apegados ao real, isentos de qualquer crença ou superstição". E assim encheis o papo, embora não tenhais papo algum!

Sim, como seria possível para vós a crença, com efeito, sob as vossas confusões de cores, vós que sois pinturas de tudo em que já se acreditou?

Vós sois a viva refutação da fé, a fissura de todos os pensamentos; *inaptos para acreditar*, assim vos chamo, ó, realistas!

Todos os sonhos e todo o palavreado dos séculos argumentam uns contra os outros nos vossos espíritos, e os sonhos e o palavreado dos séculos estavam ainda mais perto do real do que toda a vossa lucidez.

Sois estéreis: por isso vos falta a fé. Todos os que, porém, nasceram criadores sempre tiveram sonhos proféticos e souberam ler presságios nas estrelas; tiveram fé na fé!

Vós sois portas entreabertas, no limiar das quais os coveiros aguardam. E o vosso realismo consiste em dizer: "Tudo merece desaparecer".

Ai! Eis que estão diante de mim, homens estéreis, com as vossas costelas descarnadas! E quantos dentre vós já tivestes uma suspeita dessa verdade!

E dizem: "Enquanto estava dormindo, um deus deve ter me tirado qualquer coisa. Na verdade, o suficiente para fabricar uma mulherzinha! Estranho como me sinto desprovido de costelas!", assim já disse este ou aquele homem do presente.

Sim, fazeis-me rir, homens do presente! Sobretudo quando vos assombrais de vós mesmos.

Pobre de mim se não pudesse rir do vosso assombro e se tivesse de tragar o licor nauseante das vossas taças!

Mas decerto não me pesareis grande coisa, a mim que tenho tantas coisas pesadas para carregar. E que me importa que besouros e percevejos venham aumentar a minha carga?

A verdade é que a minha carga não será mais pesada por isso. E não será de vós, homens do presente, que me virá o grande cansaço.

Ai! Para onde poderei subir com a minha nostalgia? Do alto de todas as montanhas procuro, com o olhar, a pátria e a terra natal.

Mas não encontrei pátria em parte alguma; nunca passo de um forasteiro em todas as cidades, de partida em todas as portas.

Os homens do presente, para quem há pouco se inclinava o meu coração, agora são estranhos para mim e me provocam o riso, e me vejo expulso das pátrias e das terras natais.

Já não amo, pois, senão o *país dos meus filhos*, ilha desconhecida no coração dos mares distantes; é para ela que me orientarei, sem me cansar.

Em meus filhos quero remediar o fato de ter sido filho de meus pais; e no futuro todo quero remediar este presente!

Assim falava Zaratustra.

DO IMACULADO CONHECIMENTO

Ontem, quando a lua nasceu, pareceu-me que ia dar à luz um sol, tão aumentada e gestante aparecia no horizonte.

Mas essa gravidez era mentirosa, e consideraria a lua homem mais do que mulher.

Claro que também é muito pouco homem, esse sonâmbulo medroso. Na verdade, é a sua consciência turva que arrasta pelos telhados.

Porque é um monge que vive na lua, um monge libidinoso e invejoso que cobiça a terra e todas as alegrias dos que amam.

Não, não me agrada esse gato cheio de cio pelos telhados. Horrorizam-me todos os que rodeiam as janelas semicerradas.

Anda com o seu passo oculto e silencioso por tapetes de estrelas, mas não gosto desses passos cansados que não são acompanhados pelo tilintar das esporas.

Os passos do homem leal falam; mas o gato desliza sem rumor pelo solo. Ora, a lua se aproxima com passos macios, como um gato, sem lealdade.

A vós, hipócritas sentimentais, adeptos do *conhecimento puro*, dedico esta parábola. A vós chamo de libidinosos.

Vós também amais a terra e as coisas terrenas; bem vos compreendi! Mas o vosso amor se mistura com a vergonha e a má consciência: pareceis-vos com a lua.

Persuadiram o vosso espírito de que era necessário desprezar a terra, mas não converteram as vossas entranhas, que são o que há de mais poderoso em vós.

E agora o vosso espírito tem vergonha de obedecer às vossas entranhas e, para aliviar a sua vergonha, segue por caminhos escuros e mentirosos.

E eis como o vosso espírito de falsidade insiste ainda: "O ideal, para mim, seria olhar a vida sem qualquer cobiça, e não como os cães, com a língua de fora.

"A felicidade está na contemplação pura, isenta da malícia e da avidez do egoísmo; em ser frio e cinzento como a cinza, dos pés à cabeça, mas com olhos embriagados e lunares.

"O que eu preferiria", sugere a si mesmo o espírito enganado, "seria amar a terra com um amor lunar e só aflorar a sua beleza com os olhos.

"Chamo isso de imaculado conhecimento de todas as coisas, e não pediria nada às coisas, além de poder lhes apresentar um espelho de cem faces."

Ó, sentimentais hipócritas! Ó, libidinosos! Falta-vos a inocência do desejo, e é por isso que acabais por caluniar o desejo.

Na verdade, não amais a terra como criadores, como procriadores, como amigos do devir.

Onde há inocência? Onde há vontade de conceber? Aquele que tem o desejo de criar algo que o supera é, para mim, o que tem a vontade mais pura.

Onde há beleza? Onde toda a minha vontade *me obriga a querer*; onde eu quero amar e perecer a fim de que certa imagem não permaneça apenas imagem.

Amar e perecer; são coisas que andam juntas há eternidades. Querer amar é aceitar tudo, até a morte. Eis o que vos quero dizer, sois covardes!

E mais, eis que os vossos ambíguos olhares pretendem ter *serenidade*! E o que se deixa examinar pelos olhos covardes deveria se batizar como *belo*? Ó, profanadores das palavras nobres!

Mas a vossa maldição, espíritos imaculados e puros contempladores, é que nunca haveis de dar à luz, por mais aumentados, por mais gestantes que apareçais no horizonte.

Na verdade, encheis a boca com palavras nobres; e quereis nos fazer acreditar que o vosso coração transborda, ó, impostores?

Quanto a mim, contento-me com palavras humildes, desprezadas, gaguejantes; a mim agrada recolher o que cai da vossa mesa durante os vossos banquetes.

Mas posso, apesar de tudo, dizer-vos a verdade, hipócritas. Com as minhas arestas, conchas e folhas espinhosas posso, ó, hipócritas, cortar-vos o nariz.

O ar está sempre viciado ao redor de vós e dos vossos banquetes, porque os vossos pensamentos impuros, as vossas mentiras e as vossas dissimulações contaminam a atmosfera.

Ousai, pois, em primeiro lugar, ter fé em vós próprios e no que tendes no vosso ventre! O que não tem fé em si mesmo mente sempre.

Pusestes diante de vós a máscara de um deus, espíritos *puros*, e em vós o espírito mais horroroso se dissimula sob a máscara de um deus.

Na verdade, sois capazes de iludir, ó, contemplativos! Zaratustra também foi outrora joguete das vossas carapaças divinas; não suspeitava de que estavam habitadas por de víboras enroscadas.

Nos vossos divertimentos, julgava eu ver divertir-se a alma de um deus, adeptos do conhecimento *puro*. Outrora não conhecia arte superior aos vossos artifícios.

A distância me ocultava a imundície, o fedor da serpente e a astúcia do lagarto que se esgueirava em busca do prazer.

Mas, aproximei-me vós e fez-se a luz, como se faz agora para vós; então, acabou o meu amor lunar.

Vede o ar envergonhado e pálido que a lua tem diante da aurora!

Porque a aurora surge ardente; vem plena de amor pela terra. O amor do sol é sempre inocência e desejo criador.

Vede-o que surge impaciente para além dos mares. Não sentis a sede e o cálido alento do seu amor?

Quer sorver o mar e fazer subir até ele todas as profundezas, e o desejo do mar eleva para ele os seus mil seios.

Porque o mar quer ser beijado e sorvido pela sede do sol; quer tornar-se brisa, altura, trilha de luz e também luz.

Na verdade, amo a vida e todos os mares profundos.

E eis em que consiste para mim o conhecimento: em fazer subir toda a profundidade – até a minha própria altura.

Assim falava Zaratustra.

DOS DOUTOS

Estando eu adormecido, uma ovelha abocanhou a coroa de hera da minha cabeça e, enquanto comia, dizia: "Zaratustra já não é um sábio".

Tendo assim falado, retirou-se altiva e desdenhosa. Assim contou-me uma criança.

Gosto muito de me deitar aqui onde as crianças brincam, encostado na parede rachada, no meio dos cardos e das papoulas vermelhas.

Para as crianças e também para os cardos e as papoulas vermelhas, ainda sou um sábio. São completamente inocentes, até na sua maldade.

Entretanto, para os carneiros, deixei de ser um sábio; é o meu destino, bendito seja!

Porque a verdade é que fui eu próprio que deixei a casa dos sábios, batendo a porta.

Por muito tempo esteve a minha alma faminta sentada à sua mesa; eu não sou como eles para petiscar o conhecimento como se partem nozes.

Amo a liberdade e o vento que corre sobre a terra fresca; prefiro dormir sobre peles de bois do que sobre suas honrarias e dignidades.

Sou demasiado ardente, demasiado consumido pelos meus próprios pensamentos; falta-me, com frequência, a respiração. Então, preciso sair para o ar livre, para longe de todos os compartimentos empoeirados.

Mas eles estão também sentados sob a sombra fresca; querem ser meros espectadores e evitam se sentar nos degraus aquecidos pelo sol.

Como aqueles que param na rua e olham de boca aberta para quem passa, assim eles esperam e aguardam, de boca aberta, os pensamentos que outros inventaram.

Quando alguém os toca, involuntariamente deixam escapar uma nuvem de pó, como sacos de farinha; mas como reconhecer nessa poeira o grão e a glória dourada dos campos de verão?

Quando se julgam sábios, fico horrorizado com as suas sentenças mesquinhas e suas pequenas verdades; a sua sabedoria, muitas vezes, tem cheiro de pântano; e, na verdade, já ouvi, mais de uma vez, o coaxar das rãs!

São habilidosos e têm dedos destros; que pode a minha simplicidade contra a sua complexidade? Os seus dedos entendem com perfeição tudo sobre fiar, atar e tecer; assim, fazem as meias do espírito.

São bons relógios, desde que haja o cuidado de lhes dar corda. Indicam a hora sem se enganar, escapando um modesto ronronar.

Trabalham como moinhos e pilões; confiai-lhes o vosso grão, saberão moê-lo miudamente e reduzi-lo a branca farinha.

Vigiam-se mutuamente e não têm confiança uns nos outros. Inventivos em pequenas astúcias, espreitam aqueles cuja ciência manca; são como aranhas à espreita.

Sempre os vi preparar o veneno com cuidado, calçando, para isso, luvas de cristal.

Também sabem jogar com dados falseados; e os vi jogar com tanto entusiasmo que estavam banhados de suor.

Não tenho nada em comum com eles; as suas virtudes me repugnam ainda mais do que as suas falsidades e os seus dados falseados.

E, quando andava entre eles, mantinha-me sempre um andar acima; e é por isso que me olham de esguelha.

Não querem saber que há alguém andando por cima das suas cabeças; por isso, acumularam madeira, terra e lixo entre mim e as suas cabeças.

Desse modo, abafaram o ruído dos meus passos; até agora ninguém me ouviu tão mal como os doutos.

Interpuseram, entre mim e eles, todas as fraquezas e faltas dos homens – nas suas casas, chamam isso de um *falso soalho*.

Mas, apesar de tudo, os meus pensamentos movem-se *por cima* das suas cabeças, e mesmo que quisesse andar com os meus próprios defeitos, ainda assim estaria por cima das suas cabeças.

Porque os homens não são iguais. E o que eu quero, esses não têm o direito de querer!

Assim falava Zaratustra.

DOS POETAS

— Desde que conheço melhor o corpo – dizia Zaratustra a um dos seus discípulos –, o espírito não é para mim senão uma metáfora; e, de uma maneira geral, o *eterno* não passa de símbolo.

— Já te ouvi falar assim – respondeu o discípulo –, e nesse tempo acrescentavas que *os poetas mentem demais*. Por que dizias isso?

— Por quê? – disse Zaratustra. — Perguntas por quê? Não sou daqueles a quem é permitido perguntar suas razões.

"Será de ontem, acaso, a minha experiência? Há muito tempo que experimentei os fundamentos das minhas opiniões.

"Precisaria arrastar atrás de mim uma memória cheia como um tonel a fim de ter sempre à mão todas as minhas razões?

"Já é muito, para mim, conservar todas as minhas opiniões; e mais de um pássaro me foge.

"De vez em quando, encontro no meu pombal um pássaro refugiado que me é estranho e que estremece quando lhe pouso a mão em cima.

"No entanto, que te dizia um dia Zaratustra? Que os poetas mentem demais? Zaratustra, contudo, também é poeta.

"Julgas então que ele disse aqui a verdade? Por que julgas assim?"

O discípulo respondeu:

— Eu creio em Zaratustra.

Mas Zaratustra meneou a cabeça, sorrindo.

— Não conheço a fé que salva – respondeu – e sobretudo se a fé deve ser em mim mesmo.

"Mas supondo que se alguém dissesse seriamente que os poetas mentem demais, esse alguém teria razão: nós mentimos mesmo.

"Sabemos muito pouco e somos incapazes de aprender; por isso, somos forçados a mentir.

"E qual dentre nós, poetas, nunca terá adulterado o seu vinho? Preparou-se nas nossas adegas mais de uma mistura venenosa; e nelas se perpetraram coisas que não podem ser nomeadas.

"E como a nossa ciência é curta, nós prezamos os pobres de espírito, sobretudo quando são mulheres jovens.

"E sentimos curiosidade até pelas coisas que as velhas contam entre si à noite. E o que em nós mesmos chamamos de eterno feminino.

"E como se existisse um caminho secreto e particular para o saber, um caminho que *desaba* sobre aqueles que o aprendem, acreditamos no povo e naquilo a que chamamos de *sabedoria* popular.

"Ora todos os poetas acreditam que basta se deitar na relva ou no declive de uma colina solitária, com o ouvido à escuta, para aprender alguma coisa do que se passa entre céu e terra.

"E logo que experimentam ternas emoções, os poetas pensam que a própria natureza está apaixonada por eles e que lhes chega ao ouvido sussurrando segredos e palavras carinhosas: é disso que se gabam e orgulham, perante todos os mortais.

"Ai! Existem tantas coisas entre o céu e a terra que os poetas são os únicos a ter sonhado!

"E sobretudo *acima* do céu; porque os deuses são todos torres poéticas, torres de poetas.

"Na verdade, sonhamos sempre com as alturas, isto é, com o reino das nuvens; aí instalamos os nossos manequins coloridos, que chamamos de deuses e super-homens.

"São de substância bastante leve para ocupar semelhantes lugares, todos esses deuses e super-homens!

"Oh! Como estou farto de toda essa insuficiência que se empenha em ser um acontecimento, seja, como for! Oh, como estou farto dos poetas!"

Ouvindo Zaratustra falar assim, o discípulo indignou-se, mas ficou calado. Zaratustra calou-se igualmente, e o seu olhar parecia ter se voltado para o íntimo, como se vissem perspectivas distantes. Por fim, suspirou e recobrou fôlego.

— Eu sou de hoje e de antes – disse. — Mas há em mim qualquer coisa que é de amanhã, depois de amanhã e mais tarde.

"Estou cansado dos poetas, tanto dos antigos quanto dos modernos; para mim, são todos superficiais, são todos mares sem profundidade.

"O seu pensamento não mergulhou o suficiente; por isso, o seu sentimento não desceu até os abismos.

"Um pouco de volúpia e um pouco de tédio, eis o que ainda há de melhor nas suas meditações.

"A canção das suas harpas não é mais real do que a passagem furtiva dos fantasmas sussurrantes; que sabem eles do fervor da música?

"Também os acho pouco asseados; todos sujam as suas águas para fazer com que pareçam profundas.

"Gostam de se fazer passar por conciliadores; mas, para mim, continuam a ser alcoviteiros, trapaceiros e indecentes criadores de compromissos.

"Ai! É verdade que lancei um dia as minhas redes no seu mar, esperando apanhar belos peixes; mas só pesquei a cabeça de um deus antigo qualquer.

"Assim, o mar deu uma pedra ao faminto. E talvez os próprios poetas tenham nascido do mar.

"Sem dúvida, neles podemos encontrar pérolas; e por isso são ainda mais parecidos com ostras de dura casca. E, em vez de alma, tenho muitas vezes encontrado neles um pouco de espuma salgada.

"Também com o mar aprenderam a sua vaidade; não é o mar o primeiro dos pavões reais?

"Até diante do mais feio búfalo abre a sua cauda; nunca se cansa de brincar com a prata e a seda do seu leque de rendas.

"O búfalo o contempla com ar amuado, a sua alma se assemelha à areia, mais ainda ao matagal, mais ainda ao pântano.

"Que lhe importa a beleza do mar e as suas graças de pavão real? Essa parábola dedico aos poetas.

"Na verdade, o seu espírito é o rei dos pavões reais e um autêntico oceano de vaidade.

"O espírito do poeta precisa de espectadores, mesmo que sejam búfalos.

"Eu, porém, estou cansado desse espírito e prevejo que irá cansar de si mesmo.

"Já vi os poetas se transformarem, já os vi virar contra eles próprios o seu próprio olhar.

"Vi chegar os redentores do espírito: tinham nascido entre os poetas."

Assim falava Zaratustra.

DOS GRANDES ACONTECIMENTOS

Há uma ilha no mar, perto das ilhas afortunadas de Zaratustra, onde constantemente uma montanha incandescente solta fumaça, e as mulheres mais velhas do povo dizem que a ilha está firme como um penhasco diante da porta do inferno, e o mesmo atalho estreito que leva até a porta do inferno atravessa a montanha de fogo.

Na época em que Zaratustra vivia nas ilhas afortunadas, um navio ancorou na ilha onde está a montanha de fogo, e a tripulação desceu à terra para caçar coelhos. Mas, pelo meio-dia, quando o capitão e a sua gente estavam outra vez reunidos, viram de súbito um homem atravessar o ar, dirigindo-se até eles, e uma voz pronunciou nitidamente estas palavras:

— Já é tempo! Não há um instante a perder!

E, quando a visão chegou muito perto deles – mas afastou-se muito depressa, como uma sombra, em direção ao vulcão –, reconheceram, com a maior consternação, que era Zaratustra em pessoa; todos o conheciam, exceto o capitão, e o amavam como o povo sabe amar, misturando em partes iguais o amor e o medo.

— Olhem! – disse o velho piloto. — Zaratustra está indo para o inferno!

Pela mesma época em que esses marinheiros aportaram na ilha de fogo, correra o rumor de que Zaratustra tinha desaparecido; e, quando os seus amigos foram interrogados, responderam que durante a noite partira num barco sem dizer para onde.

Houve, por conseguinte, certa inquietação; mas, ao fim de três dias, essa inquietação se agravou com a narrativa dos marinheiros, e todas as pessoas do povo diziam que o demônio levara Zaratustra. É verdade que os seus discípulos se limitavam a rir desses rumores, e um deles chegou ao ponto de dizer:

— Antes acreditaria que foi Zaratustra quem levou o diabo.

Contudo, no fundo da alma, todos estavam cheios de angústia e de espanto; por isso, foi grande o alvoroço quando, ao fim de cinco dias, Zaratustra voltou a aparecer no meio deles.

E eis a descrição da conversa que Zaratustra teve com o cão de fogo:

— A terra – disse ele – tem pele, e essa pele tem doenças. Uma dessas doenças, por exemplo, chama-se *homem*. E outra dessas doenças chama-se *cão de fogo*; acerca dele, os homens têm repetido e deixado repetir muitas mentiras.

Foi para desvendar esse mistério que cruzei o mar e vi a verdade nua, de fato, nua dos pés à cabeça.

Sei, agora, o que preciso sobre o cão de fogo e todos os outros demônios, da revolta e da escória, de quem nem só as velhas têm medo.

— Sai do teu antro, cão de fogo – gritei –, e confessa qual é a profundidade do teu abismo. De onde tiras o que expele com furor?

"Bebes fartamente água do mar; é daí que vem o sal da tua eloquência. Na verdade, para um cão das profundezas, alimentas-te demais da água que vem da superfície.

"Olho-te, em suma, como o ventríloquo da terra, e sempre que ouvi falar em demônios da revolta e da escória, achei-os parecidos contigo, salgados, mentirosos e triviais.

"Vós sabeis berrar e encobrir os olhos com poeira. Sois os maiores bufões que existem, e conheceis a fundo a arte de fazer ferver o lodo.

"Onde quer que estejais, há sempre lodo e muitas coisas esponjosas, cavernosas, comprimidas que procuram se libertar.

"*Liberdade*, esse é o vosso grito predileto, mas eu perdi a fé nos *grandes acontecimentos* quando acompanhados por muitos uivos e muita fumaça.

"E acredita em mim, querido ruído do inferno, os acontecimentos maiores não nos surpreendem nas horas mais barulhentas, mas nas mais silenciosas.

"O mundo gira, não em redor dos inventores de novos estrondos, mas dos inventores de novos valores: ele gravita em silêncio.

"E confessa: quando o teu ruído e a tua fumaça se dissipam, percebemos sempre que não aconteceu grande coisa. Que importa que uma cidade tenha sido petrificada ou que uma estátua tenha sido derrubada no lodo?

"E quanto aos demolidores de estátuas, eis o que direi: não há pior loucura do que jogar sal no mar e estátuas no lodo.

"A estátua afunda no lodo do vosso desprezo; mas a sua lei quer justamente que se eleve e saia desse desprezo com nova vida e nova beleza.

"Ela se elevará mais divina, mais sedutora, por ter sofrido; e, na verdade, dará graças a vós por tê-la afundado, ó, destruidores de estátuas!

"Mas eis o conselho que dou aos reis, às igrejas e a tudo o que fraqueja pela idade e é pobre de virtude: deixai-vos derrubar para que volteis à vida e à virtude!"

Assim falei diante do cão de fogo; mas ele me interrompeu, rosnando, e perguntou:

— Igreja? O que é isso?

— A Igreja – respondi – é uma espécie de Estado, e a mais enganosa de todas. Cala-te, porém, cão hipócrita. Conheces a tua espécie melhor do que ninguém.

"O Estado é um cão hipócrita como tu; como tu esbanja uivos e fumaça a fim de fazer crer, como tu, que a sua voz sai das entranhas das coisas.

"Porque o Estado quer ser, a todo o custo, o animal mais importante da terra; e consegue fazer com que acreditem nisso."

Quando assim falei, o cão de fogo se agitou, louco de ciúme:

— O quê! – exclamou. — O animal mais importante da terra? E conseguiu fazer com que acreditem? – E da sua garganta saíram vozes tão terríveis que eu pensei que o sufocariam de tanta cólera e inveja.

Por fim, acalmou-se e deixou de ofegar; mas, quando se acalmou, falei, rindo:

— Encolerizas-te, cão de fogo! Então, estou certo sobre ti.

"E para eu conservar essa vantagem sobre ti, deixa eu te falar de outro cão de fogo, cuja linguagem nasce verdadeiramente no coração da terra.

"O seu hálito é de ouro, é uma chuva de ouro; assim o quer o seu coração. Que lhe importam a tua cinza, a tua fumaça e a tua saliva ardente?

"O riso anda à sua volta como uma nuvem colorida; desdenha os teus murmúrios, as tuas erupções e o estrondo das tuas entranhas.

"O seu ouro e o seu riso são tirados do coração da terra; porque, fica sabendo, o *coração da terra é de ouro.*"

Ao ouvir isso, o cão de fogo não conseguiu escutar mais. Completamente envergonhado, meteu o rabo entre as pernas e disse, com ar confuso:

— Au! Au! — E depois desceu ao seu antro.

Assim contava Zaratustra; mas os discípulos quase o não ouviam, tanta era a sua vontade de falar dos marinheiros, dos coelhos e do homem voador.

— Que devo pensar de tudo isso? – disse Zaratustra. — Acaso serei um fantasma?

"Era decerto a minha sombra. Já ouviste falar do viajante e da sua sombra?

"Uma coisa é certa. Tenho de pensar em prendê-la melhor ou acabará estragando a minha reputação."

E Zaratustra tornou a menear a cabeça, bastante espantado.

— Que devo pensar de tudo isso? — repetiu.

Porque gritaria o fantasma:

— Já é tempo! Não há um instante a perder! – Mas para que já é tempo?

Assim falava Zaratustra.

O PROFETA

— E vi uma grande tristeza espalhar-se sobre todos os homens. Os melhores entre eles se cansaram das suas obras.

Uma doutrina foi espalhada, e com ela circulou uma crença: "Tudo é vão, tudo é igual, tudo passou!".

E de todas as colinas, o eco repetia: "Tudo é vão, tudo é igual, tudo passou!".

É verdade que temos colhido: mas por que apodreceram os nossos frutos? Que influência é essa que caiu de uma lua má na noite passada?

O nosso trabalho foi inútil, o nosso vinho se tornou veneno, o mau-olhado queimou e abrasou os nossos campos e os nossos corações.

Estamos todos ressequidos; e, se o fogo cair sobre nós, as nossas cinzas voarão em pó; sim, cansamos o próprio fogo.

Todas as nossas fontes secaram, até o mar se retirou. O chão nos falta, e o mar se recusa a nos levar!

"Ai! Onde haverá ainda um mar em que possamos nos afogar?", essa é a nossa lamentação ao longo dos pântanos rasos.

Na verdade, já nos cansamos demais para morrer; continuamos acordados e vivos – nos nossos sepulcros!

Assim Zaratustra ouviu falar um profeta; essa lamentação chegou diretamente à sua alma e alterou o seu humor. Vagueou triste e cansado, e se tornou semelhante àqueles de que o profeta falara.

— Na verdade – disse aos discípulos –, pouco falta para chegar esse grande crepúsculo. Ai! Como chegarei a guardar a minha luz até amanhã?!

"Ora, não se sufoque pela tristeza do ambiente! Está destinada a iluminar mundos mais distantes, noites mais distantes!"

Zaratustra remoía essas preocupações em seu coração e durante três luas não comeu nem bebeu, nem descansou, e perdeu a palavra. Por fim, caiu num sono profundo. Mas os seus discípulos o velaram durante longas noites e aguardaram com agitação que despertasse, voltasse a falar e se curasse da sua melancolia.

Ora, eis o discurso que Zaratustra pronunciou ao despertar; parecia aos seus discípulos que a sua voz vinha de muito longe:

— Escutai o sonho que tive, amigos, e ajudai-me a adivinhar seu significado!

"Para mim, esse sonho ainda é um enigma; continua a reter um sentido oculto, aprisionado, em vez de deixar que voe livremente.

"Sonhei que tinha renunciado à vida. Convertera-me em guarda noturno dos túmulos na montanha, no castelo da morte.

"Velava, lá em cima, os seus caixões; os sombrios subterrâneos estavam atulhados de troféus parecidos. Do fundo desses caixões de vidro, olhavam-me as vidas vencidas.

"Eu respirava a atmosfera de eternidades empoeiradas, a minha alma jazia sufocada e entorpecida. E quem, em semelhante lugar, poderia arejar a alma?

"A lucidez da Meia-noite me rodeava, ao seu lado se agachava a Solidão e, terceiro companheiro, o silêncio de estertor da Morte, a pior das amigas.

"Eu levava as minhas chaves, o mais enferrujadas que podiam ser; sabia servir-me delas para abrir uma porta, a mais rangente de todas.

"Quando se abriam os batentes da porta, um coaxar fúnebre e sinistro repercutia ao longo das galerias – ave gritando com repugnância, porque não gostava de ser acordada.

"Mas mais horroroso e mais opressivo ainda era o silêncio que voltava a se formar logo que esse grito se calava, e eu me achava sozinho no meio daquele silêncio traiçoeiro.

"Assim, sentia eu o tempo passar e se arrastar, se é que ainda se podia falar de tempo; que eu poderia saber? Até que, afinal, sobreveio uma coisa que me despertou.

"Por três vezes, soaram pancadas na porta com um estrondo de trovoada, as abóbadas da porta tremeram.

"'Ei! – exclamei – Quem leva as suas cinzas para a montanha? Ei! Ei! Quem leva as suas cinzas para a montanha?'

"E girei a chave e empurrei a porta com grande esforço. Mas sequer a fresta de um dedo se abriu.

"Então, um vento uivante, sibilante, estridente e cortante abriu de súbito os batentes e lançou sobre mim um caixão negro.

"E no meio dos uivos, dos silvos e dos gritos agudos, o caixão se despedaçou e despejou mil gargalhadas.

"Vi mil rostos de crianças, anjos, corujas, loucos e borboletas do tamanho de crianças, que riam e zombavam de mim.

"Eu tinha um medo terrível: caí no chão e gritei de pavor como nunca tinha gritado.

"O meu próprio grito me despertou, e voltei a mim."

Assim contou Zaratustra o seu sonho e se calou, pois ainda não sabia como interpretar esse sonho. Então, o discípulo que mais amava entre todos se levantou rapidamente, pegou na mão de Zaratustra e disse:

— A tua própria vida nos explica esse sonho, Zaratustra!

"Não serás tu o vento áspero que sibila e arranca as portas do castelo da morte?

"Não serás tu o caixão cheio de maldades coloridas e de caretas angelicais da vida?

"Na verdade, com mil gargalhadas infantis Zaratustra entra em todas as câmaras mortuárias, rindo de todos esses vigias noturnos, dos guardas dos túmulos e de todos os que agitam as suas sinistras chaves.

"Tu os espantarás, tu derrubarás a todos com o teu riso; o desmaio e o despertar testemunharam o poder que tens sobre eles.

"E mesmo quando o longo crepúsculo e o mortal cansaço chegarem, tu não desaparecerás do nosso céu, ó, padroeiro da vida!

"Mostraste para nós novas estrelas e novos esplendores noturnos. Na verdade, estendeste sobre as nossas cabeças o próprio riso, como um toldo ricamente colorido.

"Agora, um riso infantil brotará sempre dos túmulos; agora, um vento forte sacudirá qualquer mortal cansaço; disso és tu mesmo fiador e profeta.

"Na verdade, *sonhaste com os teus próprios inimigos* – e foi esse o teu mais doloroso sonho.

"Mas assim como despertastes deles e voltaste a ti, assim eles devem despertar de si mesmos... e voltar a ti!"

Assim falou o discípulo, e todos os outros que se amontoaram ao redor de Zaratustra pegavam suas mãos e quiseram convencê-lo a deixar o leito e a tristeza para retornar para eles. Zaratustra, porém, continuava rigidamente sentado no seu leito, e o seu olhar parecia ausente. Contemplava os seus discípulos como se regressasse de longa ausência; observava seus semblantes e ainda assim não conseguia reconhecê-los. Mas quando o ergueram e o puseram de pé, eis que os seus olhos mudaram; compreendeu tudo o que acontecera e, passando a mão na barba, disse, com voz firme:

— Vamos, tudo isso pertence agora ao passado; fazei com que tenhamos uma boa refeição, e o mais depressa possível, meus discípulos. Eis como entendo me penitenciar por meus maus sonhos.

"Mas o profeta deve comer e beber ao meu lado; e estou bem certo de que poderei indicar a ele um mar onde se possa afogar."

Assim falava Zaratustra. Depois, olhou demoradamente o discípulo que tinha interpretado o seu sonho; e meneou a cabeça ao fazê-lo.

DA REDENÇÃO

Um dia, quando Zaratustra passava pela grande ponte, viu-se rodeado de deficientes físicos e de pedintes, e um corcunda assim lhe falou:

— Olha, Zaratustra: também o povo aprende a te ouvir e começa a acreditar nas tuas palavras; mas, para acreditarem totalmente em ti, ainda falta uma coisa: tens de convencer também a nós, deficientes físicos. E tens uma ótima oportunidade, pois somos vários aqui. Podes curar os cegos e fazer andar os paralíticos; e aliviar um pouco aquele que leva nas costas uma carga muito pesada. Esse é, a meu ver, o melhor modo de fazer com que os enfermos creiam em Zaratustra.

Mas Zaratustra respondeu assim ao que falara:

— Tirar ao corcunda a sua corcova é tirar-lhe ao mesmo tempo o seu espírito, assim ensina o povo. E quando se restitui a vista ao cego, ele vê na terra muitas coisas ruins e maldiz aquele que o curou. Mas fazer andar um paralítico é lhe provocar ainda mais mal; porque terá dificuldade de correr com todos os seus vícios pesando sobre si. Eis a opinião do povo a respeito dos deficientes físicos. E por que Zaratustra não aprenderia com o povo, já que o povo se deixa instruir por Zaratustra?

"Desde que vivo entre os homens, porém, o que menos me importa é ver que a este falta um olho, àquele um ouvido, a um terceiro a perna, ou que outros tivessem perdido a língua, o nariz ou a cabeça.

"Vi, e ainda vejo, horrores piores. Há alguns sobre os quais preferiria não falar e outros que não consigo sequer deixar em silêncio; vi homens que carecem de tudo, embora alguns tenham um único membro desenvolvido em excesso, como os que são unicamente um grande olho, uma grande boca ou uma grande barriga, ou qualquer outra disformidade; a esses chamo de deficientes às avessas.

"Quando, ao sair da minha solidão, atravessei pela primeira vez essa ponte, não conseguia acreditar nos meus olhos, olhava para cá e para lá e acabei por dizer:

"'Mas é uma orelha! Uma orelha do tamanho de um homem!'

"Aproximava-me mais, e por trás da orelha movia-se algo lastimavelmente miúdo, miserável e débil. Na verdade, a monstruosa orelha se apoiava numa haste frágil e curta; essa haste era um homem! Olhando através de uma luneta, podiam-se até reconhecer uma carinha invejosa e uma alminha enfática, penduradas na haste. O povo, contudo, garantiu que aquela orelha não era apenas um homem, mas um grande homem, um gênio. Todavia, nunca acreditei no povo quando ele me falou nos grandes homens, e sustento a minha ideia de que era um deficiente às avessas, que tinha pouquíssimo de tudo, e uma coisa em demasia."

Logo que Zaratustra assim falou ao corcunda e àqueles de quem era porta-voz e representante, voltou-se para os discípulos com grande descontentamento e disse:

— Na verdade, meus amigos, quando passo pelo meio dos homens, só vejo fragmentos e membros de homens.

"Para os meus olhos, o mais horrível é ver o homem destroçado e espalhado como em campo de carnificina ou de matança.

"E, por mais que os meus olhos fujam do presente para o passado, sempre encontram o mesmo: destroços, membros, acasos horríveis... e homens em parte alguma.

"O presente e o passado dessa terra — ai, meus amigos, não conheço nada mais intolerável, e não poderia viver se eu não fosse também o vidente do que virá!

"O vidente, o desejante, o criador, o futuro e a ponte para esse futuro — e ai, também o deficiente que está à entrada dessa ponte! — Zaratustra é tudo isso.

"E vós também vos interrogais repetidas vezes:

"'O que é Zaratustra para nós? Como o poderemos chamá-lo?', e, como eu, só vos respondeis fazendo perguntas novas.

"'Será ele promessa ou realização? Usurpador ou herdeiro? Outono ou arado? Médico ou convalescente?

"'É poeta ou diz a verdade? Libertador ou domador? Bom ou mau?'

"Ando entre os homens como entre fragmentos do futuro: aquele futuro que vejo.

"E todos os meus sonhos e esforços se concentram em reunir e em transformar num todo o que não passa de fragmentos, enigmas e horríveis acasos.

"E como havia eu de suportar ser homem, se o homem não fosse também poeta, decifrador de enigmas e redentor do acaso?

"Redimir os homens passados e em vez de dizer: 'Pertence ao passado, é um fato', diga-se: 'Assim o quis' – eis aquilo que chamarei de redenção.

"Vontade, esse é o nome do redentor, do mensageiro de alegria; eis o que vos ensino, meus amigos. Mas aprendei também isto: a própria vontade é ainda escrava.

"Vontade é libertação; mas como se chama aquele que aprisiona o próprio libertador?

"'Pertence ao passado, é um fato', frase que enche de remorso e de dor a vontade na solidão. Impotente contra tudo o que está acabado, olha com hostilidade para o passado todo.

"A vontade não tem nenhum poder sobre o que está atrás dela. Não poder destruir o tempo e sua avidez devoradora, essa é a mais solitária aflição da vontade.

"O querer liberta; o que o querer inventa para se libertar da sua aflição e zombar do seu cárcere?

"Ai! Todo o preso enlouquece! Também loucamente se liberta a vontade cativa.

"O problema é que o tempo não pode retroceder. *O que foi* é a rocha que a vontade não pode remover.

"E, por isso, por despeito e raiva, remove pedras e se vinga de tudo o que não sente como raiva e despeito.

"É assim que a vontade libertadora se torna maléfica: em tudo o que pode sofrer, ela se vinga de não poder voltar para trás.

"Porque isso é a própria vingança; o ressentimento da vontade contra o tempo e o irrevogável passado.

"Na verdade, há uma grande loucura na nossa vontade, e a maldição de todo o humano é que essa loucura tenha aprendido a se tornar espírito.

"*O espírito de vingança*, ó, meus amigos, é a forma superior da reflexão no homem até hoje; e onde havia sofrimento exigiu-se que esse sofrimento fosse castigo.

"*Castigo* – é assim que a vingança se chama, palavra enganadora que lhe serve para fingir uma consciência limpa.

"E como aquele que deseja sofre por não poder voltar ao passado, tornou-se necessário que a própria vontade e a vida inteira aparecessem como um castigo.

"E desde então se foram nuvens sobre nuvens, acumulando no espírito, até o dia em que a loucura proclamou: 'Tudo passa; por isso, tudo merece passar! E aquela lei do tempo que o obriga a devorar os seus próprios filhos, essa é a própria justiça', assim pregou a loucura.

"'Todas as coisas são reguladas conforme uma ordem moral de legalidade e de castigo. Como nos libertamos do fluxo incessante das coisas e do castigo que é a existência?', assim pregou a loucura.

"'Poderá haver redenção, se existe um direito eterno? Ai! Ninguém poderá nunca remover a pedra do que foi; é preciso que todos os castigos sejam eternos', assim pregou a loucura.

"Nenhum fato pode ser eliminado. Como poderia ser abolido pelo castigo? Eis realmente o caráter eterno do castigo da existência: só pode ser uma eterna sequência de atos e de erros.

"A não ser que a vontade acabe se libertando e o querer se transforme em não querer – mas vós conheceis, meus irmãos, esse refrão da loucura.

"Eu vos afastei desse refrão quando vos ensinei: *o querer é criador.*

"Todo o *foi* é fragmento, enigma e espantoso acaso, até o dia em que a vontade criadora declare: 'Mas eu assim o quis'.

"Até o dia em que a vontade criadora declare: 'Mas assim eu quero. Assim será o meu querer.'

“Mas alguma vez disse essas palavras? E quando dirá? Acaso a vontade deixou o escudo da própria loucura?

“Porventura a vontade se tornou redentora de si mesma, mensageira da alegria? Acaso esqueceu o espírito de vingança e qualquer espécie de ranger de dentes?

“Então, quem a ensinou a se reconciliar com o tempo e a fazer o que é mais elevado do que qualquer reconciliação?

“O que é mais elevado do que qualquer reconciliação deve querer a vontade que é vontade de poder – mas como se chega lá? Quem lhe ensinou a querer o regresso de tudo o que foi?”

Porém, nesse ponto do seu discurso, Zaratustra se calou subitamente e pareceu dominado pelo terror. Olhou espantado para os discípulos; um olhar que trespassava como flechas os seus pensamentos e esboços de pensamentos. Decorrido um curto instante, tornou a rir e acrescentou, com serenidade:

— Se é difícil viver entre os homens, é porque é difícil nos calarmos! Sobretudo quando somos faladores.

Assim falava Zaratustra. O corcunda escutara a conversa escondendo o rosto, mas, quando ouviu Zaratustra rir, ergueu os olhos com curiosidade e disse, lentamente:

— Por que Zaratustra nos fala de uma maneira, e de outra aos seus discípulos?

Zaratustra respondeu:

— Que há nisso de estranho? Aos corcundas, se pode muito bem falar uma linguagem corcunda!

— É verdade – admitiu o corcunda –, e aos alunos é permitido trair os segredos da escola.

“Mas por que Zaratustra fala de uma maneira aos seus discípulos, e de outra a si mesmo?”

DA PRUDÊNCIA HUMANA

Não é a altura, é o declive que me aterroriza!

O declive onde o olhar se precipita *para o fundo*, enquanto a mão se estende para o *cume*. E o coração é dominado pela vertigem dessa dupla vontade.

Ai! Meus amigos, adivinhastes a dupla vontade do meu coração?

Porque, para mim, o declive e o perigo consistem em que o meu olhar se precipita para o alto, enquanto a minha mão procura fincar-se e agarrar-se... ao abismo!

A minha vontade se aferra ao homem, ao homem me prendo com cadeias, porque me sinto atraído pelo super-homem: porque para ele tende a minha outra vontade.

E se vivo como cego no meio dos homens, como se não os conhecesse, é para que a minha mão não perca inteiramente a confiança num apoio firme.

Homens, não vos conheço, é com essas trevas e com essa consolação que repetidas vezes me envolvo.

Fico sentado debaixo do portal, oferecido a todos os enganadores, e pergunto: quem me quer enganar?

A minha primeira prudência humana é me deixar enganar e não desconfiar dos enganadores.

Ai! Se eu desconfiasse do homem, como ele poderia me servir de âncora para reter o meu balão? Muito facilmente me deixaria arrastar para muito alto, para muito longe.

A primeira precaução que rege o meu destino é ser necessariamente sem precaução.

Aquele que não quiser morrer de sede no meio dos homens tem de aprender a beber em todos os vasos; e aquele que quiser permanecer puro no meio dos homens deve aprender a se lavar até com água suja.

Eis o conselho que me dou: "Vamos! Coragem, velho coração! Feriu-te um infortúnio; tira disso proveito como se fosse uma ventura!".

Mas eis aqui a minha segunda prudência humana: poupo mais os vaidosos do que os orgulhosos.

Não é a vaidade ferida a mãe de todas as tragédias? Entretanto, onde há orgulho ferido, nasce qualquer coisa ainda melhor do que o orgulho.

Para que a vida seja um espetáculo agradável, é preciso que seja bem representado; mas, para isso, são necessários bons atores.

Todos os vaidosos me têm parecido bons atores; desempenham o seu papel e querem que os espectadores se divirtam a vê-los; empenham todo o seu espírito nesse desejo.

Encenam e inventam a eles mesmos; diante deles, gosto de assistir ao espetáculo da vida; é uma cura de melancolia.

Por isso, poupo os vaidosos, porque são os médicos da minha tristeza e fazem com que eu me apegue ao homem como a um espetáculo.

E ainda por cima, quem poderá medir, em toda a sua profundidade, a modéstia do vaidoso? Eu o estimo e lamento pela sua modéstia.

Precisa de vós para aprender a ter fé em si mesmo; alimenta-se dos vossos olhares, vem comer o elogio nas vossas mãos.

Acredita até nas vossas mentiras, quando lhe mentis bem; porque no fundo do seu coração suspira: 'Quem sou eu?'

E se a verdadeira virtude é a que nada sabe de si mesma, pois bem! O vaidoso ignora totalmente a sua modéstia.

Mas eis aqui a terceira prudência humana: não quero privar-me do espetáculo dos *maus* por uma timidez igual à vossa.

Contemplo, com encanto, as maravilhas que um sol ardente faz brotar: tigres, palmeiras e cascavéis.

Também entre os homens se veem lindos produtos de um sol ardente, e muitas coisas maravilhosas entre os maus.

Decerto, da mesma maneira que os vossos sábios ilustres não me pareciam muito sábios, assim percebi que a maldade humana é inferior à sua reputação.

E muitas vezes perguntei a mim mesmo, meneando a cabeça: "Por que fazeis ressoar assim os vossos chocalhos, ó, cascavéis?".

Na verdade, até para o mal há perspectivas de futuro. E ainda não se descobriu a zona mais ardente da humanidade.

Quantas coisas se passam pelas piores maldades e só têm doze pés de largura e três meses de existência! Um dia, porém, virão ao mundo dragões maiores.

Porque, para que o super-homem tenha também o seu dragão, o superdragão digno dele, será necessário que muito sol ardente flameje sobre a umidade das florestas virgens!

Será primeiro necessário que os vossos gatos bravos se transformem em tigres, e os vossos sapos venenosos em crocodilos; porque ao bom caçador convém boa caça!

E na verdade, justos e bons, há em vós outras muitas coisas que se prestam ao riso, principalmente o vosso temor pelo que até hoje se tem chamado de *Diabo*!

E a vossa alma é tão estranha a qualquer grandeza que o super-homem vos espantaria com a sua bondade!

E vós outros, sábios e ilustrados, fugireis ante a ardência solar da sabedoria em que o super-homem banha com deleite a sua nudez!

Vós, homens superiores que meu olhar conheceu, eis a minha dúvida a vosso respeito, e meu secreto sorriso; adivinho que chamaríeis meu super-homem de demônio!

Ai! Cansei-me desses homens superiores, desses melhores. De sua altura, aspirei me afastar, subir ainda mais alto em direção ao super-homem.

Deu-me um calafrio quando vi nus esses melhores; e me cresceram asas para me transportarem a remotos futuros.

A futuros mais remotos, a meios-dias mais meridionais do que aqueles que jamais pode sonhar nenhum escultor, lugares onde os deuses teriam vergonha de qualquer vestuário.

Mas a vós, quero ver vestidos, a vós, próximos e semelhantes; quero vos ver enfeitados, cheios de vaidade e de dignidade no vosso papel de *bons* e de *justos*.

E disfarçado irei me sentar entre vós – a fim de estarmos certos de nos *desconhecermos*, vós e eu – eis a minha última prudência humana.

Assim falava Zaratustra.

A HORA DO SUPREMO SILÊNCIO

Que me aconteceu, meus amigos? Vedes-me confuso, arrastado contra a vontade, obedecendo contrafeito, disposto a me afastar... Ai! Afastar-me de vós!

Sim, uma vez mais é necessário que Zaratustra regresse à solidão; mas é sem alegria que o urso regressa agora à sua caverna.

Que me aconteceu? O que me obriga a isso? Ai! É a minha dama irritada que assim o exige, falou comigo; já vos disse alguma vez o seu nome?

Ontem à noite falou comigo a *hora do supremo silêncio*; esse é o nome da minha terrível soberana.

E vede o que se passou, pois tenho de vos dizer tudo para que o vosso coração não se endureça contra quem se ausenta mais cedo.

Conheceis o terror daquele que adormece?

Treme dos pés à cabeça porque sente o chão faltar aos pés, e o sonho começa.

Digo-vos isto em parábola: ontem, à hora do supremo silêncio, faltou-me o chão debaixo dos pés; começava o meu sonho.

Avançaram os ponteiros, o relógio da minha vida pareceu suspender o movimento... nunca ouvi tal silêncio à minha volta, e o meu coração foi dominado pelo assombro.

Porque ouvi uma espécie de sussurro que me falava sem voz, dizendo:

— *Tu sabes, Zaratustra!*

E esse sussurro me arrancou um grito de terror, o sangue me fugiu da face, mas calei-me.

E qualquer coisa em mim voltou a sussurrar, sem voz:

— Tu sabes, Zaratustra, mas não o dizes!

E eu respondi, enfim, como por teimosia:

— Sim, eu sei, mas não quero dizer!

E outra vez ouvi esse sussurro inarticulado:

— Não queres, Zaratustra? De verdade? Não te envolvas no teu desafio.

Desatei a tremer e a chorar como uma criança e disse:

— Ai! Bem quisera, mas como o farei? Por favor, poupa-me! É algo superior às minhas forças!

E tornei a ouvir esse sussurro inarticulado:

— Que me importa a tua pessoa, Zaratustra? Diz a palavra que trazes contigo e morra!

Eu respondi:

— Ai! Será realmente *minha* a palavra? Quem sou *eu*? Espero um mais digno; eu sequer sou digno de ser destruído por ti.

E outra vez se fez ouvir a mesma voz inarticulada:

— Que importa o que te espera? Ainda não te acho bastante humilde. Nada tem o couro mais duro do que a pele da humildade.

E eu respondi:

— O que já não suportou a pele da minha humildade? Habito junto das minhas alturas. Até onde se elevam as minhas montanhas? Ainda ninguém me disse. E, porém, conheço bem as minhas depressões.

E outra vez se fez ouvir a voz inarticulada:

— Ó, Zaratustra! Quando se é feito para remover montanhas, também podem ser removidos vales e profundidades.

E eu repliquei:

— A minha palavra ainda não removeu montanhas, e o que eu tenho dito em nada atingiu os homens. Por mais que me tenha esforçado por ir ao encontro dos homens, ainda não consegui alcançá-los.

E outra vez a voz inarticulada insistiu:

— Que é que sabes a esse *respeito*? O orvalho cai sobre a erva no mais profundo silêncio da noite.

E eu contestei:

— Zombaram de mim quando descobri e segui meu próprio caminho; e, na verdade, minhas pernas tremeram sob o peso do corpo.

E falaram-me assim:

— Esqueceras do caminho, e eis que agora te esqueceste também de caminhar.

E outra vez a voz inarticulada me disse:

— Que te importam as suas zombarias? Tu deixaste de saber obedecer; deves, agora, ordenar.

Não sabes do que o mundo precisa? Do homem que ordena grandes coisas.

Realizar grandes coisas é difícil, mas mais difícil ainda é ordenar grandes coisas.

O teu erro mais imperdoável é teres o poder e te recusares a reinar.

E eu respondi:

— Falta-me, para mandar, a voz do leão.

E, outra vez, foi como um sussurro que me alcançou:

— São as palavras mais silenciosas que trazem a tempestade. Os pensamentos que vêm com pés de pomba dirigem o mundo. Ó, Zaratustra! Apresenta-te como a sombra daquele que virá; então ordenarás e avançarás como senhor.

E eu respondi:

— Tenho vergonha.

E, então, outra vez ouvi o sussurro sem voz:

— É preciso primeiro te tornares criança e perderes essa vergonha. Ainda tens o orgulho da juventude, fizeste-te moço muito tarde; mas para voltar a ser criança é ainda necessário que venças a tua juventude.

E eu refleti demoradamente, tremendo. Por fim, repeti o que dissera a princípio:

— Não quero!

Ouviu-se, então, uma gargalhada em torno de mim. Ai! Como aquele riso me rasgava as entranhas e me cortava o coração!

E, pela última vez, me disseram:

— Ó, Zaratustra! Os teus frutos estão maduros, mas tu não estás maduro para os teus frutos. Portanto, regressa para tua solidão, a fim de te mortificares.

E ouviu-se outra espécie de risada, e ela fugiu; depois, tudo ficou em silêncio, um silêncio em dobro. Mas eu jazia no chão, e o suor me corria por todos os membros.

Agora sabeis tudo, e porque tenho de voltar para a minha solidão. Não vos escondi nada, ó, meus amigos.

Mas também, apesar de tudo, aprendestes comigo qual é o homem mais secreto entre todos – e que o quer ser.

Ai, meus amigos! Há ainda uma coisa que vos quereria dizer, uma coisa ainda que vos quereria dar. Por que não a dou? Será que sou avarento?

Ditas essas palavras, Zaratustra foi de repente dominado pela violência da sua dor; ao pensamento de que ia deixar imediatamente os seus amigos, desatou a chorar muito alto e ninguém o podia consolar. Entretanto, à noite, afastou-se sozinho, deixando os seus amigos.

TERCEIRA PARTE

Olhais para cima, porque aspirais à elevação. E eu, como estou no alto, olho para baixo.

Qual de vós sabe ainda rir, mesmo depois de ter atingido o alto?

Aquele que escala os mais elevados montes ri das cenas trágicas do palco e da gravidade trágica da vida.

Assim falava Zaratustra, primeira parte, "Ler e escrever"

O VIAJANTE

Era meia-noite quando Zaratustra se pôs a caminho para o cume da ilha, para chegar de madrugada à outra margem, porque era lá que queria embarcar. Ali havia, com efeito, uma boa enseada onde os navios estrangeiros gostavam de ancorar e recebiam a bordo aqueles que queriam deixar as ilhas afortunadas e atravessar o mar. Enquanto subia a montanha, Zaratustra pensava nas muitas viagens solitárias que fizera desde a sua juventude, em todos os montes, montanhas e cumes que já havia escalado.

— Eu sou um viajante, um escalador de montanhas – dizia consigo mesmo –, não me agradam as planícies, parece que não posso estar muito tempo no mesmo lugar.

"E sejam quais forem os meus destinos e as minhas aventuras, sempre implicarão uma viagem ou uma ascensão de montanha; nunca se repete senão a nossa própria experiência.

"Passou o tempo em que podia ainda ver o acaso me ocorrer; o que *poderia acontecer comigo* que já não me pertence?

"O que volta para mim, o que encontra em mim a sua pátria, é o meu próprio Eu, e a parte desse Eu que durante muito tempo tinha andado por terras estranhas, disperso entre todas as coisas e todas as contingências!

"E sei mais alguma coisa: estou agora diante do meu cume supremo, que me foi evitado durante muito tempo. Ai, tenho de subir o caminho mais rigoroso! Ai, comecei a minha ascensão mais solitária!

"Quando se é, porém, da minha espécie, não se pode escapar de semelhante hora, da hora que nos diz: 'Vais finalmente seguir o caminho para a tua grandeza! O cume e o abismo agora se tornaram um só!'.

"Estás a caminho da tua grandeza: o teu supremo refúgio é agora o que foi, até hoje, o teu maior perigo.

"Segue o caminho da tua grandeza: a tua melhor coragem será saber que atrás de ti não existem mais caminhos!

"Segue o caminho da tua grandeza: e ninguém se arrasta atrás de ti! Atrás de ti, os teus passos apagaram o seu rasto; nesse caminho, está escrita a palavra: Impossível.

"E se mais adiante te faltarem todas as escadas, será preciso aprenderes a subir sobre a sua própria cabeça; como poderias fazer de outro modo?

"Sobre a tua própria cabeça, pisando com os pés o teu próprio coração. Agora, é preciso que o que há em ti de ternura se endureça ao máximo.

"Aquele que sempre cuidou muito de si acaba por se tornar adoentado à força de cuidados. Bendito seja o que endurece! Não louvarei a terra onde a manteiga e o mel fluem!

"Para ver *muitas coisas*, precisamos aprender a olhar para longe de *nós*; é a dureza necessária a qualquer escalador de montanhas.

"Mas aquele que procura o conhecimento com olhos demasiado ávidos, que pode ele ver das coisas para além dos seus primeiros planos?

"Mas tu, Zaratustra, quiseste ver o fundo e o pano de fundo de todas as coisas; é preciso, portanto, que te eleves mais alto do que a ti mesmo – mais adiante, mais alto, até ver *abaixo de ti* mesmo as tuas próprias estrelas.

"Sim, dominar a mim mesmo com o olhar e às minhas próprias estrelas, eis ao que chamarei de meu *cume*, eis o que está ainda reservado para mim, eis o meu cume *derradeiro*."

Assim falava consigo Zaratustra enquanto subia, consolando o seu coração com duras máximas, porque tinha o coração mais ferido do que nunca. E chegado ao alto da montanha, viu se estender à sua frente o segundo mar; e ficou muito tempo em silêncio. A noite, naquela altitude, estava fria e estrelada.

— Reconheço a minha sorte – disse com tristeza, afinal. — Que seja! Estou pronto! Entrei, agora, na minha última solidão.

"Ai, mar triste e negro a meus pés! Ai, pesar negro e sombrio! Ai, destino e mar! É para vós que devo *descer*!

"Estou diante da minha mais alta montanha e da minha peregrinação mais longa; por isso, devo descer mais baixo do que nunca desci, mais fundo na dor do que nunca desci. Até as suas águas mais escuras. Assim o decidiu a minha sorte. Que seja! Estou pronto!

"'De onde vêm as mais elevadas montanhas?', eu perguntava a mim próprio em outros tempos. Soube, então, que vêm do mar.

"Esse testemunho está escrito nas suas pedras e nas paredes das suas cristas. É das profundezas supremas que as alturas supremas se lançam para a sua altitude."

Assim falava Zaratustra no cume da montanha, onde reinava o frio. Mas, ao chegar perto do mar, acabou por se encontrar sozinho entre os recifes, sentiu-se cansado do caminho e ainda mais atormentado do que antes pela nostalgia.

— Tudo dorme ainda – disse. — O próprio mar também está adormecido; dirige-me um olhar sonolento e ausente.

"O seu hálito é quente, bem o sinto. E sinto, ao mesmo tempo, que está sonhando. Agita-se, sonhando, sobre duras almofadas.

"Ouvi! Ouvi! Quantos gemidos lhe arrancam as más recordações! Ou serão talvez maus presságios?

"Ai! Estou triste contigo, monstro obscuro, e aborrecido comigo mesmo por tua causa.

"Ai! Por que não terá a minha mão força bastante? Na verdade, queria livrar-te dos teus sonhos maus."

Falando assim, Zaratustra ria de si mesmo, com melancolia e amargura.

— O quê, Zaratustra? – disse. — Tu queres consolar o próprio mar com a tua canção?

"Ó, Zaratustra! Louco de coração terno, sempre ébrio de confiança! Mas assim foste sempre, sempre te aproximaste com confiança de todas as coisas terríveis.

"Quiseste acariciar todos os monstros. Um sopro de hálito quente, um pouco de pele elástica ao redor das garras – e imediatamente estavas disposto a ninar o monstro e a atraí-lo a ti com carícias.

"O *amor* é o perigo do mais solitário, o amor por todos os vivos, *desde que vivam.* Há, decerto, razão para rir vendo a que ponto sou louco e modesto no amor!"

Assim falava Zaratustra, rindo outra vez; então, pensou nos amigos que deixara e, como se os tivesse ofendido com os seus pensamentos, aborreceu-se consigo mesmo dos seus pensamentos. E não tardou que o riso se transformasse em pranto: Zaratustra chorava amargamente de cólera e de nostalgia.

DA VISÃO E DO ENIGMA

1

Quando os marinheiros souberam que Zaratustra estava a bordo – porque, ao mesmo tempo que ele, subira a bordo outro homem vindo das ilhas afortunadas –, houve grande curiosidade e grande expectativa. Zaratustra, porém, conservou-se em silêncio durante dois dias, frio e surdo na sua tristeza, não respondendo nem aos olhares nem às perguntas. Na noite do segundo dia, contudo, voltou a abrir os ouvidos, embora permanecesse calado; porque, naquele barco, que vinha de longe e que ia para mais longe ainda, não faltavam coisas estranhas e perigosas para ouvir. Ora, Zaratustra era amigo de todos os que fazem grandes viagens e não gostam de viver sem perigo. E eis que, enfim, à força de ouvir, sentiu a língua se desatar também, e o gelo do seu coração se quebrar – então, pôs-se a falar assim:

A vós, buscadores ousados, exploradores, e a todos que alguma vez embarcaram com velas astutas para vencer os mares terríveis – a vós, ébrios de enigmas, amigos das penumbras, cuja alma cede ao apelo de flauta de todos os labirintos do abismo – porque vos recusais a seguir com mão medrosa um fio condutor, e o que podeis *adivinhar,* detestais ter de *deduzir* – somente a vós contarei o enigma que vi, a visão do solitário entre os solitários.

Recentemente atravessei, muito triste e com os lábios contraídos, um crepúsculo lívido, sombrio e duro. Para mim, mais de um sol se pusera.

Um caminho que subia obstinado por entre o entulho, um caminho perverso e solitário, desertado pela grama e pelos arbustos, um caminho de montanha rangia sob o desafio dos meus pés.

Progredindo, mudos, por entre o ranger zombador dos cascalhos sobre a pedra que os fazia resvalar, os meus pés subiam pouco a pouco.

Subiam – a despeito do espírito que os arrastava para o precipício, o espírito da seriedade, meu demônio e mortal inimigo.

Subiam – se bem que o demônio estivesse em minhas costas, parte anão e parte toupeira; paralisado e paralisador; instilando chumbo no meu cérebro pelos ouvidos, pensamentos parecidos com chumbo derretido.

— Ó, Zaratustra – sussurrava ele em tom zombador, separando as sílabas –, pedra de sabedoria! Atiras-te muito alto, mas toda pedra atirada acaba por... voltar a cair!

"Ó, Zaratustra, pedra da sabedoria, pedra atirada por uma funda, destruidor de estrelas! Foi a ti mesmo que atiraste tão alto, mas toda pedra atirada acaba por... voltar a cair!

"Condenado a ti mesmo e à tua própria lapidação, ó, Zaratustra, atiraste muito longe a tua pedra... Mas será sobre ti que ela voltará a cair!"

Aqui, calou-se o anão; e muito tempo se passou. Mas o seu silêncio me oprimia e, em semelhante companhia, na verdade, está-se mais solitário do que quando se está só.

Eu subia, subia, sonhando, pensando – mas tudo me oprimia. Parecia um enfermo cansado de seu duro martírio, que é despertado do seu sono por um sonho ainda pior.

Eu, porém, tenho em mim essa coisa que chamo de minha coragem; até agora conseguiu destruir todos os meus desânimos. Essa coragem forçou-me, por fim, a parar e a dizer:

— Anão! Ou tu ou eu!

Com efeito, não há melhor assassino do que a coragem – a coragem que *ataca*, porque em todo ataque há fanfarra.

Ora, o homem é o animal mais corajoso. Foi por essa razão que venceu todos os outros animais. Ao som da fanfarra, além disso superou todas as dores; e a dor humana é a pior das dores.

A coragem destrói também a vertigem que assombra a margem dos abismos! E onde haverá lugar onde o homem não se encontre à beira dos abismos? Não basta olhar para nos darmos conta desses abismos?

A coragem é o mais hábil dos matadores; a coragem mata até a compaixão. Ora, a compaixão é o abismo mais profundo; quando o homem mergulha o olhar na vida é na compaixão que o mergulha.

Mas a coragem é o mais hábil dos matadores – a coragem que ataca. Matará até a morte porque diz: "Então, a vida era isso? Vamos recomeçar!".

Mas essa máxima é uma fanfarra. Quem tiver ouvidos que ouça.

2

— Pare, anão! – disse. — Ou eu ou tu! Eu, porém, sou o mais forte dos dois. Tu não conheces o meu pensamento de abismo; não serias capaz de o suportar.

Nisso senti que se me aliviava a carga, porque o anão, curioso como era, saltou dos meus ombros e se agachou numa pedra diante de mim. Porém, no lugar onde tínhamos parado, encontrava-se justamente uma passagem.

— Olha para essa passagem, anão – prossegui. — Tem duas saídas. Aqui se reúnem dois caminhos; ninguém ainda os seguiu até o fim.

"O longo caminho que se estende atrás de nós dura uma eternidade. E outra eternidade é o longo caminho que se estende diante de nós.

"Esses caminhos são contrários, opostos, e se encontram aqui, sob essa passagem. O nome dela está escrito no frontão: esse nome é *instante*.

"Se alguém, todavia, seguisse por um desses caminhos, sem parar e até o fim, julgas, anão, que esses caminhos seriam sempre opostos?"

— Tudo o que é reto mente – murmurou o anão com desdém. — Toda a verdade é sinuosa, o próprio tempo é um círculo.

— Ó, espírito de gravidade – disse eu, irado –, não tornes as coisas tão leves para ti, ou te deixo onde estás agachado, coxo, e olha que fui eu que te trouxe aqui para *cima*! Olha para esse instante. A partir dessa passagem chamada instante, há um longo caminho, um caminho eterno, estende-se *para trás* de nós; há uma eternidade atrás de nós.

"Tudo o que *é capaz* de andar não deve, necessariamente, ter já percorrido esse caminho ao menos uma vez? Tudo o que pode *acontecer*, entre todas as coisas, não deve ter já acontecido, ocorrido, passado?

"E se tudo o que é já foi, que pensas deste instante, anão? Essa passagem não deve também já ter estado aí?

"E não estão todas as coisas tão solidamente interligadas que esse instante carrega consigo *todas* as coisas futuras? E também a ele próprio, por consequência?

"Porque tudo quanto é capaz de correr deverá, sem nenhuma dúvida, percorrer mais uma vez o longo caminho que se afasta daqui!

"E aquela lenta aranha que rasteja ao luar, esse luar, tu e eu debaixo dessa passagem, falando em voz baixa de coisas eternas – não é necessariamente obrigatório que uns e outros tenhamos já existido?

"Não nos será necessário regressar e percorrer o outro caminho que se afasta diante de nós, esse caminho longo e temível – não será necessário que todos regressemos?"

Assim falava eu, em voz cada vez mais baixa, porque tinha medo dos meus próprios pensamentos e da sua oculta intenção. Então, de súbito, ouvi muito perto de mim um cão *uivar*.

Alguma vez tinha ouvido um cão uivar daquela maneira? O meu pensamento percorreu rapidamente o curso do tempo. Sim, quando era criança, na minha mais distante meninice, ouvi um cão uivar assim. E o vi também, com o pelo eriçado, a cabeça levantada, trêmulo, à hora silenciosa da meia-noite, quando até os próprios cães acreditam em fantasmas, de modo que me enchi de pena. A lua cheia subia precisamente num silêncio de morte por cima da casa; depois, deteve-se semelhante a um disco incandescente por cima do telhado liso, como se estivesse se instalando na propriedade alheia.

Foi isso que apavorou o cão: os cães acreditam nos ladrões e nos fantasmas. E quando ouvi outra vez aquele uivo, como antes, senti-me dominado pela piedade.

Para onde fora o anão? E a passagem? E a aranha? E aquela voz sussurrante? Teria sonhado? Estaria acordando? Voltei a me encontrar no meio dos rochedos agrestes, sozinho de repente, abandonado ao luar mais desolado que existia.

Mas ali jazia um homem! E o cão, a saltar e a gemer, de pelo ouriçado, viu que eu caminhava; então, começou a uivar outra vez e pôs-se a *gritar*. Alguma vez tinha ouvido um cão gritar por socorro daquela maneira?

E, na verdade, nunca tinha visto aquilo antes. Um jovem pastor se contorcia, ofegante e frenético, o semblante desfigurado, porque uma pesada serpente lhe pendia da boca.

Alguma vez tinha visto tamanha repugnância e pálido terror pintado no mesmo rosto? Tinha adormecido, decerto. E a serpente tinha se introduzido em sua garganta, ali se agarrando com as suas presas.

A minha mão começou a puxar a serpente, puxou... Mas em vão! Não conseguia arrancar aquela serpente da garganta. Então, uma voz gritou pela minha boca:

— Morde! Morde!

"Morde! Arranca-lhe a cabeça! – gritava a voz. Espanto, ódio, nojo, piedade, tudo o que trazia de melhor e de pior em mim jorravam num único grito.

Valentes que me rodeais, exploradores, aventureiros, e vós outros que nunca embarcastes sob velas astutas por mares nunca explorados, amadores de enigmas, decifrai-me o enigma que vi então; interpretai, um pouco, a visão do mais solitário!

Porque era ao mesmo tempo visão e previsão. Que vi, então, em imagem? E o que deve chegar um dia?

Quem é o pastor, quem é a serpente que se introduziu em sua garganta? Quem é o homem em cuja garganta se introduzirá assim o que há de mais negro e de mais pesado no mundo?

O pastor, porém, começou a morder, como o meu grito lhe tinha aconselhado; mordeu de maneira firme! Cuspiu para longe de si a cabeça da serpente e se levantou com um salto.

Já não era pastor, já não era homem – transformado, transfigurado, *ria!* Nunca houve homem nessa terra que risse como ele.

Ó, meus irmãos! Ouvi uma risada que não era um riso humano, e agora me devora uma sede, uma ânsia que nada aplacará.

Devora-me a ânsia daquele riso. Oh, como posso ainda tolerar a vida! E como tolerar agora a morte!

Assim falava Zaratustra.

DA FELICIDADE INVOLUNTÁRIA

Com o coração repleto de tais enigmas e amarguras, Zaratustra atravessou o mar. Quando estava, porém, a quatro dias de viagem das ilhas afortunadas e dos seus amigos, vencera por completo a sua dor: vitorioso e com passo firme dominava outra vez o seu destino. Então, Zaratustra falou assim, com a consciência radiante de alegria:

— Estou novamente só, e assim quero estar. Só com o céu sereno e o mar livre; e novamente reina a tarde à minha volta.

“Foi à tarde que encontrei pela primeira vez os meus amigos; à tarde também pela segunda vez, à hora em que toda a luz se torna mais suave.

“Porque tudo o que tem ainda ventura errando entre céu e terra procura um refúgio em qualquer alma luminosa; é à força de *ventura* que a luz agora se torna mais suave.

“Oh, tarde da minha vida! Também a minha ventura desceu um dia ao vale para ali procurar um asilo; e encontrou, então, aquelas almas francas e hospitaleiras.

“Oh, tarde da minha vida! Quanto não dei em troca desse único bem: essa viva plantação dos meus pensamentos e essa luz matinal das minhas mais altas esperanças!

“O criador, um dia, procurou companheiros que fossem filhos da sua própria esperança; e eis que não podia os encontrar a menos que primeiro ele próprio os criasse.

“Estou, portanto, a meio caminho da minha obra, indo para os meus filhos e regressando ao pé deles; por amor dos seus filhos, Zaratustra completa a si mesmo.

“Porque ninguém ama de todo o coração senão o seu filho e a sua obra. Um grande amor de si mesmo é presságio de maternidade; pelo menos, é o que tenho observado.

“Os meus filhos, árvores do meu jardim e do meu melhor terraço, verdejam ainda na sua primeira primavera, plantadas lado a lado, ondulando aos mesmos ventos.

“E, na verdade, onde crescem juntas tais árvores, é ali que são as ilhas afortunadas.

“Mas devo um dia transplantá-los, separadamente, a fim de aprenderem a soledade, a tenacidade e a prudência!

“Nodosos, torcidos e duros, mas flexíveis, assim os quero ver levantados junto ao mar, faróis vivos da vida invencível.

“No mesmo ponto onde se precipitam no mar as tempestades, onde a base da montanha se banha na água, nesse lugar cada um deverá passar as noites de vigília, a fim de ser também experimentado e sondado a fundo.

“É preciso que seja experimentado e conhecido a fundo para se saber se é da minha raça e da minha linhagem, se é dono de uma grande vontade, calado mesmo quando fale, e condescendente a ponto de não saber dar sem *aceitar*, a fim de chegar a ser um dia meu companheiro, associado aos trabalhos e aos lazeres de Zaratustra, um dos que gravem nas minhas próprias tábuas a minha própria vontade: dar a todas as coisas uma mais plena perfeição.

"E por causa dele e dos seus semelhantes tenho de completar a *mim* mesmo; por isso, agora fujo à minha ventura, oferecendo-me a todos os infortúnios, a fim de sofrer eu próprio essa suprema prova pela qual me conhecerei.

"E, na verdade, já era tempo de partir; e a sombra do viajante e o instante mais prolongado e a hora do supremo silêncio, todos estes me disseram: 'Não há um instante a perder'.

"O vento, pelo buraco da fechadura, soprou-me: 'Vem!' – A porta abriu-se sorrateiramente diante de mim e disse: 'Anda!'.

"Mas eu continuava acorrentado pelo amor aos meus filhos, o meu desejo prendia-me nessas redes, o meu desejo de amor, a necessidade de me oferecer como presa aos meus filhos e de me perder por amor a eles.

"O desejo – essa palavra por si só significa a minha perdição. *Porque vos tenho, ó, meus filhos!* Nessa posse, tudo deve ser certeza, nada deve ser desejo.

"Mas o sol do meu amor flamejava ardentemente por cima da minha alma. Zaratustra sentia-se abrasar no seu próprio suco. Nisso, passaram por cima de mim sombras e dúvidas.

"Já desejava o frio e o inverno: Oh! Que o frio e o inverno me enrugasse a pele, me fizesse tiritar e bater os dentes! — suspirava eu. Então, nevoeiros gelados elevaram-se sob os meus passos.

"O meu passado destruiu a sua sepultura, mais de uma dor enterrada viva despertou; não fizera mais do que adormecer envolto em sudários.

"Assim, tudo me gritava em sinais: *Já é tempo!* – mas eu não ouvia. Até que, afinal, o meu abismo estremeceu e me mordeu o pensamento.

"Pensamento de abismo, ó, meu pensamento, quando encontrarei forças para te ouvir cavar sem tremer?

"Chegam-me à garganta os baques do coração quando te ouço cavar. O teu próprio silêncio me afoga, silencioso pensamento de abismo.

"Nunca me atrevi a te chamar à *superfície*, bastava te trazer comigo! Ainda nunca fui forte o bastante para a suprema audácia e o supremo desafio do leão.

"O teu peso sempre me pareceu bastante terrível em si, mas devo encontrar um dia, para te chamar à superfície, a força e a voz do leão!

"Então somente tendo vencido a mim mesmo, exigirei de mim ainda mais, e uma *vitória* será a marcha da minha plenitude.

"Entretanto, vagueio ainda por mares incertos, o acaso me acaricia com a sua língua enjoativa; bem posso olhar para trás e para diante, em nenhuma parte descubro fim.

"Ainda não chegou a hora da minha última luta – não será ela que acabou de soar? Na verdade, com enganosa beleza esse mar e essa vida me olham, de todos os lados!

"Oh, tarde da minha vida! Ó, felicidade de antes do crepúsculo! Ó, porto em pleno mar! Ó, paz na incerteza! Como desconfio de todos vós!

"Na verdade, desconfio da vossa enganosa beleza, como o apaixonado desconfia de um sorriso meigo demais.

"Assim como ele repele a amada para longe de si, mesmo a mais querida, temo até na sua dureza esse ciumento, assim eu afasto para longe de mim essa hora de felicidade.

"Para longe de mim, hora venturosa! Trouxeste a mim uma felicidade que não queria! Estou pronto para atingir o máximo da dor – chegaste fora de tempo.

"Para longe de mim, hora venturosa! Busca, antes, asilo além – junto dos meus filhos. Corre a levar a eles, antes do crepúsculo, a bênção da *minha* felicidade!

"Já se aproxima a noite. O sol declina. O que ao longe se afasta, é a minha ventura."

Assim falava Zaratustra. E toda a noite esperou a sua desventura, mas esperou em vão. A noite permaneceu clara e tranquila, e foi a felicidade que veio vaguear à sua volta, aproximando-se cada vez mais. Pela manhã, Zaratustra pôs-se a rir intimamente, dizendo em tom irônico:

— A felicidade corre atrás de mim? Deve ser por eu não correr atrás das mulheres. Ora, a felicidade – a fortuna – é mulher.

ANTES DA AURORA

Ó, céu por cima de mim; ó, pureza; ó, profundeza! Ao te contemplar, estremeço de desejos divinos.

Elevar-me à tua altura – eis para *mim* a profundidade! Ocultar-me no coração da tua pureza – eis a minha inocência.

O deus está oculto para nós pela sua própria beleza; assim tu nos ocultas as tuas estrelas. Ficas em silêncio – assim me ensinas a tua sabedoria.

Mudo sobre o fervente mar me apareceste hoje; o teu amor e o teu pudor se revelam à minha alma fervente.

Se vieste a mim, resplandecente, mas velado pela tua própria beleza, se me falas com palavras mudas, pela evidência da tua sabedoria, oh, como não havia eu de adivinhar os pudores secretos da tua alma! Antes que o sol aparecesse, vieste até mim, solitário entre os solitários.

Somos amigos desde sempre. Tristeza, terror e profundidade são comuns para nós. Também o sol nos é comum!

Não nos dizemos nada, porque sabemos demais – olhamo-nos sem nada dizer; um sorriso basta para dizer o que sabemos.

Não és tu a luz do meu fogo? Não é a tua alma irmã do meu pensamento?

Tudo aprendemos juntos. Juntos aprendemos a nos elevar acima de nós mesmos e a sorrir com um sorriso sem nuvens, a fazer brilhar esse sorriso sem nuvens, bem alto, do fundo de remotas paragens, quando a nossos pés fumegam, como o vapor que se segue à chuva, a imposição, a finalidade e o erro.

E vaguei sozinho, pois minha alma tinha a fome à noite e em caminhos labirínticos? E quando eu escalava montes, a quem procurei sempre nessas montanhas, senão a ti?

E todas essas peregrinações, e todas essas ascensões de montanha, que eram senão um expediente e uma maneira de iludir a minha impotência? O que eu queria era *voar*, voar *em ti*.

E que odiava eu mais do que as nuvens passageiras e tudo o que mancha a tua pureza? E odiei até esse mesmo ódio porque ofuscava a tua pureza.

Tenho aversão às nuvens passageiras, a esses gatos selvagens, pois tiram de ti e de mim o que nos é comum: a afirmação imensa, ilimitada, que a tudo diz "sim" e "amém".

Esses indiscretos que misturam e confundem tudo! Nós temos aversão às nuvens passageiras, nos corações partilhados que não sabem nem bendizer, nem maldizer com todo o seu coração.

Preferia viver sem horizonte, num tonel, ou no fundo de um abismo privado de céu, em vez de te ver ofuscado pelas nuvens errantes, ó, céu luminoso!

E, muitas vezes, tenho sentido desejos de as deixar ali costuradas com os sinuosos fios de ouro do relâmpago, a fim de poder, como o trovão, tocar tambores nos seus ventres de caldeiras, como timbaleiro furioso, porque me roubam a tua claridade que a tudo diz "sim" e "amém", ó, céu sobre a minha cabeça, céu puro, luminoso, abismo de claridade, e porque te roubam também o meu impulso que diz "sim" e "amém".

Porque eu preferiria ainda o estrondo e o trovejar e as maldições da tempestade a essa suavidade felina, prudente e hesitante. E também entre os homens, odeio acima de todos os que caminham na ponta dos pés, que não sabem dizer nem sim nem não, que são outras tantas nuvens errantes, hesitantes e passageiras.

"Quando não se sabe bendizer, é necessário aprender a maldizer!" – essa máxima luminosa caiu para mim do alto de um céu luminoso; é uma estrela que brilha no meu céu, mesmo no coração das noites mais escuras.

Aprendi a bendizer e a afirmar, e para isso foi necessário que eu lutasse durante muito tempo e me transformasse num lutador, a fim de um dia ter as mãos livres para abençoar.

Mas a minha maneira de abençoar consiste em estar por cima de todas as coisas, como o próprio céu, com a sua cúpula arredondada, a sua abóbada celeste e a sua eterna serenidade; bem-aventurado aquele que assim abençoa!

Porque todas as coisas foram batizadas na fonte da eternidade, e além do bem e do mal; e o bem e o mal não passam de sombras passageiras, úmidas aflições, nuvens passageiras.

Na verdade, o que ensino é bênção, e não blasfêmia: "Sobre todas as coisas se estende o céu da contingência, o céu da inocência, o céu do acaso, o céu do capricho".

Por acaso – é a mais antiga nobreza do mundo, e restituí-a de todas as coisas, libertei-a da servidão da finalidade.

Como uma abóbada celeste, pus sobre todas as coisas essa liberdade, essa serenidade celestial, no dia em que ensinei que por cima delas e por elas não há *vontade eterna* que possa agir.

Pus no lugar dessa vontade o capricho e a loucura, no dia em que ensinei que em todas as coisas o que é impossível é que elas sejam *razoáveis*.

Decerto *um pouco* de razão, um grão de sabedoria, disperso de estrela em estrela, sem dúvida, é o fermento misturado a todas as coisas; para que todas as coisas sejam mais loucas, um pouco de sabedoria foi incorporada a elas.

Pode haver um pouco de sabedoria, é verdade; mas eis a certeza divina que encontrei em todas as coisas; é sobre as pernas do acaso que elas preferem – *dançar*!

Ó, céu por cima da minha cabeça, céu puro, céu alto! Aos meus olhos, agora a pureza consiste em que não haja nenhuma eterna aranha ou teia da razão.

É que tu me apareces como um salão de baile para os acasos divinos, como uma divina mesa de jogo para os dados divinos e para os divinos jogadores de dados.

Mas enrubesces? Teria eu dito o indizível? Terei eu blasfemado querendo te abençoar?

Ou foi apenas o pudor da companhia a dois que te fez enrubescer? Ordenas que eu me cale e vá embora por que agora chega o *dia*?

O mundo é profundo, e mais profundo do que jamais pensou o dia. Nem todas as coisas têm o direito de se expressar durante o dia. Mas chega o dia: separemo-nos!

Ó, céu por cima da minha cabeça, ó, céu envergonhado, ó, céu ardente! Ó, minha felicidade antes da aurora! Chega o dia: separemo-nos!

Assim falava Zaratustra.

DA VIRTUDE AMESQUINHADORA

1

Quando Zaratustra regressou à terra firme, em vez de ir direito à sua montanha e à sua caverna, seguiu por todas as espécies de caminhos, fez todas as espécies de perguntas, informando-se de uma porção de coisas, de tal modo que dizia de si, em tom jocoso:

— Eis aqui um rio que por numerosos meandros retorna à sua nascente.

Porque queria saber o que tinha acontecido ao *homem* durante a sua ausência: se teria se tornado maior ou menor. E, avistando um dia uma fileira de casas novas, ficou admirado e disse:

— Que significam aquelas casas? Na verdade, não foi nenhuma grande alma que as construiu para lhe servirem de símbolos.

"Teria sido uma criança idiota que as tirou da sua caixa de brinquedos? Ora, que outra criança as coloque muito depressa na sua caixa!

"E aqueles quartos e aquelas salas! Como poderão *homens* viver ali? Parecem-me feitos apenas para bonecas vestidas de seda ou para gatos gulosos, que também gostam de se deixar lamber."

E Zaratustra se deteve para refletir. Por fim, disse com tristeza:

— *Todas as coisas* se tornaram menores.

"Por toda a parte, vejo portas mais baixas; os que são da *minha* espécie ainda podem passar por elas, mas precisam se curvar.

"Oh! Quando voltarei à minha pátria, onde não serei obrigado a me curvar, a me curvar *diante dos pequenos*?"

Zaratustra suspirou e olhou para longe.

Nesse mesmo dia, pronunciou o seu discurso sobre a virtude que amesquinha.

2

Ando em meio a esse povo, de olhos bem abertos; não me perdoam o fato de que eu não tenha a mínima inveja das suas virtudes.

Querem me morder, por eu dizer a elas que pessoas pequenas necessitam de pequenas virtudes, e porque tenho dificuldade em aceitar que a existência de pessoas pequenas seja necessária.

Estou aqui como galo em quintal estranho, e a quem até as galinhas bicam; mas nem por isso conservo rancor dessas galinhas.

Uso de cortesia com elas, como se faz com todos os pequenos aborrecimentos; na minha opinião, mostrar os espinhos aos miúdos aborrecimentos é uma sabedoria de ouriço.

Todos falam de mim, à noite, à roda da lareira; falam de mim, mas ninguém pensa em mim.

Eis a nova forma de silêncio que aprendi: o rumor que fazem a meu respeito se estende como um manto sobre os meus pensamentos.

Vociferam entre si: Que essa sombria nuvem quer de nós? Andemos com cautela, que não nos traga uma epidemia.

E há pouco uma mulher puxou violentamente para si o filho que queria se aproximar de mim, e gritou: *Afastai as crianças! Aqueles olhos consomem a alma das crianças!*

Tossem quando começo a falar. Pensam que a tosse pode criar obstáculos às correntes de ar; nada vislumbram quanto ao sussurro da minha felicidade.

Ainda não temos tempo para pensar em Zaratustra – essa é a sua objeção. Mas qual é esse tempo em que *não se tem tempo* para pensar em Zaratustra?

E mesmo quando me elogiam, como poderia adormecer sob os seus louvores? O seu elogio é para mim uma coroa de espinhos; sinto o arranhão que provoca mesmo depois de a tirar.

E eis ainda o que aprendi entre eles: o que elogia finge fazer uma dádiva, mas, na realidade, deseja receber mais.

Perguntai ao meu pé se lhe agrada a melancolia dos seus louvores! Na verdade, ele não gosta nem de dançar nem de estar quieto a esse som e compasso.

Eles quereriam à força de elogios me converter à sua modesta virtude; quereriam persuadir o meu pé a acompanhar o compasso da sua modesta felicidade.

Eu passo pelo meio desse povo, de olhos bem abertos: tornaram-se todos menores e cada vez menores: *é a consequência da sua ideia de felicidade e virtude.*

Até na sua virtude são modestos porque querem ter as suas conveniências; ora, só a virtude modesta é compatível com as conveniências.

Aprendem, sem dúvida, a caminhar e a avançar a seu modo: chamo isso de ir *coxeando*. São, por isso, um obstáculo a todos os que andam depressa.

E mais de um deles caminha para a frente, a olhar para trás com o pescoço estendido; é com eles que gosto de esbarrar na minha marcha.

Não é preciso que os pés e os olhos mintam ou se desmintam. Mas há grande número de mentiras nas pessoas pequenas.

Alguns deles querem, mas na maioria são apenas queridos. Alguns são sinceros, mas em sua maioria são maus comediantes.

Há, entre eles, comediantes sem o saber e comediantes sem querer; os sinceros são sempre raros, sobretudo os comediantes sinceros.

Não são nada viris; por isso, as mulheres se virilizam. Porque só aquele que é bastante viril pode *libertar a feminilidade* na mulher.

Eis a pior das hipocrisias que jamais encontrei entre os homens: até os que mandam fingem as virtudes dos que obedecem.

Eu sirvo, tu serves, nós servimos — assim reza aqui a hipocrisia dos governantes — e é uma felicidade quando o primeiro dos senhores não é mais do que o primeiro servidor!

Ai! O meu olhar curioso se deteve também nas suas hipocrisias, e adivinhei a totalidade da sua felicidade de moscas que zumbem ao redor das vidraças ensolaradas.

Onde vejo a bondade, vejo também fraqueza. Onde vejo justiça e piedade, vejo mais fraqueza.

Corretos, justos e atenciosos uns com os outros; corretos, justos e atenciosos como os grãos de areia são uns com os outros.

Abraçar modestamente uma pequena felicidade – é o que chamam resignar-se; e ao mesmo tempo olham modestamente de soslaio para qualquer outra pequena felicidade.

O que eles querem, no fundo, é uma coisa muito simples: que ninguém lhes faça mal. Por isso, procuram ser amáveis com todos fazendo o bem.

Isso, porém, é *covardia* – apesar de se usar o nome de *virtude.*

E quando acontece de esses mesquinhos falarem com rouquidão, só compreendo uma coisa: estão roucos, porque a menor corrente de ar os enrouquece.

São prudentes, a sua virtude tem dedos prudentes. Mas faltam os punhos a eles: os seus dedos não sabem se dobrar ao abrigo dos punhos.

A virtude, para eles, é o que modera e domestica; assim fazem do lobo um cão, e do homem o melhor animal doméstico do homem.

"Nós colocamos a nossa cadeira precisamente no meio", eis o que me diz o seu sorriso satisfeito, "a igual distância do gladiador moribundo e dos porcos satisfeitos."

Isso, porém, é *mediocridade,* mesmo que chamem de estar *precisamente no meio.*

3

Ando em meio a esse povo, deixando cair muitas palavras; mas eles não sabem nem receber, nem reter.

Assombram-se por não me verem condenar os apetites e os vícios; e, na verdade, também não vim para os avisar sobre os batedores de carteiras.

Assombram-se por eu não me mostrar disposto a afirmar e a aguçar sua esperteza; como se não houvesse entre eles bastantes espertalhões cuja voz range aos meus ouvidos como o giz na lousa.

E quando exclamo:

— Amaldiçoai todos os demônios covardes que trazeis em vós, esses demônios sempre prontos a gemer, pôr as mãos e adorar! – eles clamam:

— Zaratustra é ímpio!

São sobretudo os seus pregadores de resignação que dizem tais coisas, e é justamente a esses que me agrada gritar ao ouvido:

— Sim, eu sou Zaratustra, o ímpio!

Os pregadores de resignação! Em todos os cantos onde se escondem a mesquinhez e a doença, insinuam-se como piolhos, e só o nojo me impede de os esmagar entre dois dedos.

Pois bem! Eis o sermão que dedico aos seus ouvidos: eu sou Zaratustra, o ímpio, que diz:

— Quem é mais ímpio do que eu para me matricular na sua escola?

Eu sou Zaratustra, o ímpio; onde encontrarei o meu semelhante? Os meus semelhantes são todos os que fixam por si próprios a sua vontade e se desprendem de qualquer resignação.

Eu sou Zaratustra, o ímpio. Ponho todos os acasos para cozinhar na minha própria panela. E quando estão bem cozidos, declaro que são excelentes, porque são pratos da minha cozinha.

E na verdade, mais de um acaso me abordou com arrogância, mas a minha *vontade* respondeu com mais arrogância ainda, e depressa o vi se derrubar suplicante aos meus pés, suplicando-me que lhe concedesse asilo e afeição, assaltando-me com palavras lisonjeiras: Olha, Zaratustra, é um amigo que se aproxima de ti como amigo.

Mas para que dizer essas palavras se ninguém tem, para me ouvir, os ouvidos necessários? Por isso, gritarei a todos os ventos:

— Estais encolhendo a olhos vistos, vós, humildes! Estais dispersando, ó, gente acomodada! E acabareis por perecer com a vossa infinidade de pequenas virtudes, à força de pequenas maldades, à força de minguada resignação!

"Poupar demasiado e ceder demasiado, é disso que é feito o solo onde viveis; mas para que uma árvore *cresça,* é necessário que com as suas duras raízes abrace a dura rocha.

"As vossas próprias lacunas se incorporam na teia do futuro dos homens; até o vosso nada é uma teia de aranha, uma aranha que se nutre do sangue do futuro.

"E o que aceitais se assemelha a um roubo, virtuosos mesquinhos; mas até os próprios ladrões conhecem essa máxima de *honra*: 'Só se deve roubar com astúcia onde não se pode arrancar pela violência'.

"'Tudo se arranja', eis mais uma máxima de resignação. Mas eu vos digo, almas delicadas: 'Tudo se desarranja, e tudo vos perturbará cada vez mais'.

"Ah! Não serdes capazes de renunciar de uma vez às vossas vontades! Não serdes capazes de querer tanto à vossa indolência como aos vossos atos!

"Ah! Não compreenderdes as minhas palavras: 'Fazei tudo o que quiserdes, mas sede primeiro capazes de querer!'.

"Amai o vosso próximo como a vós mesmos, se tal vos aprouver; mas sabei primeiro *amar-vos a vós mesmos,* amar-vos com grande amor, amar-vos com grande desprezo!"

Assim falava Zaratustra, o ímpio.

Mas para que falar quando ninguém tem ouvidos para me entender? Ainda é muito cedo para mim.

Eu sou o meu próprio precursor entre essa gente, o canto do galo que anuncia a minha chegada pelas ruelas obscuras.

Mas a sua hora soará. E a minha também. De hora a hora, tornam-se mais mesquinhos, mais miseráveis, mais estéreis – pobre vegetação, miserável terra!

Em breve, os verei parecidos com a grama seca da estepe e, de verdade, cansados de si mesmos, aspirando mais ao fogo do que à água.

Oh, bendita a hora do raio! Oh, mistério de antes do meio-dia! Um dia, farei deles um incêndio que se propague e precursores de línguas de fogo.

Anunciarão um dia, com línguas de fogo:

— Já vem, já se aproxima o grande meio-dia!

Assim falava Zaratustra.

NO MONTE DAS OLIVEIRAS

O inverno, mau hóspede, instalou-se em minha casa; as minhas mãos arroxearam com o seu aperto de mão amistoso.

Honro esse hóspede maligno, mas prefiro deixá-lo só no quarto. Gosto de fugir dele; podemos fugir, desde que corramos *bem.*

Quentes os pés e o pensamento, corro para o lugar onde o vento emudece – para o canto ensolarado do meu monte das oliveiras.

E lá, rio do meu rigoroso hóspede, enquanto fico agradecido por ele ficar em casa espantando as moscas e as fazendo calar muitos ruídos miúdos.

Porque ele não suporta ouvir zumbir uma mosca, menos ainda duas; faz o vácuo, mesmo nas ruas, de tal modo que o luar tem medo, à noite.

É um hóspede rigoroso – mas o honro, porque não o adoro, como fazem os pequeninos, ao deus do fogo barrigudo.

Vale mais bater um pouco os dentes a adorar ídolos – essa é a minha condição. E eu detesto acima de tudo esses ídolos da terra do fogo, que só sabem arder, fumegar e teimar.

Meus amigos, amo-vos mais de inverno do que de verão; zombo agora melhor e mais ferrenhamente dos meus inimigos, desde que tenho o Inverno em casa.

Ferrenhamente, na verdade, mesmo quando estou reduzido a me *encolher* rastejando na minha cama; a minha felicidade enovelada sobre ela mesma ainda ri e graceja, e sequer o meu sonho enganador deixa de rir também.

Arrastar-me? Eu? Nunca na vida me arrastei ante os poderosos. E se alguma vez menti, foi por amor. Por isso, fico satisfeito até na minha cama de inverno.

Um leito humilde me aquece mais do que um leito pomposo, porque eu sou zeloso da minha pobreza. E é no inverno que ela me é mais fiel.

Começo todos os dias com uma maldade, zombo do inverno com um banho frio; o que faz resmungar o meu hóspede rigoroso!

Gosto também de lhe fazer cócegas com uma pequena vela, até a hora em que se digna, enfim, deixar-me ver o céu, emergindo da cinzenta alvorada.

Sou particularmente mau de madrugada muito cedo, quando se ouve o balde chiar no poço e os cavalos relincham com vigor pelas ruas cinzentas.

Então espero impacientemente voltar a ver o céu límpido, o céu invernal com barba de neve, ancião de cabeça branca – o céu de inverno, o céu taciturno que muitas vezes até sobre o seu sol guarda silêncio.

Aprenderia eu com ele o amplo silêncio luminoso? Ou foi ele que o aprendeu comigo? Ou o teríamos inventado, cada um para si?

Todas as coisas boas têm origens múltiplas, todas as coisas boas de humor contente saltam de prazer na existência; como não o haviam de fazer só uma vez?

Também o longo silêncio é uma coisa boa de humor contente, e a arte de fazer brilhar olhos redondos numa face clara, semelhante ao céu invernal – a arte de calar, como ele faz, o seu sol e a sua inflexível vontade solar, na verdade, é uma arte e uma alegria de inverno que aprendi muito bem.

A minha maldade favorita, a minha partida preferida, é ter ensinado o meu silêncio a não se delatar pelo silêncio.

Com um rumor de palavras e de dados, engano os meus graves guardiões; tenho de furtar a minha vontade e o meu desígnio a esses inquisidores severos.

Foi para que ninguém me sondasse até o fundo minha última vontade que inventei esse longo silêncio luminoso.

Encontrei mais de um maligno que velava o semblante e turvava a sua água a fim de que ninguém pudesse olhar através dele nem o sondasse a fundo.

Era, contudo, a ele que se dirigiam os desconfiados mais sagazes, os decifradores de enigmas; era dele que tomavam os peixes mais escondidos!

Mas os claros, os bravos, os límpidos, na minha opinião, são os que melhor sabem calar: porque o seu fundo é tão *profundo* que sequer a água mais límpida os poderia – trair.

Céu invernal com barba de neve, céu taciturno, branca cabeça de olhos redondos, lá no alto, por cima de mim! Ó, celeste símbolo da minha alma e da sua travessa alegria!

E não será preciso, com efeito, que me esconda, como quem tragou ouro, com medo de que me queiram rasgar a alma?

Não será preciso que eu use pernas de pau para lhes dissimular as minhas pernas compridas – a todos esses invejosos, esses melancólicos que me rodeiam?

Todas essas almas sujas, queimadas, gastas, azedas – como poderia a sua inveja tolerar a minha felicidade?

Por isso, lhes mostrarei apenas o gelo e o inverno dos meus cumes – e não todas as zonas ensolaradas que ainda cercam a minha montanha.

Só ouvirão sibilar as minhas tempestades de inverno; não me ouvirão correr à superfície dos mares quentes, como os ventos do Sul, lânguidos, pesados e ardentes.

Terão piedade dos riscos e dos acasos que corro – mas o meu lema é: "Deixai vir a mim o acaso; é inocente como uma criança".

Como poderiam supor a minha ventura, se eu não a rodeasse de acidentes e misérias invernais, de barretes de pele de urso e mantos de céu de neve, se eu próprio não tivesse dó da compaixão desses invejosos, desses melancólicos!

Se não me empenhasse em suspirar e em tiritar na sua presença, deixando-me envolver pacientemente na sua compaixão!

Tal é a sábia obstinação e a benevolência da minha alma, que não esconde nem o seu inverno, nem os seus ventos gelados; sequer oculta as suas friezas.

A solidão, para uns, é o refúgio do doente; para outros, é um refúgio ao *abrigo* dos doentes.

Ainda que tenham me ouvido tiritar e gemer de frio, todos esses pobres diabos vesgos que me rodeiam, tais gemidos, tais tremores são para mim o meio de fugir dos seus quartos aquecidos.

Por mais que me lastimem e lancem suspiros pensando nas minhas friezas, e lamentem dizendo: "Acabará por se congelar nos gelos do conhecimento".

Ao mesmo tempo, percorro em todos os sentidos, com os pés quentes, os caminhos do meu monte de oliveiras; no canto ensolarado desse monte, canto e escarneço de toda a compaixão.

Assim cantava Zaratustra.

DE PASSAGEM

Assim, lentamente atravessando muitos povos e cidades, por caminhos desviados, Zaratustra voltava para a sua montanha e para a sua caverna. Eis que chegou de improviso à porta da *Grande Cidade*; mas caiu sobre ele, de braços estendidos, barrando sua passagem, um louco furioso. Ora, era o mesmo louco a quem o povo chamava de *macaco de Zaratustra!* – porque tinha furtado alguma coisa do tom e do ritmo da fala de Zaratustra e gostava também de explorar o tesouro da sua sabedoria. Mas o louco assim falou a Zaratustra:

— Ó, Zaratustra! Essa é a grande cidade; aqui nada tens que procurar, mas tudo a perder.

"Porque havias de querer chafurdar nesse lamaçal? Tem piedade dos teus pés! Cospe antes à porta da cidade, e segue o teu caminho.

"Aqui é o inferno para os pensamentos dos solitários; aqui os grandes pensamentos são cozidos vivos e reduzidos a papa.

"Aqui apodrecem todos os grandes sentimentos; aqui apenas são autorizados os crepitamentos dos sentimentos mesquinhos já completamente ressequidos. Essa cidade não exala um vapor de espírito trucidado?

"Não vês as almas penderem como farrapos moles e sujos? E desses farrapos ainda fazem jornais!

"Não ouves como o espírito não passa aqui de jogo de palavras? Vomita uma repugnante lavagem de palavras. E desse vômito ainda fazem jornais!

"Provocam-se mutuamente sem saber por quê. Excitam-se uns contra os outros sem saber por quê. Chocalham as suas lâminas de lata, fazem ressoar o seu ouro.

"Sentem frio e procuram se aquecer com aguardente. Têm calor e procuram o contato fresco dos espíritos gelados; estão todos doentes, estão todos contaminados pela opinião pública.

"É aqui a pátria de todas as luxúrias e de todos os vícios, mas mesmo aqui há homens virtuosos; mesmo aqui há muita virtude oficiosa e oficial, muita virtude oficiosa, munida com dedos eficientes para escrever, com um poder infinito de paciência e de espera, repleta de condecorações sem valor e mulheres rechonchudas sem nádegas.

"Também há aqui muita devoção e servilidade beata, uma cozinha completa servida em glória do Deus dos exércitos.

"É *de cima* que chovem as estrelas e as comendas conferidas pelo mestre; é *para cima* que vão os desejos de todos os peitos ainda virgens de qualquer estrela.

"A lua tem um esplendor que lhe forma uma corte; a corte está povoada de imbecis; mas tudo o que vem da corte é adorado pelo povo mendicante, pela virtude mendicante e oficiosa.

"'Eu sirvo, tu serves, nós servimos', é a ladainha que a virtude oficiosa dirige ao príncipe, na esperança de que a estrela bem-merecida se prenda, afinal, em qualquer peito estreito.

"Mas a lua gravita também em torno de todas as coisas terrenas; assim também o príncipe gravita em torno do que há de mais terreno no mundo, quero dizer, em torno do ouro dos lojistas.

"O Deus dos exércitos não é o Deus das barras de ouro; o príncipe propõe – o lojista dispõe.

"Em nome de tudo o que é claro, forte e bom em ti, ó, Zaratustra, cospe sobre essa cidade de lojistas e segue o teu caminho.

"Aqui corre sangue podre, quente e espumoso em todas as veias; cospe sobre a grande cidade, sobre esse grande esgoto onde fermentam todas as escórias.

"Cospe sobre essa cidade de almas deprimidas, peitos estreitos, olhos penetrantes, dedos viscosos – sobre essa cidade de intrometidos, imprudentes, escritores, faladores e ambiciosos desesperados, onde fermenta uma purulência única em tudo o que é cariado, desconsiderado, lascivo, sombrio, apodrecido, purulento, subversivo – cospe nessa grande cidade e volta para trás!"

Neste ponto, porém, Zaratustra interrompeu o louco furioso e tapou sua boca com a mão:

— Não acabarás por te calar? – exclamou Zaratustra. — Há muito tempo que os teus discursos e as tuas maneiras me irritam!

"Por que tens vivido tanto tempo à beira do pântano a ponto de te converteres em rã ou sapo?

"Não terás nas tuas próprias veias o sangue podre e espumoso dos pântanos, para tão bem teres aprendido a coaxar e a blasfemar?

"Por que não te retiraste para a floresta? Por que não foste lavrar a terra? E não está o mar coberto de ilhas verdejantes?

"Desprezo o teu desdém; e já que me prevines por que não te preveniste a ti mesmo?

"O meu desprezo e a pequena ave que me serve de presságio tomam impulso do fundo do meu amor, e não do pântano.

"Chamam-te de meu macaco, doido raivoso; mas eu te chamo de meu porco grunhidor; o teu grunhido estraga até o elogio que fiz da loucura.

"O que é que a princípio te fez grunhir? Foi porque não te lisonjearam o bastante; por isso sentaste ao lado dessas imundícies, a fim de teres razões para grunhir muito

– a fim de teres razões para te vingar desses grunhidos. A vingança, louco raivoso, é que te faz espumar. Vai-te embora; eu te adivinhei bem!

"Mas as tuas considerações de louco me prejudicam, mesmo quando tens razão. E ainda que Zaratustra tivesse mil vezes razão em palavras, tu, servindo-te das minhas palavras, conseguirias estar errado."

Assim falava Zaratustra e, olhando a grande cidade, suspirou e ficou muito tempo calado. Por fim, disse assim:

— Eu também sinto repugnância por essa grande cidade, não apenas esse louco. Não há nada que ainda possa melhorar ou piorar em um ou no outro.

"Ai dessa grande cidade! Queria ver a coluna de *fogo* que a irá consumir, porque tais colunas de fogo vão preceder o grande meio-dia. Mas isso virá a seu tempo, conforme o destino.

"Quanto a ti, louco, eis o preceito que te dou à guisa de adeus:

"Onde já não há nada para amar — *segue o teu caminho.*"

Assim falava Zaratustra. E se afastou, deixando atrás de si o louco da grande cidade.

DOS DESERTORES

1

Ai de mim! Será que tudo o que ainda há pouco cobria o campo de verde e de flores já está murcho e cinzento? E quanto mel de esperança eu levei daqui para encher as minhas colmeias?

Todos esses corações jovens já se tornaram velhos? Nem velhos, mas cansados, comuns, indolentes – é a isso que chamam de voltar a ser piedosos.

Ainda ontem os via caminhar com passo decidido, desde o nascer do sol, mas os pés do seu conhecimento se cansaram e agora caluniam, ainda por cima, a sua decisão matinal.

Na verdade, mais de um mexia as pernas como um dançarino, ao convite do riso que está contido na minha sabedoria; mas depois refletiu. Acabo de vê-lo, curvado, rastejando aos pés da cruz.

Antes abrangiam com o seu voo a luz e a liberdade, como fazem as mariposas e os jovens poetas. Envelheceram, esfriaram e eis que agora são amigos das trevas, resmungadores e caseiros.

Desfaleceram porque a solidão me engoliu; como uma baleia? Prestaram ouvidos durante muito tempo e ardentemente, em vão, às minhas trombetas e aos meus clamores de arauto?

Ai! Nunca foram numerosos aqueles cujo coração estava pleno de grande coragem, de grande audácia; e nesses o próprio espírito se mantém paciente. O resto é *covarde.*

O resto é sempre a maioria, a banalidade, o excesso, os supérfluos – todos esses são covardes.

Aquele que for da minha raça tropeçará no seu caminho com aquilo em que tropeçam os da minha raça; e terá por primeiros companheiros cadáveres e saltimbancos.

Mas chamarão os companheiros que aparecem em segundo lugar de seus *fiéis*: enxame turbulento, muito amor, muita loucura, muita veneração ainda imberbes.

Não prenderá o seu coração a esses fiéis, se for da minha raça; não acreditará nestas primaveras e nesses prados esmaltados de flores se conhece a raça fugidia e covarde dos homens.

Se *pudessem* fazer de outra maneira, *quereriam* também fazer de outro modo. Os que não são nem carne, nem peixe estragam tudo o que é puro. As folhas murcham? Por que havemos de lamentar?

Deixa-as ir, deixa-as cair, ó, Zaratustra, sem te lamentar. Faz antes com que sobre elas soprem ventos sussurrantes, sopra sobre essas folhas, ó, Zaratustra, e que tudo o que está *murcho* voe para muito longe de ti!

2

"Voltamos a ser piedosos", eis o que confessam esses desertores; e alguns são até bastante covardes para o confessar.

Esses, leio-o nos seus olhos, digo-lhes na cara, em pleno rubor das suas faces: "Vós sois os que voltam a rezar!".

Rezar, todavia, é uma vergonha! Não para toda a gente, mas para ti e para mim, e para quantos têm a consciência no cérebro. Para ti, é uma vergonha rezar!

Bem o sabes: o covarde demônio que está em ti, o que se contenta em juntar as mãos, em cruzar os braços, e que tem uma vida mais fácil, é o covarde demônio que te sussurra que existe, apesar de tudo, um Deus.

Por isso, tu pertences aos que receiam a luz, a quem a luz impede de dormir; de agora em diante, vai ser necessário que esconda cada vez mais, todos os dias, a cabeça na noite e no nevoeiro.

E, na verdade, escolheste bem a tua hora; porque as aves noturnas acabam de levantar voo mais uma vez. Chegou a hora dos que temem a luz, a hora vesperal em que o trabalho descansa – mas eles não *descansam* de modo nenhum.

Posso ouvir e sentir: é para eles a hora da caçada, em que procuram não a hora de uma caçada desenfreada, mas uma caçada muito prudente, um pouco contida e espreitante, que se faz a passos furtivos, enquanto se murmuram preces.

Uma caçada aos covardes sentimentais. Todas as ratoeiras para apanhar corações estão nos seus lugares. E logo que afasto uma cortina, sai precipitadamente alguma pequena mariposa noturna.

Estaria ali encolhida com outra pequena mariposa? Por toda a parte, pressinto pequenas comunidades clandestinas; e basta a existência de compartimentos de grande pé direito para encontrarmos novas confrarias beatas, com o seu fedor de confrarias beatas.

Passam longas noites reunidas, repetindo: "Tornemo-nos semelhantes às criancinhas e aprendamos a dizer outra vez: Meu bom Deus", e deixam que seus piedosos confeiteiros lhes estraguem o apetite e o estômago.

Ou passam noites inteiras a observar uma aranha-de-cruz, uma aranha astuta que espreita e prega a astúcia às próprias aranhas, declarando que é bom tecer debaixo da cruz.

Ou passam dias inteiros sentados na margem dos pântanos, com a vara de pesca na mão – e julgam que aquilo é ser *profundo*! Mas pescar onde não há peixe é mostrar-se ainda menos do que superficial.

Ou vão à casa de qualquer poeta aprender a tocar harpa de maneira alegre e piedosa ao mesmo tempo – à casa de um desses poetas que cantam com a sua harpa para abrir o acesso ao coração das jovens porque estão cansados das velhas e dos seus elogios.

Ou vão aprender a estremecer com algum sábio meio louco que espera em quartos obscuros os espíritos aparecerem – e lhe tirarem o espírito.

Ou vão escutar um velho tocador de flauta ou de gaita de foles a quem os ventos tristes ensinaram toadas sombrias; e precisa de uma música ritmada pelo vento que sopra e prega, com voz lúgubre, uma doutrina lúgubre.

E alguns até se tornam guardas noturnos; sabem agora tocar buzina, rondar à noite e despertar antigas coisas há muito tempo adormecidas.

Ontem à noite, ao lado da parede do jardim, ouvi cinco frases sobre essas coisas velhas; que foram ditadas por alguns desses velhos e tristes guardas noturnos mumificados.

— Sendo pai, não cuida suficientemente dos filhos: os pais humanos o fazem melhor do que ele.

— É velho demais. Já deixou de tratar dos filhos – respondia o outro guarda noturno.

— Mas, de verdade, será que ele tem filhos? Ninguém pode provar a não ser que ele forneça a prova. Há muito tempo que eu gostaria que ele o provasse irrefutavelmente.

— Provar? Como se alguma vez tivesse dado uma prova qualquer! Para ele, é difícil provar; gosta mais de ser *acreditado.*

— Sim, sim! A fé o salva, a fé que se tem nele. Os velhos também são assim. Somos muito parecidos com ele.

Assim conversavam os dois velhos guardas noturnos, esses espantalhos da luz, e depois tocavam melancolicamente nas suas pequenas cornetas; eis o que se passou ontem à noite, ao lado da parede do jardim.

Entretanto, o meu coração se contorcia de riso, a ponto de parecer que ia estalar e, não sabendo onde se meter, pesava sobre o diafragma.

Na verdade, acabarei por morrer de riso, vendo asnos embriagados e ouvindo guardas noturnos duvidarem assim de Deus.

Não passou *há muito* o tempo de duvidar dessa maneira? Quem, nesse caso, se permitiria acordar essas velhas coisas adormecidas que receiam a luz?

Há muito tempo que os deuses antigos estão mortos; e, na verdade, morreram com uma boa e festiva morte, como convém aos deuses.

Não passaram pelo *crepúsculo* – é uma mentira dizer! Pelo contrário, um belo dia morreram – de riso, no dia em que um deus proferiu a mais ímpia das frases: *Só há um Deus. Não terás outro Deus além de mim!*

Esse deus barbudo, esse velho colérico, esse velho ciumento se deixou arrastar até esse ponto.

Todos os deuses desataram a rir e a vacilar nos seus assentos, e exclamaram: *Não se baseia, precisamente o que é divino na existência de deuses, e não de um Deus?*

Quem tiver ouvidos para ouvir, que ouça.

Assim falava Zaratustra na cidade que amava e que se chama Vaca Malhada. Dali, tinha ainda dois dias de caminho para chegar à sua caverna e aos seus animais, mas a sua alma exultava sem cessar com a ideia do próximo regresso.

O REGRESSO

Ó, solidão! Solidão, minha pátria! Muito tempo vivi no estrangeiro, como estrangeiro, para não regressar a ti com lágrimas.

Ameaça-me agora com o dedo como fazem as mães; sorri-me como fazem as mães e diz somente:

— Eis finalmente aquele que um dia fugiu de mim como um furacão e que, ao me deixar, exclamou: "Vivi durante muito tempo em companhia da minha solidão; por isso, deixei de saber me calar". Foi isso, sem dúvida, o que aprendeste?

"Ó, Zaratustra, sei tudo, e que te sentiste *mais abandonado*, sozinho, entre a multidão, do que jamais o estiveste junto de mim.

"Uma coisa é o abandono, e outra a solidão; eis o que aprendeste agora, e que entre os homens te sentirás sempre um estranho, um bárbaro, estranho e bárbaro mesmo que te amem; porque, primeiro de tudo, querem que lhes *tenha consideração*.

"Mas aqui estás, em tua casa, no teu lar; aqui podes dizer tudo e desabafar à vontade; aqui nada se envergonha de sentimentos ocultos e tenazes.

"Aqui, todas as coisas se aproximam com carinho do teu apelo, e te mimam; porque querem subir para o teu ombro. Todos os símbolos são bons para te levar à conquista de todas as verdades.

"Aqui, podes falar a todas as coisas com retidão e franqueza; na verdade, falar com retidão é uma lisonja para os seus ouvidos.

"Mas outra coisa é o abandono. Recordas-te, Zaratustra, do dia em que a tua ave se pôs a gritar por cima de ti, estando tu na floresta, indeciso, sem saber para onde ir, frente a frente com um cadáver? Tu dizias então:

"'Guiem-me os meus animais! Constatei que é mais perigoso viver entre os homens do que entre os animais.' Isso era o abandono!

"E lembras-te, Zaratustra, do tempo em que vivias na tua ilha, fonte de vinho entre baldes vazios; dando, esvaziando-te sem cessar, vertendo, vertendo-te, entre os que tinham sede, até o dia em que acabaste por ser o único sequioso no meio de pessoas bêbedas e te puseste a gemer de noite:

"'Não haverá mais felicidade em aceitar do que em dar? E mais felicidade em roubar do que em aceitar?'. E isso era abandono.

"E lembras-te, Zaratustra, da hora do supremo silêncio, que te arrancou de ti mesmo e sussurrou com voz maliciosa:

"'Diz o que tens a dizer, e depois sucumbe!' – essa hora que te desgostou da tua espera e do teu silêncio, e que desencorajou o teu humilde silêncio – isso era abandono."

Ó, solidão! Solidão, minha pátria! Como é divina e terna a tua voz que me fala!

Nós não nos interrogamos, não trocamos queixas, passamos muitas vezes lado a lado pelas portas abertas.

Porque em ti tudo está franco e claro, e as próprias horas correm aqui com passo mais leve. Nas trevas, com efeito, o tempo nos pesa mais do que na luz.

Aqui, todas as palavras do ser e os seus compartimentos mais secretos se abrem para mim; aqui, todo o ser deseja se fazer verbo, todo o devir reclama que lhe ensinem a falar.

Além, pelo contrário, todo o discurso é vão. Além, a melhor sabedoria consiste em esquecer, em seguir o seu caminho – eis o que aprendi agora.

Para compreender tudo do homem seria necessário aprender tudo o que há nele: mas, para isso, tenho as mãos limpas demais.

Até o seu hálito, que não gosto nada de respirar. Ai! Por que vivi tanto tempo entre o seu ruído, no seu hálito viciado?

Ó, silêncio bem-aventurado que me cerca! Ó, puros aromas à minha volta! Ó, silêncio que arranca do fundo do meu peito um sopro puro! Ó, como esse bendito silêncio escuta!

Além, pelo contrário, tudo fala e nada se ouve. Bem pode uma pessoa anunciar o seu saber a toques de campainha; os mercadores do lugar abafarão o som do apelo com o retinir das suas pesadas moedas.

Entre eles, todos falam e ninguém sabe compreender. Tudo cai à água, mas nada cai em fontes profundas.

Entre eles, tudo fala e nada resulta nem alcança a maturidade.

Todos cacarejam, mas não haverá um para ficar no ninho chocando os ovos.

Entre eles, tudo fala, tudo transita em palavras. E o que ainda ontem parecia duro demais para o tempo e seu dente, despende gasto e roído das bocas dos homens de hoje.

Entre eles, tudo fala, tudo se divulga. E o que antes se chamava mistério e segredo das almas profundas pertence hoje aos pregadores e a outros tagarelas.

Ó, singular natureza humana! Estrondo das ruelas obscuras! Agora que vos deixei atrás de mim, o meu maior perigo já passou.

Poupar os homens, ter piedade deles – esse sempre foi para mim o maior perigo; porque tudo o que é humano pede para ser poupado e tolerado.

Pleno de verdades dissimuladas, com mão e coração dúplices, rico em miúdas mentiras piedosas, assim sempre vivi entre os homens.

Usava entre eles um disfarce, sempre pronto a fazer mal a mim para melhor os suportar, e me contentando em dizer: "És um louco, não conheces os homens!".

Esquece-se o que os homens são quando se vive entre os homens; entre eles, há demasiado primeiro plano bem à vista; para que servem, então, os olhos atentos, apaixonados pelas distâncias?

E quando eles me desconheciam, eu era bastante tolo para os poupar, mais do que a mim mesmo, pois estava habituado a me mostrar rigoroso comigo e, ainda por cima, vingava-me de mim mesmo dessas indulgências.

Assim vivia entre eles, crivado de picadas de moscas venenosas, roído como a pedra por inúmeras gotículas de maldades e me convenci, ainda, de que toda a pequenez é inocente da sua pequenez.

Os que se dizem bons me pareceram ser as moscas mais venenosas entre todas; picam com toda a inocência, mentem com toda a inocência. Como eles *poderiam* ser justos comigo?

A piedade ensina os que vivem entre os bons a mentir. A piedade torna a atmosfera carregada para todas as almas livres. Ora, a estupidez dos bons é insondável!

Ocultar a mim mesmo, encobrir a minha riqueza, eis o que também aprendi; porque os encontrei todos pobres de espírito, ainda por cima.

A mentira da minha compaixão foi enxergar e sentir, em cada um deles, a dose de espírito que podiam suportar; e qual a dose que já não toleravam.

Aos seus rígidos sábios, chamei de sábios, mas não rígidos; assim, aprendi a engolir as palavras. Aos seus coveiros, chamei de pesquisadores, exploradores; assim, aprendi a trocar palavras.

Os coveiros contraem doenças nas suas escavações. Sob os velhos escombros, dormem exalações insalubres. Não é necessário remover os pântanos. Só é preciso viver na montanha!

As minhas narinas se deleitavam em respirar de novo a liberdade montanhesa! O meu nariz se libertou, afinal, de todos os mofos das coisas humanas.

Agitada por intensos e frios ventos, como que por vinhos espumosos, a minha alma *espirra* – espirra e diz a si mesma, com alegria: *À tua saúde!*

Assim falava Zaratustra.

DOS TRÊS MALES

1

Em sonho, no meu último sonho da madrugada, eu estava hoje de pé num promontório, para além do mundo e, com uma balança na mão, *pesava* o mundo.

Oh, a aurora me surpreendeu cedo demais! Despertou-me com o seu ardente reflexo, a invejosa! Ela sempre tem inveja do ardor do meu sonho matinal.

Mensurável para o que tem tempo, pesável para um bom pesador, acessível às asas vigorosas, decifrável pelos adivinhos decifradores de enigmas: assim me apareceu o mundo em sonho.

O meu sonho, ousado navegante, feito de navio e de furacão, mudo como uma borboleta, impaciente como um falcão – como soube ter paciência e gastar o seu tempo para pesar o mundo nessa manhã!

Teria sido a minha sabedoria que lhe falava em segredo, a minha sabedoria diurna, risonha e desperta, que ri de todos os *mundos infinitos*? Porque, diz ela, onde há energia o *número* é soberano; é ele que acaba por vencer.

Com que olhar seguro o meu sonho dominava esse mundo acabado! Com um olhar em que não havia nem desejo de novidade, nem lamento do passado, nem temor, nem súplica.

Como se uma grande maçã tivesse se oferecido à minha mão, uma maçã de ouro muito madura, de casca suave, fresca e aveludada, assim se oferecia o mundo a mim.

Como se uma árvore me acenasse, uma árvore de grandes ramos, de vontade firme, curvada para oferecer apoio ou um assento ao viajante – assim se levantava o mundo no meu promontório.

Como se graciosas mãos me tivessem estendido uma caixinha aberta, para encanto dos meus olhares tímidos e respeitosos – assim me apareceu o mundo nessa manhã.

Nem enigmático o suficiente para afugentar a ternura dos homens, nem categórico o bastante para adormecer a sabedoria dos homens – uma coisa boa, uma coisa humana: assim me parecia o mundo nessa manhã, esse mundo de que tanto mal se diz.

Quantas graças tenho que dar ao meu sonho da madrugada que, a partir da aurora, me permitiu pesar o mundo! Veio a mim como algo bom, algo humano, esse sonho consolador.

E para hoje o igualar, conhecê-lo pouco a pouco e imitá-lo no que tem de melhor, vou pesar na minha balança os três maiores males, vou pesá-los com toda a bondade humana.

O mestre que ensinou a abençoar ensinou também a amaldiçoar. Quais são as três coisas mais amaldiçoadas neste mundo? Vou colocá-las na minha balança.

A volúpia, o desejo de dominar e o egoísmo, eis as três coisas mais amaldiçoadas, mais cruelmente menosprezadas e caluniadas; vou pesar as três com toda a bondade humana.

Coragem! Eis aqui o meu promontório, e eis o mar que vem rolar a meus pés, cintilante, lisonjeador, velho monstro fiel de cem cabeças, velho cão a quem amo.

Coragem! Vou levar a minha balança pelo mar ondulante, e escolher uma testemunha para que nos vigie. Serás tu, árvore solitária de poderosos aromas, de amplas folhagens – árvore solitária a quem amo!

Qual é a ponte que leva do antes para o agora? Qual é a força que compele o que é alto a se abaixar? E como se pode obrigar a subir ainda mais o que há de mais elevado?

Eis que a balança em equilíbrio se imobiliza. Lancei nela três pesados problemas; o outro prato sustenta três pesadas respostas.

2

Volúpia: ferrão, espinho na carne de todos os desprezadores do corpo, sob suas túnicas; considerada *profana* por todos os que acreditam no outro mundo porque ri e zomba de todos os senhores da desordem do erro.

Volúpia: para os infames, um fogo lento em que são consumidos; para toda a madeira carcomida, para todos os farrapos hediondos, o forno e a fornalha completamente preparados.

Volúpia: para os corações livres, inocente e livre, paraíso terrestre, efusão reconhecida do futuro pelo presente.

Volúpia: veneno adocicado, mas apenas pura o homem murcho; para as vontades leoninas é a maior essência, o respeitosamente poupado vinho dos vinhos.

Volúpia: a grande felicidade que serve de símbolo a toda a felicidade superior, a toda a esperança superior. A tantas coisas, com efeito, é permitido o casamento, e mais do que o casamento, a tantas coisas mais estranhas uma à outra do que o homem e a mulher – e quem alguma vez compreendeu até que ponto o homem e a mulher são estranhos um para o outro?

Volúpia: mas tenho de limitar a velocidade dos meus pensamentos, e até as minhas palavras, com medo de que os meus jardins sejam invadidos pelos sórdidos e pelos exaltados.

Desejo de dominar: açoites ardentes reservados aos corações mais endurecidos; cruel martírio reservado ao mais cruel; sombria chama das fogueiras onde range a carne viva.

Desejo de dominar: mosca varejeira cruel imposta aos povos mais orgulhosos; insulto a toda a virtude incerta; cavaleiro que cavalga todas as montanhas e todos os orgulhos.

Desejo de dominar: o terremoto que quebra e despedaça tudo o que é oco ou carcomido: avalanche destruidora que rola roncando e castiga os sepulcros caiados; relâmpago interrogador que surge ao lado das respostas prematuras.

Desejo de dominar: ante seu olhar, o homem rasteja e se torna mais humilde, mais servil e mais baixo do que a serpente ou o porco – até a hora em que nele acorda o grito do seu grande desprezo.

Desejo de dominar: mestre temível do grande desprezo, que prega abertamente às cidades e aos reinos: "Desaparecei!" – até que uma voz acorda neles e exclama: "Desapareçamos!".

Desejo de dominar: mas como chamar de vício essa grandeza que é condescendente com o poder? Na verdade, não há nada de mórbido, nada de ávido em semelhantes desejos, e em semelhantes condescendências.

Que a grandeza solitária não queira ficar eternamente só, nutrindo a si mesma; que a montanha se incline para o vale e que os ventos das alturas desçam para as depressões, oh, quem pudesse dizer o verdadeiro nome, o nome de virtude que convém a semelhante aspiração? – *virtude dadivosa* – esse é o nome que Zaratustra deu um dia a esse indizível sentimento.

E aconteceu também, então – e, na verdade, pela primeira vez – que celebrou o *egoísmo*, o egoísmo intacto e são que tem a sua origem numa alma poderosa, na alma poderosa à qual pertence um corpo realizado, belo, vitorioso, agradável aos olhos, do qual todas as coisas desejam ser o espelho, um corpo flexível e sedutor, um dançarino que tem como símbolo e expressão a alma que se deleita consigo mesma.

O prazer espontâneo que tais corpos e almas encontram em si tem o nome de *virtude*.

Esse amor-próprio se protege por meio das fórmulas do bem e do mal, como se fosse rodeado por florestas sagradas; os nomes que dá à sua ventura afastam tudo o que é desprezível para longe de si, como um feitiço.

Bane para longe de si qualquer covardia. E diz: o mal é *ser covarde*! Despreza os corações inquietos, gemedores, lastimosos e os que reúnem até o lucro mais insignificante.

Despreza a sabedoria lamurienta – porque, na verdade, há também uma sabedoria que floresce na obscuridade, uma sabedoria de sombra noturna, que suspira continuamente: "Tudo é vão!".

Não tem nenhuma estima pela desconfiança medrosa, nem pelos que exigem juramentos em vez de olhares e de apertos de mãos, nem pela sabedoria desconfiada demais, que é própria das almas covardes.

Ainda estima menos a servilidade solícita, os cães rastejantes que de imediato se deitam humildemente de costas; porque existe também uma sabedoria humilde e servil, dócil e solícita.

O que ele odeia acima de tudo, o que lhe repugna é o homem que nunca se defende, o que engole o veneno das más palavras e dos maus olhares, o homem passivo e paciente, que tudo suporta, que com tudo se contenta; porque tem maneiras servis.

Quer a servilidade se dirija aos deuses e às suas divinas cotoveladas, ou aos homens e às suas tolas opiniões humanas, o egoísmo divino cospe com desprezo em qualquer submissão, seja qual for.

Chama de *mau* tudo o que é curvado, servil, avaro, aos olhos vesgos e submissos, aos corações contritos, e à maneira hipócrita e complacente de esbanjar os beijos de grossos lábios moles.

E, em todos os raciocínios de escravos, dos velhos, esgotados, só vê uma sabedoria sustentada principalmente nos absurdos insanos e supersticiosos que os padres recitam.

Mas todos esses sábios senis, todos esses padres, todos esses seres cansados da vida, todas essas almas de mulheres e de escravos, oh, como sempre causaram constrangimentos ao jogo do egoísmo!

E seria essa a virtude, e se chamaria de virtude tudo o que causa constrangimentos ao jogo do egoísmo! E todos esses covardes entediados da vida, todas essas aranhas que carregam a cruz desejariam viver sem egoísmo?

Para todos eles, porém, chegará o dia, a metamorfose, a espada da justiça, o *grande meio-dia* em que tantas coisas serão reveladas.

É aquele que proclama que o Eu é são e sagrado, e que o egoísmo desejável, aquele que é profeta do grande meio-dia diz também, porque o sabe:

— Vede: aí vem, aproxima-se já o grande meio-dia!

Assim falava Zaratustra.

O ESPÍRITO DE GRAVIDADE

1

A minha linguagem – é a do povo; linguagem muito forte e muito franca para os melindrados. E a minha palavra parece ainda mais incomum aos escritores e aos rabiscadores de todas as qualidades.

A minha mão – é a de um louco. Pobres de todas as mesas, de todas as paredes, de tudo o que oferece um campo livre para loucos arabescos, para rabiscos de louco.

O meu pé – é casco de cavalo. Trota e galopa apesar de todos os obstáculos, para a esquerda e para a direita, e as suas corridas rápidas me dão um prazer do diabo.

O meu estômago – não será um estômago de águia? O que ele prefere é carne de cordeiro. É, sem dúvida, um estômago de ave.

Sustentado com uma carne inocente, satisfeito com pouco, sempre pronto para o voo, impaciente por voar, ganhar voo, eis como sou. Como não havia de ter alguma coisa da ave?

E é sobretudo por odiar o espírito de gravidade que tenho alguma coisa da ave; na verdade, sou seu inimigo mortal, abonado, jurado. Para onde, então, não voou já o meu ódio, desencaminhado?

A esse respeito poderia fazer uma canção – e a cantaria, se bem que sozinho na sala vazia só possa cantar para os meus próprios ouvidos.

Outros cantores precisam de uma sala cheia para sentir a garganta harmoniosa, a mão eloquente, o coração alerta, o olhar expressivo — mas não me pareço com eles.

2

Aquele que um dia ensinar os homens a voar, deslocará todas as barreiras; fará saltar todas as barreiras, dará à terra o nome novo de *a Leve*.

O avestruz vence na corrida o cavalo mais rápido, mas enterra pesadamente a cabeça na terra pesada; assim é o homem que ainda não aprendeu a voar.

A terra e a vida são pesadas para ele, e é isso que quer o espírito de gravidade. Mas aquele que quer se tornar leve como uma ave deve amar a si mesmo; assim ensino eu.

Não com o amor dos doentes e dos febris – porque nesses o amor-próprio cheira mal.

É preciso aprender a amar a si próprio, essa é a minha doutrina, com um amor total e são, a fim de ficar preso a si mesmo em vez de vaguear em todos os sentidos.

Esse vaguear se chama *amor ao próximo*; não há palavra que tenha servido para cobrir mais mentiras e hipocrisias, sobretudo por parte daqueles que se tornavam insuportáveis para toda a gente.

E, na verdade, *aprender* a se amar não é uma máxima aplicável a partir de hoje ou de amanhã. É, pelo contrário, de todas as artes, a mais sutil, a mais astuta, a arte suprema, e aquela que requer mais paciência.

O que possuímos está sempre escondido de nós; de todos os tesouros, é o seu próprio que todos desenterram em último lugar. Assim o quis o espírito de gravidade.

Desde o berço nos dotam com palavras pesadas, com valores pesados, chamados *bem* e *mal*, porque esse é o nome desse patrimônio. Pelo preço desses valores, desculpam-nos o fato de viver.

E se os homens deixam vir a si as criancinhas, é para as impedir a tempo que amem a si próprias; essa é a obra do espírito de gravidade.

Quanto a nós, arrastamos conscientemente aquilo com que nos carregaram, nos nossos duros ombros, para além de brutas montanhas. E quando estamos encharcados em suor, dizem-nos: “Sim, a vida é difícil de levar!”.

Mas é apenas o homem que tem dificuldade em levar a si próprio. Porque arrasta às costas demasiadas coisas alheias. Como o camelo, ajoelha-se para se deixar carregar bem.

Sobretudo o homem vigoroso, resistente, cheio de respeito; carrega às costas muitas palavras pesadas, pesados valores que lhe são *estranhos* – e a vida lhe parece, então, um deserto.

E, na verdade, os nossos próprios bens já são muitas vezes difíceis de levar. E o homem, dentro de si, é apenas muito parecido com a ostra — repugnante, viscosa e difícil de apanhar, de tal forma que precisa de uma bela concha decorada com belos desenhos para falar a seu favor. Mas essa arte deve ser aprendida, quero dizer, a arte de nos fazer uma concha, com bela aparência e sábia cegueira.

E, ainda por cima, o que muitas vezes nos dá possibilidades é essa concha ser sempre humilde, triste e ter em excesso o aspecto de uma concha. Ninguém adivinha a profusão de bondade e de força que ela dissimula; os manjares mais delicados não encontram amadores.

As mulheres o sabem, pelo menos as mais delicadas: uma suspeita de gordura a mais ou a menos, oh, quanta fatalidade se liga a coisa tão pouca!

O homem é difícil de descobrir, em especial quando se trata de descobrir a si mesmo. Muitas vezes, o espírito mente a respeito da alma. Eis a obra do espírito de gravidade.

Mas aquele que soube descobrir a si mesmo proclama: "Esse é o meu bem, esse é o meu mal". Com isso, tapou a boca da toupeira, do anão que diz: "Um único bem para todos, um único mal para todos".

Na verdade, também não me agradam aqueles que declaram que todas as coisas são boas e esse o melhor dos mundos. Digo que têm a satisfação fácil.

A satisfação fácil, que se acomoda com qualquer coisa, não é dos melhores gostos. Louvo as línguas e os estômagos rebeldes e difíceis que sabem dizer *Eu*, *Sim* e *Não*.

Mastigar e digerir tudo, porém – é bom para os porcos, na verdade. Berrar a torto e a direito "sim" e "amém" é o que aprendem os burros e aqueles que se parecem com eles.

Um amarelo-ocre, um vermelho ardente – eis o meu gosto, que mistura sangue com todas as cores. Mas aquele que caia a casa de branco me revela uma alma caiada de branco.

Uns estão apaixonados por múmias, outros por fantasmas, todos igualmente inimigos da carne e do sangue: oh, como me repugnam todos! Porque eu gosto do sangue.

E me recuso a morar ou a me demorar em lugares onde todos cospem e vomitam o que beberam; esse é o meu gosto. Preferiria viver no meio dos ladrões e dos perjuros. Ninguém traz o seu ouro na boca.

Mas ainda me repugnam mais os lambedores de escarros, o animal humano mais repugnante que conheço chamei de *parasita*, pois não quer amar, mas viver do amor que os outros têm por ele.

Desgraçados, na minha opinião, são todos aqueles que só podem escolher entre duas coisas: ou se tornarem animais ferozes ou ferozes domadores. Não construirei entre eles a minha tenda.

Desgraçados são também aqueles cujo destino é *esperar*; repugnam-me todos esses guardas, fiscais, ciganos, reis e outros preguiçosos.

Na verdade, também eu aprendi a esperar, mas a esperar a mim mesmo. E sobretudo aprendi a estar de pé, andar, correr, saltar, escalar e dançar. Porque essa é a minha doutrina; se um dia quisermos aprender a voar, é preciso começar por aprender a estar de pé, caminhar, correr, saltar, escalar e dançar.

Para aprender a voar, não basta um único golpe de asa.

Aprendi a escalar muitas janelas com escadas de corda e pernas ágeis, escalei mastros elevados e subi nos elevados mastros do conhecimento, experimentei uma felicidade muito grande.

As chamas errantes que se acendem no alto dos mastros não passam de um pequeno clarão, mas que grande consolo para todos os navegantes perdidos ou naufragados!

Percorri muitos caminhos e me servi de muitos meios para chegar à minha verdade; usei mais de uma escada para chegar à altura de onde o meu olhar enxerga os espaços distantes.

E foi sempre contrariado que perguntei o meu caminho, sempre isso me repugnou. Prefiro interrogar os próprios caminhos e experimentá-los.

Experimentar e interrogar é a minha maneira de avançar e, na verdade, é também necessário *aprender* a responder a semelhantes perguntas. Esse é o meu gosto.

Esse gosto não é bom nem mau, é o *meu* gosto; não tenho vergonha dele e dele não faço mistério.

— Eis o meu caminho; e vós, onde está o vosso? – é o que respondo aos que me perguntam o caminho. *O caminho*, com efeito, não existe.

Assim falava Zaratustra.

DAS ANTIGAS E DAS NOVAS TÁBUAS

1

Eis-me aqui rodeado de tábuas quebradas e escritas pela metade. Aqui estou, aguardando. Quando chegará a minha hora, a hora de voltar a descer e de perecer, ainda tornarei a descer para o lado dos homens?

Eis o que espero agora; porque é necessário que apareçam primeiro os sinais anunciadores da minha hora: o leão risonho, cercado por um voo de pombas.

Enquanto espero, procuro me entreter comigo mesmo, tenho tempo. Ninguém me conta coisas novas, por isso conto-as a mim mesmo.

2

Quando vim para o lado dos homens, encontrei-os bem estabelecidos em uma antiga presunção. Todos julgavam saber há mais tempo o que é bem e mal para o homem.

Toda a discussão a respeito da virtude lhes parecia velha e ultrapassada; e quando se queria dormir bem, antes de ir para a cama se falava um pouco do bem e do mal.

Sacudi essa sonolência quando ensinei: "Ninguém sabe ainda o que é o bem e o mal, a não ser o criador".

Mas o criador é aquele que cria um fim para os homens e fixa à terra o seu sentido e o seu futuro. Só dele depende que uma coisa seja boa ou má.

E disse a eles que rissem dos seus sábios austeros, de todas as suas antigas cátedras e de todos os lugares que tinham sido ocupados por essa antiga presunção; e ordenei a eles que rissem de todos os seus grandes mestres de virtude, dos seus santos, dos seus poetas e dos seus redentores.

Disse a eles que rissem dos seus sábios austeros e de todos os sombrios espantalhos que alguma vez se empoleiraram como uma ameaça na árvore da vida.

Sentei-me à beira da sua grande avenida funerária, com os cadáveres e os abutres, e ria do seu passado de esplendor carcomido e em ruínas.

Assim como os pregadores de quaresma e os loucos, lancei maldições sobre todos os seus bens, grandes e pequenos. E ria: O que eles têm de melhor é tão pequeno! O que eles têm de pior é tão pequeno!

A minha sabedoria abrasada de desejo se exalava nesses gritos e risos, um desejo nascido nos montes, uma sabedoria corajosa em verdade, o meu grande desejo de asas numerosas.

E, muitas vezes, o meu desejo me arrastava para muito longe, para muito alto, e me levava, em pleno riso; então, eu voava, vibrando como uma flecha, num êxtase embriagado de sol, para remotos futuros que nenhum sonho viu, para meios-dias mais cálidos como nunca nenhum escultor sonhou, para os países onde os deuses na sua dança teriam vergonha do menor vestuário (eis que falo em parábolas, balbucio como fazem os poetas e, na verdade, tenho vergonha de ainda ter de falar como poeta) – sonho em que todo o devir me parecia dança divina e jogo divino, em que o mundo libertado e impetuoso vinha se refugiar em si mesmo; e em que deuses inumeráveis que fogem de si se procuram, encontram prazer em se contradizer, depois em se entender e em pertencer a si outra vez – sonho em que o próprio tempo me parecia uma ironia divina com o instante, em que a necessidade era a própria liberdade, brincando como deusa com o ferrão da liberdade — sonho em que tornava a encontrar também o meu antigo demônio, o meu inimigo jurado, o espírito de gravidade e tudo o que foi criado por ele: coação, leis, necessidade, efeito, fim, vontade, bem e mal.

Não é necessário, com efeito, que haja coisas *para além* das quais se dança e se supere dançando? Por amor aos seres leves, mais leves do que um sopro, não é necessário que haja também toupeiras e pesados anões?

3

Foi também lá que apanhei no meu caminho esta palavra: *super-homem*, e este pensamento: o homem é uma coisa que deve ser superada.

Quer dizer que o homem é uma ponte, e não um fim; que deve abençoar as horas do meio-dia e da tarde, que são o caminho de novas auroras.

Foi lá que encontrei a palavra de Zaratustra sobre o grande meio-dia e tudo o que fiz cintilar por cima da cabeça dos homens, como a púrpura de novos poentes.

Na verdade, fiz com que vissem também estrelas e noites novas, e estendi o meu riso com mais de mil cores sobre as nuvens, os dias e as noites.

Ensinei-lhes a fazer tudo o que quero e imagino; a fundir e a unir num todo o que no homem é fragmento, enigma e terrível acaso.

Poeta, decifrador de enigmas e redentor do acaso, ensinei-lhes a ser criadores do futuro e a libertar com a sua atividade criadora tudo o que foi.

Salvar o passado no homem e transmutar tudo o que foi, até que a vontade declare: "Mas eu queria que fosse assim! E é o que quererei de agora em diante!".

Eis aquilo a que chamei de rude redenção, eis o que lhes ensinei a chamar redenção.

Agora, espero a minha própria redenção a fim de poder voltar a descer pela última vez para o lado deles.

Pela última vez, voltarei para junto dos homens e será no meio deles que desaparecerei; quero, ao morrer, oferecer-lhes o meu presente mais esplêndido.

Quero nisso imitar o sol no poente, o astro de riqueza transbordante que derrama no mar o ouro da sua riqueza inesgotável, de modo que o mais pobre pescador possa remar, então, com um remo de ouro. Vi-o com os meus olhos, uma vez, e não pude reter as lágrimas.

Será de maneira semelhante ao sol que Zaratustra perecerá; agora, está à espera, com antigas tábuas quebradas à sua volta, e outras também, tábuas novas, escritas pela metade.

4

Vede: eis aqui uma nova tábua. Mas onde estão os meus irmãos que me ajudarão a levá-la para os vales e a gravá-la nos corações de carne?

Eis o que o meu grande amor exigirá dos homens distantes: “Não poupes o teu próximo”. O homem é o que deve ser superado.

Há uma multidão de caminhos e de meios pelos quais uma pessoa pode se superar. A ti, cabe pensar neles. Mas só um bufão pensa: “Quanto ao homem, basta saltar-lhe por cima”.

Vence a ti mesmo até na pessoa do teu próximo; e não aceites que te concedam um direito que estás em condições de conseguir à força.

O que tu fazes ninguém poderá te devolver. Aqui está, não há retribuição.

O que não sabe comandar a si mesmo, deve obedecer. E há muita gente capaz de se comandar, mas ainda é preciso que aprenda a obedecer.

5

Esta é a condição das almas nobres: não querem ter nada de graça, a vida menos do que qualquer outra coisa.

O homem comum quer viver sem nada dar em troca, mas nós, a quem a vida se deu, pensamos sempre no que lhe poderíamos oferecer em troca.

E, na verdade, eis aqui uma nobre frase: “As promessas que a vida nos fez, cabe a nós mantê-las”.

Não devemos procurar o prazer a não ser que tenhamos prazer a oferecer em troca. E não é necessário, regra geral, *procurar o prazer.*

O prazer e a inocência são tudo o que há de virtuoso no mundo, e devemos evitar procurá-los. É preciso *possuí-los.* Mais vale *procurar* a culpa e a dor.

6

Ó, meus irmãos, todo recém-nascido está destinado a ser sacrificado. E nós somos recém-nascidos.

Todos sangramos em altares secretos, ardemos e nos consumimos em honra de velhos ídolos.

O que temos de melhor é ainda jovem; isso excita o paladar dos anciãos. Temos a carne tenra, a nossa pelagem é uma pele de cordeiro – como não haveríamos de excitar o apetite dos velhos sacerdotes idólatras?

É *dentro de nós* que o trazemos, o velho sacerdote idólatra que assa a melhor parte da nossa carne para se presentear. Ai! Meus irmãos, como não haviam de ser sacrificados os recém-nascidos?

Mas tal é a nossa condição; e amo os que não querem se preservar. Amo de todo o meu coração os que perecem porque vencem a ponte.

7

Verdadeiras – poucas pessoas sabem ser. E aqueles que o sabem estão ainda longe de o querer. E menos do que ninguém, os bons.

Oh, esses bons! *Os bons nunca dizem a verdade.* Ser bom dessa maneira é uma doença do espírito.

Estão sempre prontos a ceder, esses bons, a se render; o seu coração aprova, obedecem com toda a sua alma; mas aquele que ouve os outros *deixa de ouvir a si mesmo.*

É preciso reunir tudo o que os bons chamam de *mau* para produzir uma única verdade; ó, meus irmãos, sois bastante malvados para produzir semelhante verdade?

Audácia temerária, prolongada desconfiança, recusa cruel, aversão, ferro que corta o que é vivo – como é raro encontrar tudo isso reunido! Mas é dessa semente que nasce a verdade.

Foi na proximidade da má consciência que nasceu e se desenvolveu até agora toda a ciência. Quebrai, discípulos do conhecimento, oh, quebrai as antigas tábuas!

8

Enquanto houver pranchas estendidas sobre a água, enquanto houver pontes e parapeitos vencendo o rio, não se dará crédito aos que dizem que *tudo flui.*

Até os próprios imbecis o contestam.

"O quê?", dizem os imbecis. "Tudo flui? Contudo, as pontes e os parapeitos se mantêm firmes por cima do rio. Tudo o que está por cima do rio é sólido, todos os valores das coisas, as pontes, os conceitos, o bem e o mal, tudo isso se mantém."

Chega o rude inverno, o domador do rio, e os mais maliciosos aprendem a desconfiar; e, na verdade, apenas os imbecis são capazes de dizer: "Não será verdade que tudo está – imóvel?".

"No fundo tudo permanece imóvel", eis um verdadeiro ensinamento do inverno, uma boa coisa para os tempos de esterilidade, um reconforto para os hibernantes e para os sedentários.

"No fundo tudo permanece imóvel", mas é contra esse fato que prega o vento do degelo, o degelo, touro que nada tem de boi de arado, touro furioso e destruidor, que rompe o gelo com chifradas. Ora, o gelo, por sua vez – *quebra as pontes.*

Ó, meus irmãos, não é verdade que *agora* tudo *flui*! Não caíram na água todos os parapeitos, todas as pontes? Quem poderia ainda *agarrar-se* ao bem e ao mal?

Ó, infelicidade! Ó, felicidade! Eis o vento do degelo! – Pregai essa verdade por todas as ruas, ó, meus irmãos.

9

Existe uma velha ilusão cujo nome é bem e mal. Foi em torno dos adivinhos e dos astrólogos que girou até agora a roda dessa loucura.

Antes, acreditava-se em adivinhos e em astrólogos; e *era por isso* que se acreditava que tudo é fatal: "É tua obrigação porque é necessário".

Mais tarde, caçoou-se de todos os adivinhos e astrólogos; e foi por isso que se acreditou que tudo é liberdade. "Podes o que quiseres."

Ó, meus irmãos, tudo no que se acreditou a respeito dos astros e do futuro nunca passou de ilusão, pois nunca se soube nada; *é por isso* que tudo em que se acreditou a respeito do bem e do mal nunca passou de ilusão, pois nunca se soube nada.

10

Não roubarás. Não matarás. Essas palavras passavam antes por sagradas; dobrava-se o joelho diante delas, curvava-se a cabeça e tiravam-se as sandálias.

Mas vos pergunto, onde houve alguma vez piores salteadores, piores assassinos do que essas santas palavras?

Não é a própria vida roubo e assassinato? E se tais palavras foram declaradas santas, não foi a *verdade* que se encontrou de repente – assassinada?

Ou declarar sagrado tudo o que contradiz e desaconselha a vida não era pregar a morte? Ó, meus irmãos, quebrai, eu vos conclamo, quebrai as antigas tábuas!

11

O que me faz ter pena do passado é vê-lo entregue sem defesa ao arbítrio, ao espírito e à loucura de todas as gerações que virão e interpretarão tudo o que foi como uma ponte para si.

Um grande tirano poderia vir, um demônio pleno de astúcia que por bem ou por mal domasse o passado e o forçasse a lhe servir de ponte, de presságio, de arauto, de canto do galo.

Mas conheço outro perigo e outra razão de pena: a memória do homem comum ascende até o seu avô, mas para além desse avô o tempo acaba.

Por isso, o passado inteiro fica sem defesa porque poderia um dia acontecer que a plebe arrastasse e afogasse o tempo nas suas águas sem profundidade.

É por isso, ó, meus irmãos, que precisamos de uma *nova nobreza*, inimiga de toda a plebe e de todo o despotismo, e que grave novamente em novas tábuas a palavra *nobre*.

Pois são necessários muitos nobres, e de essência diversa, para formar uma nobreza. Por outras palavras, como o disse em parábola: "o que é divino é que haja deuses, mas não Deus".

12

Ó, meus irmãos, consagro e indico para vós uma nobreza nova. Vós sereis, assim o quero, os pais, os educadores e os semeadores do futuro.

Na verdade, não será uma nobreza que possais adquirir como os lojistas com ouro mercantil; porque tudo o que tem preço, não tem nenhum valor.

De agora em diante, poreis a vossa honra não nas vossas origens, mas no termo que está diante de vós. Porque a vossa vontade, a vossa decisão de ir para além de vós mesmos constituem a vossa honra nova.

Na verdade, a vossa honra não está em ter servido um príncipe – que importam os príncipes? – nem ter servido de amparo ao existente a fim de o tornar mais sólido.

Não será porque a vossa linhagem tenha adquirido nas cortes maneiras cortesãs, e em terdes aprendido, coloridos como flamingos, a estar de pé durante horas em pântanos sem profundidade.

Porque é um mérito nos cortesãos saber estar muito tempo de pé, e todos os cortesãos pensam que depois da porta a bem-aventurança permitirá a autorização de se sentarem.

Não é o fato de que um espírito, chamado de espírito santo, ter conduzido os vossos avós para essa terra prometida que haja a promessa de nada de bom; o país onde cresceu a pior das árvores, a árvore da cruz, não tem nada de bom a me oferecer.

E, na verdade, para onde quer que esse *espírito santo* tenha conduzido os seus paladinos, via-se marchar *na primeira fila* desses exércitos cabras, gansos, cruzados e desmiolados.

Ó, meus irmãos, que a vossa nobreza olhe não para trás, mas *para longe diante de vós*! Vós sereis proscritos de todos os países dos vossos pais e bisavós.

O que deveis amar é o *pai dos vossos filhos*, e esse amor será a vossa nova nobreza, país ainda a descobrir, mar mais distante. É ele que ordena às vossas velas que procurem sem descanso.

Tereis de *redimir* na pessoa dos vossos filhos o fato de serdes filhos dos vossos pais; será assim que vos libertareis de todo o passado. Tal é a tábua nova que ponho por cima das vossas cabeças.

13

"Para que serve viver? Tudo é vão! Viver é trilhar palha. Viver é se consumir sem se aquecer."

Essas ladainhas batidas passam ainda por sabedoria; quanto mais velha, mais cheira a mofo, mais honrada é. A podridão também é um título de nobreza.

Crianças poderiam falar assim! *Receiam* o fogo porque nele se queimaram. Há muita infantilidade nos antigos livros da sabedoria.

E o que trilha eternamente palha, com que direito zomba dos que manejam o facão? Seria preciso amordaçar tais loucos, os que se sentam à mesa sem levar nada, sequer um bom apetite, e que blasfemam em seguida: *Tudo é vão.*

Mas comer bem e beber bem, ó, meus irmãos, é uma arte que não tem nada de vã. Quebrai, eu vos conclamo, quebrai as tábuas desses eternos descontentes!

14

Para os puros, tudo é puro – é um ditado popular, mas eu vos digo: "Tudo é porco para os porcos".

É por isso que os espíritos exaltados e desgostosos, os que têm o coração sempre inclinado, pregam: "O mundo não passa de um monstro lamacento".

Porque todos esses são espíritos manchados, sobretudo aqueles que não têm paz nem sossego enquanto não virem o mundo *por trás* — os ultramundanos.

A esses direi na cara, mesmo que não seja agradável de ouvir: o mundo se parece com o homem nisso, por ter também traseiro – é verdade.

Há muita lama no mundo – é verdade. Mas nem por isso o mundo é um monstro lamacento.

É por uma sábia distribuição que muitas coisas nesse mundo cheiram mal; o próprio asco dá asas e forças para pressentir fontes por toda a parte.

O melhor de todos traz em si com que nos inspirar asco, e o melhor de todos é o que devemos superar.

Ó, meus irmãos, é a própria sabedoria que pede tanta lama neste mundo!

15

Ouvi piedosos visionários do além ensinarem à sua consciência máximas como estas, sem nelas pôr intenção de mentira ou de malícia, mesmo que não haja nada no mundo mais falso nem mais danoso:

"Deixa o mundo continuar como está! Não lhe toques sequer com a ponta do dedo."

"Deixa agir os que querem estrangular, apunhalar, degolar e esfolar os outros; não movais sequer o dedo mindinho para o impedir. Isso lhes ensinará a renunciar ao mundo."

"E quanto à tua própria razão, agarra-a pela garganta, estrangula-a tu mesmo porque é uma razão aqui debaixo. Isso te ensinará a renunciar ao mundo aqui debaixo."

Quebrai, eu vos conclamo, ó, meus irmãos, quebrai as velhas tábuas desses devotos. Quebrai as máximas desses caluniadores da vida!

16

"Aquele que aprende muito desaprende todos os desejos violentos" – eis o que hoje se murmura na obscuridade das ruelas.

"A sabedoria cansa – nada vale a pena – tu não cobiçarás" – encontrei essa nova tábua exposta na praça pública.

Quebrai, eu vos conclamo, ó, meus irmãos, quebrai também essa *nova tábua*! Os que a levantaram são pessoas que estão cansadas da vida, pregadores da morte ou até carcereiros. Porque é uma pregação de servidão.

Eles não souberam aprender, não aprenderam bem, aprenderam muito cedo e muito depressa e por isso estragaram o estômago; não sabendo *comer*, estragaram o estômago – o seu espírito não passa de estômago doente, é ele que lhes aconselha a morte! Porque, na verdade, meus irmãos, o espírito é, efetivamente, um estômago.

A vida é uma fonte de alegria; mas para o homem que deixa falar o estômago doente, pai de todas as aflições, todas as fontes parecem envenenadas.

Conhecer é uma *alegria* para as vontades leoninas. Mas quando se está cansado, é apenas *querido*, é o brinquedo de todas as ondas.

E assim fazem todos os fracos, perdem-se no caminho. E, para acabar, o seu cansaço pergunta ainda: "Por que nos pusemos alguma vez a caminho? Tudo é vão".

Esses gostam de ouvir pregar: "Nada vale a pena. É preciso não querer nada". Mas é uma pregação de servidão.

Ó, meus irmãos, Zaratustra chega como uma rajada de vento fresco para todos os que estão cansados do caminho; deve fazer espirrar muitos narizes.

O meu hálito livre sopra através das muralhas e penetra até no interior das prisões e dos espíritos prisioneiros.

O *querer* liberta porque querer é criar; essa é a minha doutrina. É para aprender a criar que precisais vos instruir.

E é de mim que *aprendereis* primeiro a aprender, a aprender bem. Quem tiver ouvidos que ouça!

17

Eis a barca – conduz talvez ao pleno nada. Mas quem quererá embarcar para semelhante *talvez*?

Nenhum de vós sobe de boa vontade para o esquife da morte. E pretendeis estar *cansados deste mundo*?

Cansados deste mundo! E sequer se retiraram da terra! Sempre vos encontrei desejosos da terra, enamorados do vosso próprio cansaço terreno.

Não é em vão que fazeis beicinho; conservastes no lábio um restinho de desejo terreno. E nos vossos olhos não ficou uma nuvenzinha de prazer terrestre ainda não esquecido?

Há, na terra, muitas e excelentes invenções: umas úteis, outras agradáveis; é por causa delas que a terra é amada.

Há invenções tão engenhosas que se parecem com o seio das mulheres: úteis e agradáveis ao mesmo tempo.

Mas vós que estais cansados deste mundo e demasiado preguiçosos para a terra, devíeis ser chicoteados. Com chibatadas, vos ensinariam a vos servir das pernas.

Porque, a não ser que sejais doentes, seres decrépitos dos quais a terra se cansa, não passais de ratazanas cheias de astúcia ou de gatos gulosos e delicados, encolhidos nos cantos. E se não quereis tornar a *correr* alegremente, então ide para o diabo!

Não é preciso transformar-nos em médico dos incuráveis, assim ensina Zaratustra; por consequência, ide para o diabo!

Mas é preciso mais *coragem* para concluir do que para acrescentar uma estrofe; todos os médicos o sabem, e todos os poetas.

18

Ó, meus irmãos, algumas tábuas foram criadas pela fadiga, outras pela preguiça, pela podridão; embora se exprimam da mesma forma, não é preciso ouvi-las da mesma forma.

Olhai este homem que morre de sede. Falta a ele apenas um passo para chegar ao fim, mas deitou-se desesperado na poeira, esse valente!

Boceja de fadiga, boceja para o caminho, para a terra, para o seu objetivo e para ele mesmo; não dará mais nenhum passo, esse valente!

E o sol o queima, e os cães aparecem para lhe lamber o suor; mas ali jaz obstinadamente e prefere deixar-se morrer, morrer a um passo do fim! Na verdade, será necessário puxá-lo pelos cabelos para elevar esse herói até o seu céu!

Mais vale ainda deixá-lo onde se deitou, e que o sonho venha reconfortá-lo, com um barulho de chuva refrescante.

Deixa-o jazer até que acorde por si mesmo, e por si mesmo renegue qualquer cansaço e tudo o que, nele, demonstrava cansaço.

Tende somente cuidado, ó, meus irmãos, em afastar dele os cães, os animais dissimulados e rastejantes e todos esses insetos ardilosos, insetos ardilosos das pessoas *ilustres* que se regalam com o suor dos heróis.

19

Traço círculos e cercas sagradas em torno de mim; tornam-se cada vez mais raros os que sobem comigo montanhas cada vez mais altas. Construo uma cordilheira de montes cada vez mais santos.

Mas onde quer que subais comigo, meus irmãos, olhai para não levardes *parasitas* convosco.

Um parasita é um verme rastejante, insinuante, que quer engordar à custa dos vossos membros doentes e torturados.

A sua arte consiste em adivinhar quais são, entre as almas que iniciaram a ascensão, as que estão cansadas; é na vossa tristeza e no vosso rancor, no vosso sensível pudor que ele constrói o seu ninho repugnante.

No ponto preciso onde o forte é fraco, onde o nobre é demasiado conciliador, é ali que constrói o seu ninho repugnante; o parasita aloja-se nas menores feridas dos grandes.

Qual é, entre os seres vivos, a espécie superior e a inferior? O parasita seria a espécie inferior, mas o ser superior é o que alimenta mais parasitas.

Como não havia de ser a alma, que está munida com a escada mais comprida e que pode descer mais abaixo, também habitada pelo maior número de parasitas?

A alma mais espaçosa, a que traz em si maior espaço onde correr, perder-se e vagar – a alma que traz em si mais necessidade, e tem prazer em precipitar-se no acaso – a alma repleta de ser e que mergulha no devir, a alma que possui tudo e, todavia, se lança voluntariamente no querer e no desejo – a alma que foge de si mesma a fim de se encontrar outra vez consigo no círculo mais vasto, a alma mais sensata e a que tem mais prazer em ouvir a loucura – a alma que melhor ama a si mesma e em quem todas as coisas mistura as suas correntes e as suas contracorrentes, o seu fluxo e o seu refluxo, oh, como não haverá de ter essa *alma superior* os parasitas mais danosos?

20

Ó, meus irmãos, acaso sou eu cruel? Mas eu vos digo: ao que cai, é ainda necessário empurrá-lo.

Tudo o que é de hoje cai e sucumbe; quem quereria retê-lo? Mas eu quero ainda empurrá-lo.

Conheceis o prazer de lançar pedras nos precipícios abruptos? Essas pessoas de hoje, vede-as rolar nos meus precipícios.

Eu sou o prólogo que anuncia a entrada dos melhores atores, ó, meus irmãos. Eu sou um exemplo. Segui o meu exemplo.

E aqueles a quem não ensinardes a voar, ensinai-lhes – *a cair mais depressa!*

21

Gosto dos valentes; mas não basta bater a torto e a direito; é preciso saber ainda no que se bate.

E, muitas vezes, há mais coragem em se conter e passar adiante a fim de se reservar para um adversário mais digno.

Tende apenas inimigos dignos de ódio, e não inimigos desprezíveis; é necessário que possais estar orgulhosos dos vossos inimigos; já vos ensinei isso.

É necessário vos reservardes para um adversário mais digno, meus amigos; por isso, tereis de passar por cima de muitas ofensas, passar por cima de muitos canalhas que vos apedrejarão os ouvidos com as palavras de povo e nação.

Livrai o vosso olhar de se misturar às suas contestações. É um matagal de direitos e de abusos. Ter de considerá-los irrita.

Lançar aí os olhos – atirar-se para a confusão – é a mesma coisa; ide para os bosques e deixai dormir a vossa espada.

Segui os caminhos que vos pertencem. E deixai povos e nações seguirem os seus caminhos escuros, na verdade, nos quais não brilha uma única esperança.

Deixai reinar os lojistas onde apenas há ouro de lojistas. Já passaram os tempos dos reis; o que hoje se denomina povo não merece reis.

Vede esses povos, como eles imitam os lojistas; remexem até o lixo para extrair o mais sórdido lucro.

Estão à espreita uns dos outros, esmeram-se em roubar uns aos outros – é isso que chamam de relações de *boa vizinhança*. Ó, tempos felizes e distantes em que um povo dizia: "Quero reinar sobre as nações".

Porque, meus irmãos, o que há de melhor deve reinar, o que há de melhor *quer* reinar. E quando se ensina outra coisa – é porque *falta* esse melhor.

22

A esses, se lhes fosse dado o pão de graça, que infelicidade! – que pediriam ainda? Em seu sustento, eis no que se entretêm; é necessário tornar-lhes a vida dura.

É preciso que se tornem animais de rapina mais aperfeiçoados, mais sutis, mais astuciosos, *mais humanos*. Porque o homem é o melhor animal de rapina.

O homem já arrebatou aos animais todas as suas virtudes; é por isso que o homem é entre todos os animais aquele a quem a vida tem sido mais dura.

Só as aves lhe são superiores. E se o homem aprendesse também a voar, que infelicidade! – *até onde* não subiria a sua rapacidade!

23

Eis como quero o homem e a mulher: ele apto para a guerra; ela, para a maternidade, mas ambos aptos para a dança, tanto pela cabeça quanto pelas pernas.

E que se considerem perdidos todos os dias em que não tiverem dançado ao menos uma vez; e que se considere falsa qualquer verdade que não seja acompanhada de risos!

24

Os casamentos que concluís, tomai cuidado para que não sejam falsas *conclusões*. Ligastes-vos com demasiada pressa; daí resultam rompimentos.

E ainda vale mais romper abertamente do que se sujeitar, mentir. Uma mulher me disse uma vez: "É verdade que quebrei os laços conjugais, mas o meu casamento tinha me quebrado antes".

Sempre encontrei nos casais malcasados os mais venenosos, os mais rancorosos dos seres. Obrigam o mundo inteiro a pagar pelo fato de já não terem liberdade de ir para onde muito bem lhes apetecer.

Por isso, quero que se diga com toda a lealdade: nós nos amamos; *vejamos* se continuaremos a nos amar, em vez de firmar uma promessa equivocada.

Concedei-nos um prazo, uma breve união que nos dirá se estamos aptos para a demorada. É uma grande coisa estarmos sempre a dois.

Eis o conselho que dou aos que estão de boa-fé; a que se reduziria o meu amor ao super-homem e a tudo o que deve vir se vos desse outros conselhos ou outras palavras?

O importante não é somente multiplicar a vossa espécie; é também necessário levá-la *mais acima*. Possa, ó, meus irmãos, o jardim do matrimônio ajudar-vos nesse esforço!

25

Aquele que está plenamente instruído quanto às antigas origens acabará por procurar também as fontes do futuro e das novas origens.

Ó, meus irmãos, mais algum tempo e veremos nascer *povos novos*, e fontes novas se lançarão para novas profundidades.

O tremor de terra devora muitas fontes, causa muitas mortes; mas traz também para a luz energias íntimas, mistérios escondidos.

O tremor de terra revela fontes novas. O sismo que abala os povos antigos revela novas fontes.

E quando um homem clama: "Olhai, aqui está uma fonte que saciará muitos sedentos, um coração que baterá por muitos corações nostálgicos, uma vontade que encontrará muitos instrumentos" – vemos reunir-se à sua volta um povo, quer dizer, uma multidão que tenha uma experiência.

Essa experiência dirá quem pode comandar e quem deve obedecer. Ai, à custa de quantas demoradas pesquisas, deliberações, fracassos, aprendizagens e recomeços!

A sociedade humana é uma experiência, eis a minha doutrina; é uma longa pesquisa, mas o que se procura é aquele que deve comandar.

É uma experiência, ó, meus irmãos, e não um contrato. Quebrai, eu vos conclamo, essa fórmula dos corações covardes e das vontades partilhadas!

26

Ó, meus irmãos, onde reside o maior perigo de todo o futuro humano? Não é nos bons e nos justos, nos que dizem e sentem no seu coração: "Nós sabemos desde já o que é bom e justo, e o possuímos também; desgraçados dos que ainda procuram!".

E qualquer que seja o mal que os maus possam fazer, o mal feito pelos bons é o pior dos males.

E qualquer que seja o mal que possam fazer os desprezadores da vida, o mal feito pelos bons é o pior dos males.

Ó, meus irmãos, o homem que sondou até o fundo dos corações dos bons e dos justos foi o que disse: *São fariseus.* – Mas não foi compreendido.

Os bons e os justos mesmo não o podiam compreender; a sua inteligência está cativa da sua boa consciência. A tolice dos bons é de uma insondável inteligência.

Mas, na verdade, os bons são necessariamente fariseus – não têm escolha.

Os bons crucificam *necessariamente* aquele que inventa para seu próprio uso a sua própria virtude. Eis a verdade.

Mas o segundo que explorou o país, o coração e o domínio dos bons e dos justos foi aquele que disse: *a quem eles odeiam mais do que tudo*?

Aquele que eles mais odeiam é o *criador*, aquele que quebra as tábuas e os valores antigos; chamam esse destruidor de criminoso.

Os bons, com efeito, são *incapazes* de criar; são sempre o princípio do fim.

Crucificam aquele que vem gravar valores novos em tábuas novas, sacrificam a eles mesmos o futuro, crucificam o futuro inteiro dos homens!

Os bons sempre foram o começo do fim.

27

Ó, meus irmãos, compreendestes também essas palavras, e o que disse um dia a respeito do *último homem*?

Em que reside o pior perigo para a totalidade do futuro humano? Não será nos bons e nos justos?

Quebrai, eu vos conclamo, quebrai os bons e os justos! — Ó, meus irmãos, compreendestes essas palavras?

28

Fugis de mim? Tendes medo? Tremeis ante essas palavras?

Ó, meus irmãos, no dia em que vos disse para quebrar os bons e as tábuas dos bons, nesse dia, lancei a humanidade em alto-mar.

Foi somente então que ela conheceu o grande terror, a grande circunspecção, a grande enfermidade, a grande náusea, o grande enjoo.

Os bons vos indicaram falsas margens e falsas seguranças; vós nascestes nas mentiras dos bons e nelas vos abrigastes.

Tudo foi falsificado e torcido pelos bons.

Mas o que descobriu esse país chamado *homem* descobriu também o país do *futuro humano*. Quero que sejais, de agora em diante, navegadores ousados e pacientes.

Endireitai-vos a tempo, ó, meus irmãos, aprendei a andar direito. O mar está agitado, mais de uma pessoa tenta se agarrar a vós.

O mar está agitado, tudo está no mar. Vamos, coragem, velhos lobos do mar!

Que importa o país dos nossos pais? Foi para o *país dos nossos filhos* que estabelecemos a rota. É para ele que se lança o nosso impetuoso desejo, o nosso desejo imenso, mais tempestuoso do que o mar.

29

— Por que és tão duro? – perguntou um dia o carvão ao diamante. — Não somos parentes próximos?

Por que sois tão moles? Ó, meus irmãos, eis a pergunta que vos faço. Pois não sois meus irmãos?

Por que sois tão moles, tão brandos, tão indolentes? Por que existe tanta negação, tanta renúncia nos vossos corações? Tão pouca fatalidade nos vossos olhares?

E se não quereis ser fatalidade e destino inexorável, como podereis ser um dia *vencedores*, como eu?

E se a vossa dureza se recusa a cintilar, a cortar, a talhar, como podereis ser um dia *criadores*, como eu?

Porque os criadores são duros, e é preciso que sintais a felicidade de imprimir a vossa mão sobre os milênios como sobre cera; a felicidade de gravar a vossa marca no querer dos milênios como em um metal semelhante ao bronze – mais duro do que o bronze, mais nobre do que o bronze. O metal mais nobre é também o mais duro.

Eis a tábua nova que ponho agora por cima das vossas cabeças, ó, meus irmãos: *tornai-vos duros!*

30

Ó, minha vontade, esquina de todas as necessidades, necessidade inteiramente minha, preserva-me das vitórias mesquinhas!

Ó, destino da minha alma, a quem chamo *destino*, tu que estás em mim, acima de mim, preserva-me, reserva-me para um grande destino!

E a tua grandeza suprema, ó, minha vontade, reserva-a para a tua proeza suprema — mostra-te inexorável na vitória. Ai! Quem é que não sucumbe à sua vitória?

Ai! Que olhos não se turvaram no crepúsculo dessa embriaguez? Ai! Que pé não tropeçou e não desaprendeu a firmeza na vitória?

Faz com que um dia esteja pronto e preparado para o grande meio-dia; pronto e preparado como o bronze em fusão, como a nuvem que carrega o raio, como o úbere inchado de leite, preparado para mim e para a minha vontade mais secreta – arco que aspira à flecha, flecha que aspira à estrela, estrela pronta e madura no seu meio-dia, ardente e trespassada por uma flecha, desmaiada sob as flechas destruidoras do sol, ela mesma sol e vontade solar inexorável, pronta para destruição na sua vitória.

Ó, vontade, esquina de qualquer necessidade, ó, necessidade toda minha, reserva-me para uma grande e única vitória!

Assim falava Zaratustra.

O CONVALESCENTE

1

Uma manhã, pouco depois do regresso à sua caverna, Zaratustra saltou da cama como um louco, gritando com voz terrível e gesticulando como se houvesse na sua cama outro homem que não quisesse se levantar; os seus animais acorreram, espantados, pelo som terrível da sua voz, e de todos os buracos e de todos os esconderijos próximos da caverna escapou uma profusão de animais voando, esvoaçando, rastejando ou saltando, cada um à sua maneira, conforme tinham patas ou asas. Mas Zaratustra pronunciou estas palavras:

— Levanta-te, pensamento do abismo, surgido do fundo de mim mesmo! Eu sou o teu canto do galo, o teu estremecimento matinal, monstro adormecido! Levanta-te, levanta-te! A minha voz acabará por te despertar.

Tira os tampões dos ouvidos, escuta! Porque quero te ouvir. Levanta-te, levanta-te! Aqui há trovoada o bastante para que os próprios túmulos ouçam.

Esfrega os olhos para varrer o sono e qualquer vestígio de tolice e de cegueira!

Ouçam-me também os teus olhos! A minha voz cura os cegos de nascença.

E, uma vez acordado, quero que fiques acordado para sempre. Não costumo tirar avós do seu sono para lhes ordenar em seguida – que tornem a adormecer.

Mexes-te? Espreguiças-te? Suspiras? Levanta-te, levanta-te! Não quero um resmungo, quero uma palavra. É Zaratustra, o ímpio!

Eu, Zaratustra, o advogado da vida, o advogado da dor, o advogado do *ciclo eterno* — sou eu que te chamo, meu pensamento de abismo.

Ó, felicidade! Aproximas-te, ouço a tua voz, o meu abismo falou, trouxe para a luz a minha última profundeza.

Ó, felicidade! Vem! Dá-me a tua mão. Ah, deixa-me! Ah, ah! – Horror, horror, horror! Ai de mim!

2

Ditas essas palavras, Zaratustra desabou como morto e ficou como morto durante muito tempo. E quando voltou a si, pálido e trêmulo, continuou caído sem nada querer comer nem beber durante muito tempo. Ficou sete dias nesse estado, mas os seus animais não o deixavam nem de dia, nem de noite, a não ser quando a águia às vezes percorria os ares em busca de alimento. E o que encontrava e conseguia apanhar depositava no leito de Zaratustra; de modo que Zaratustra acabou por estar deitado num leito de frutas amarelas e vermelhas, uvas, maçãs, ervas aromáticas e pinhas. A seus pés, estavam estendidas duas ovelhas que a águia roubara a muito custo aos seus pastores.

Enfim, decorridos sete dias, Zaratustra endireitou-se na cama, pegou uma maçã, cheirou-a e gostou do seu perfume. E os seus animais julgaram que era o momento de lhe falar:

— Ó, Zaratustra – disseram eles –, há sete dias que aí jazes, com olhos fechados; não queres voltar a pôr-te de pé?

"Sai da tua caverna. O mundo te aguarda como um jardim. O vento brinca com fortes perfumes que querem vir ao teu encontro. E desejam seguir o teu caminho.

"Todas as coisas suspiram por ti, ao verem que estiveste afastado durante sete dias. Sai da tua caverna. Todas as coisas querem ser teus médicos.

"Será algum novo conhecimento que te surpreendeu, amargo e doloroso? Jazias semelhante a uma massa que fermenta e a tua alma inchava e transbordava pelos lados."

— Ó, meus animais – respondeu Zaratustra –, continuai a vossa conversa e deixai-me dormir. A vossa conversa é para mim reconforto! Desde que comecei a ouvir essa conversa, o mundo me parece um jardim.

"Que doces coisas são os sons e as palavras!

"Não serão os sons e as palavras os arco-íris e as pontes ilusórias que estabelecem a ligação entre o que está eternamente separado?

"Todas as almas têm um mundo seu; para cada uma delas, a alma do outro é um mundo transcendente.

"É entre aqueles que são mais semelhantes que a ilusão faz cintilar as suas imagens mais belas porque o abismo é o mais difícil de transpor.

"Como poderia haver para mim um *não Eu*? Não há mundo. Mas o esquecemos quando vibram os sons; como é doce podermos esquecê-lo!

"Não foram os nomes e os sons dados aos homens para que tivessem prazer nas coisas? A linguagem é uma doce loucura; falando, o homem deriva e dança para além das coisas.

"Como são doces, a linguagem e as mentiras das coisas! O nosso amor dança com os sons em arco-íris coloridos."

— Ó, Zaratustra – replicaram os animais –, para os que pensam como nós, as coisas dançam sozinhas; aproximam-se, dão a mão, riem e fogem, e depois regressam.

"Tudo vai e tudo volta, roda eternamente a roda do ser. Tudo morre e tudo torna a florir; eternamente se desenrola o ciclo da existência.

"Tudo se quebra, tudo se reajusta; eternamente se edifica a mesma habitação do ser. Tudo se separa, tudo volta a se encontrar; o ciclo da existência se conserva eternamente fiel a si mesmo.

"A existência começa nos instantes; ao redor de todo *aqui* gravita a esfera *acolá*. O centro está em toda a parte. A trilha da eternidade regressa pelo seu próprio caminho."

— Como sois espertos – respondeu Zaratustra, tornando a sorrir –, como sabeis bem o que se realizou durante esses sete dias, e como esse monstro se introduziu na minha garganta para me sufocar! Mas cortei-lhe a cabeça com uma dentada e cuspi-a para longe de mim!

"E vós, já fizestes disto uma canção? Mas agora estou estendido, cansado ainda do esforço que fiz para morder e cuspir, ainda doente da minha própria libertação.

"E *vós fostes testemunhas de tudo isso*! Ó, meus animais, sereis acaso cruéis? Quisestes escolher para vosso espetáculo a minha imensa dor, como fazem os homens? Porque o homem é o mais cruel de todos os animais.

"Nada no mundo jamais lhe deu tanto prazer como as tragédias, as corridas de touros e as crucificações; e no dia em que inventou o inferno teve o seu paraíso na terra.

"Logo que um grande homem lança um grito, chega imediatamente um pequeno homem, que deita a língua de fora, de cobiça. É isso que chama de sua *compaixão*.

"O homem pequeno, sobretudo o poeta, com que ardor acusa a vida! Ouvi-o, mas experimentai também o prazer que ele põe em toda a acusação.

"A vida triunfa de tais acusadores num abrir e fechar de olhos. *Amas a mim?* – pergunta ela, com insolência. — Espera mais um pouco, ainda não tenho tempo de me ocupar de ti.

"O homem é, consigo mesmo, o animal mais cruel que se pode desejar; e em todos aqueles que se designam como pecadores e penitentes, não esqueçais de discernir a volúpia misturada aos lamentos e acusações.

"E eu próprio? Será essa uma acusação que estou fazendo ao homem? Ah! Meus animais, só sei uma coisa no mundo: o homem precisa do que nele existe de pior se quiser chegar ao que tem de melhor; o pior é o melhor da sua força e a pedra mais dura que se oferece ao mais alto construtor. É necessário que o homem se torne ao mesmo tempo melhor e pior.

"A cruz a que estou preso não é saber que o homem é mau, mas sim o que proclamei como ninguém o tinha proclamado ainda: 'Ah, como é mesquinho o que há de pior no homem! Ah, como é mesquinho o que há de melhor no homem!'.

"O tédio que tenho do homem – eis o que me sufocou depois de ter se introduzido na minha garganta; e as palavras do profeta: 'Tudo é igual, nada vale a pena, o saber nos sufoca'.

"Na minha frente, arrastava-se um longo crepúsculo, uma tristeza cansada de morte, ébria de morte, e que falava bocejando:

"'Voltará sempre aquele de que estás cansado, o homem mesquinho', assim dizia a minha tristeza, enquanto bocejava, arrastando os pés sem poder adormecer.

"Vi a terra dos homens se tornar cavernosa, o seu peito se abateu, tudo o que vive me apareceu como uma podridão humana, feita de humanos e de um passado carcomido.

"Os meus suspiros se demoravam em todas as sepulturas humanas, e não podiam mais abandoná-las.

Os meus gemidos e as minhas interrogações coaxavam incessantemente, abafavam-me e consumiam-me e lamentavam-se dia e noite:

"'Ai! O homem há de voltar eternamente! O homem mesquinho há de voltar eternamente!'

"Vi-os nus aos dois, noutro tempo, o maior e o menor dos homens, muito parecidos um com o outro, o maior ainda demasiado humano, o maior demasiado pequeno ainda! Eis o que me aborreceu dos homens e do Eterno Regresso do menor deles. Eis o que me aborreceu da existência inteira.

"Ah! Tédio, tédio, tédio!", assim falava Zaratustra, suspirando e estremecendo porque se lembrava da sua doença. Mas os seus animais não o deixaram prosseguir:

— Deixa de falar assim, convalescente – responderam-lhe os animais. — É melhor saíres, vai ver o mundo que te espera como um jardim.

"Sai! Vai ver as rosas, as abelhas, os voos dos pombos! Mas sobretudo as aves que cantam, a fim de que te ensinem a *cantar*!

"Porque cantar convém ao convalescente; ao homem de saúde cabe falar. Até o homem de boa saúde deseja cantos, mas quer outros que não os do convalescente."

— Ó, brincalhões, criadores de estribilhos, calai-vos, então – respondeu Zaratustra, sorrindo do que lhe diziam os seus animais –, pois conheceis bem o reconforto que inventei para meu uso no decurso desses setes dias!

"Tenho de voltar a cantar: eis o reconforto e o remédio que inventei para meu uso; também quereis fazer já disto um estribilho?"

— Nem mais uma palavra! – voltaram a responder-lhe os seus animais. — Prepara antes uma lira, ó, convalescente, uma nova lira.

"Pois aqui está, Zaratustra, para os teus cantos novos é preciso liras novas.

"Canta, distrai-te, ó, Zaratustra, cura a tua alma com esses cantos novos, a fim de poderes suportar o teu grande destino, que ainda não foi o destino de nenhum homem.

"Porque os teus animais bem sabem, ó, Zaratustra, quem tu és e quem deves vir a ser: *tu és o profeta do Eterno Regresso*. É esse o teu destino.

"É preciso que sejas o primeiro a ensinar essa doutrina – como não havia de ser esse grande destino também o teu pior perigo, a tua pior enfermidade?

"Olha, sabemos o que vais ensinar: que todas as coisas regressam eternamente, e nós com elas, e que já existimos um número infinito de vezes, e todas as coisas conosco.

"Ensinarás que há um grande Ano do devir, um Ano desmesurado que deve, como um relógio de areia, voltar sempre a virar-se, para que tudo recomece a correr e de novo se escoe, de forma que todos esses anos são idênticos entre si no que têm de maior e de mais ínfimo, de modo que nós próprios, no decurso desses grandes Anos, continuamos iguais a nós mesmos no que temos de maior e de mais ínfimo.

"E se quisesses morrer agora, ó, Zaratustra, sabemos também o que dirias a ti mesmo; mas os teus animais pedem-te que não morras ainda.

"Falarias sem tremer, o peito dilatado pela bem-aventurança, porque te seriam tirados um grande peso e uma pesada opressão, ó, modelo de toda a paciência!

"'Agora vou morrer e desaparecer', dirias, 'e dentro de um instante serei apenas nada. As almas são mortais como os corpos.

"'Mas esta rede de causas nas quais me enredei voltará, tornará a criar-me outra vez. Eu próprio faço parte das causas do Eterno Regresso.

"'Regressarei com este sol, com esta terra, com esta águia, com esta serpente – não para uma vida nova, para uma vida melhor nem para uma vida parecida: regressarei eternamente para esta mesma e idêntica vida, com todas as suas grandezas e todas as suas misérias, para voltar a ensinar o Regresso eterno de todas as coisas, para voltar a anunciar o grande Meio-dia da terra e dos homens, para voltar a anunciar aos homens o super-homem.

"'Libertei-me da minha mensagem, e a minha mensagem quebra-me, tal é a minha sorte eterna, morro proclamando-a.

"'Chegou entretanto a hora em que aquele que vai morrer se dá a si mesmo a sua própria benção. Assim *acabará* o declínio de Zaratustra.'"

Depois de pronunciarem essas palavras, os animais calaram-se e esperaram que Zaratustra lhes respondesse; mas Zaratustra já não dava atenção ao seu silêncio. Jazia de olhos fechados como se estivesse dormindo, se bem que não dormisse de maneira nenhuma, pois conversava com a sua alma. E a águia e a serpente, vendo-o tão taciturno, respeitaram o grande silêncio que o rodeava e retiraram-se sem alarde.

DA GRANDE NOSTALGIA

Ó, minha alma, ensinei-te a dizer "hoje" como se diz "um dia" ou "antigamente" e a dançar a tua ronda para além de tudo o que se chamou "aqui", "acolá" ou "além".

Ó, minha alma, lavei todos os teus recantos, varri para longe de ti o pó, as aranhas e a obscuridade.

Ó, minha alma, lavei-te da tua vergonha mesquinha e da tua virtude de persuadi-te a ofereceres-te nua aos olhos do sol.

Fiz soprar a tormenta do espírito sobre o teu mar agitado; dissipei todas as nuvens, estrangulei até esse estrangulador que se chama "pecado".

Ó, minha alma, dei-te o direito de dizer não como a tempestade, de dizer sim como o céu límpido; tranquila como a luz, atravessas as tempestades negadoras.

Ó, minha alma, restituí-te a liberdade em relação às coisas criadas ou por criar, e quem como tu conhece a voluptuosidade das coisas futuras?

Ó, minha alma, ensinei-te o desprezo que não vem como o caruncho, o grande amoroso desprezo que o que mais ama é o que mais despreza.

Ó, minha alma, ensinei-te a arte de convencer até as próprias razões – assim o sol persuade o mar a subir até a sua altura.

Alma minha, libertei-te de qualquer obediência, dispensei-te de dobrar o joelho e de dizer: "Meu senhor"; foi a ti que dei os nomes de "trégua da necessidade" e de "destino".

Ó, minha alma, dei-te nomes novos e brinquedos coloridos; chamei-te "destino" e "circunferência que encerra todas as mais", "umbigo do tempo" e "abóbada celeste".

Ó, minha alma, obriguei o teu solo a beber toda a sabedoria, todos os vinhos novos e todos os vinhos fortes, os mais antigos vinhos da sabedoria.

Ó, minha alma, derramei sobre ti todos os sóis e todas as noites, todos os silêncios e todos os desejos; e vi-te crescer como uma cepa de videira.

Ó, minha alma, eis-te agora transbordante de riqueza e pesada como uma cepa carregada de mamas inchadas e de grãos dourados e apertados; apertada e oprimida pela tua própria felicidade, transbordante e esperando envergonhada dessa própria espera.

Ó, minha alma, em vão se procuraria uma alma mais amante, mais compreensiva e mais vasta. Onde se encontrariam, tão apertados um contra o outro, o passado e o futuro?

Ó, minha alma, dei-te tudo, e todas as minhas mãos se esvaziaram por ti – e agora, agora dizes-me sorrindo com ar melancólico: "Qual de nós dois deve agradecer?".

O que dá não deve agradecer ao que aceita as suas dádivas? Dar não será uma necessidade? Aceitar não será – ter pena?

Ó, minha alma, compreendo o sorriso da tua melancolia: é a tua riqueza superabundante que estende agora mãos ávidas!

É a tua plenitude que deixa errar o seu olhar pelos mares rugidores, à procura e na expectativa; vejo brilhar no céu sorridente dos teus olhos o desejo que nasce da excessiva profusão.

E, na verdade, ó, minha alma, quem poderia ver o teu sorriso sem se desfazer em lágrimas? Os próprios anjos choram diante do excesso de bondade que fala no teu olhar.

É a tua bondade, a tua excessiva bondade que recusa gemer e chorar; e, contudo, o teu sorriso, ó, minha alma, aspira às lágrimas, e os teus lábios trêmulos aspiram ao soluço.

Não será qualquer soluço uma queixa? E qualquer queixa uma acusação? Assim dizes contigo e é por isso, ó, minha alma, que preferes sorrir antes a deixar expandir a tua dor, antes a expandir numa torrente de lágrimas toda a dor nascida da tua excessiva plenitude, dor da cepa que deseja o vindimador e o podão do vindimador.

Mas se não queres chorar, derramar em lágrimas a tua melancolia purpúrea, precisas *cantar*, ó, minha alma. Já vês; sorrio ao predizer-te isso.

Irás cantar uma canção estrondosa a que todos os mares acabarão por dar atenção, fazendo silêncio para ouvir o teu desejo, até que se aproxime, vindo do além dos mares calmos e suaves, a nave, a maravilha dourada em torno da qual pulam numa esteira de ouro todas as coisas maravilhosas, boas ou más; e muitos animais grandes e pequenos, e todos os que têm patas leves e maravilhosas que lhes permitem caminhar pelos atalhos de jacinto, acorrerão todos para a maravilhosa dourada, a nave libertada e o seu patrão; ora, este é o vindimador que te espera, armado com o seu facão de diamante, é o teu grande libertador, ó, minha alma, o Inominado a quem os hinos futuros darão, enfim, um nome. E, na verdade, o teu hálito exala já o perfume dos futuros.

Eis-te já ardente e sonhadora, já bebes avidamente em todas as fontes profundas, em todas as fontes tagarelas do reconforto, já a tua tristeza repousa envolvida na bem-aventurança dos hinos futuros.

Ó, minha alma, agora dei-te tudo, até o meu último bem, e por ti esvaziei todas as minhas mãos, *ordenei-te que contasses*; eis o meu último dom.

Disse-te, portanto, que cantasses – diz-me agora, diz-me qual de nós deve agradecer ao outro. Mas canta antes, canta, ó, minha alma. E deixa-me dar-te graças.

Assim falava Zaratustra.

O SEGUNDO CANTO DE BAILE

1

Mergulhei recentemente o meu olhar no fundo dos teus olhos, ó, vida; vi o ouro no fundo dos teus olhos tenebrosos; e o meu coração encantado parou de bater.

Vi cintilar uma barca de ouro em águas tenebrosas, uma barca de ouro movediça que mergulhava, enchia-se, depois voltava sempre a aparecer.

Baixaste um olhar para os meus pés de dançarino apaixonado, um olhar móvel, risonho, interrogador, acariciador.

Duas vezes apenas as tuas mãozinhas agitaram as castanholas, e já o meu pé se lançava, dominado pelo furor da dança.

Os meus calcanhares firmavam-se, os meus dedos dos pés esforçavam-se por te compreender – porque o dançarino traz as orelhas nos dedos dos pés.

Projetei-me para ti, mas tu furtas-te ao meu impulso, e as mechas dos teus cabelos flutuantes, na tua fuga, pareciam línguas apontadas para mim.

Dei um salto para me afastar de ti e das tuas serpentes: já tinhas parado e desviado, com o olhar afogado de desejo.

O teu olhar oblíquo ensina-me os caminhos oblíquos; por esses caminhos oblíquos os meus pés aprendem todas as espécies de astúcias.

Receio-te, quando te aproximas – admiro-te, quando estás longe –; fugindo, atrais-me – quando paras, deixas-me gelado –; sofro, mas o que não sofreria eu de boa vontade por ti?

Tu, cuja frieza nos inflama, cujo ódio nos seduz; tu, cuja fuga nos encadeia, cuja ironia nos comove, quem não te odiaria, grande enfeixadora, enlaçadora, tentadora, procuradora, inventora? Quem te não amaria, pecadora inocente, impaciente, rápida como o vento, com os teus olhos infantis?

Para onde me arrastas agora, pródiga, obstinada? E eis que agora me foges, gnomo delicioso, ingrata!

Sigo-te a dançar, sigo o teu menor vestígio: onde estás? Dá-me a mão! Ou apenas um dedo!

Há, aqui, cavernas e bosques, vamos perder-nos. Alto! Para! Não vês redemoinhar as corujas e os morcegos?

Tu mesma, coruja, morcego! Queres brincar comigo? Onde estamos? Foram decerto os cães que te ensinaram a uivar e a ladrar assim?

Olhas-me amavelmente, arreganhando os teus dentinhos brancos, e os teus olhos maldosos me fitam de cima, do fundo da tua juba anelada.

É uma dança por montes e vales; eu sou o caçador – e tu o meu cão ou a caça perseguida?

Agora, mantém-te a meu lado! E depressa, maldosa pecadora, sobe agora e trepa lá para cima! Desgraça! Eis que, ao saltar, caí.

Olha para mim, ó, caprichosa, olha para mim estendido, implorando socorro! Gostaria muito de seguir contigo – por caminhos mais agradáveis, os caminhos do amor, debaixo de tranquilos bosquezinhos de flores. Ou marginando este lago onde nadam e dançam os arbustos dourados.

Estás cansada? Há ali embaixo carneiros e poentes vermelhos; não é tão suave adormecer ao som das flautas pastoris? Estás cansada, muito cansada? Vou te levar, deixa cair os braços. E tens sede? Decerto terei qualquer coisa a te dar de beber, mas os teus lábios não hão de querer.

Ó, maldita serpente ágil e elástica, feiticeira que sempre me escapas! Onde te meteste? Mas sinto arder no meu rosto, recebidas da tua mão, duas marcas, duas manchas vermelhas.

Estou realmente farto de ser sempre o teu tolo pastor. Feiticeira, se até agora cantei para ti, agora vou te fazer gritar.

Irás dançar e gritar ao ritmo do meu chicote. Não me esqueci do chicote? Não!

2

E a vida respondeu-me, tapando as suas encantadoras orelhas:

— Ó, Zaratustra, não faças esse barulho horrível dando estalos com o chicote! Bem sabes que o barulho mata os pensamentos. E eis que me assolam, neste momento, tão ternos pensamentos!

"Somos dois verdadeiros patifes que não prestam para nada, nem para o bem, nem para o mal. Foi para lá do bem e do mal que descobrimos a nossa filha, o nosso verde prado – só nós dois! E já uma razão para nos entendermos bem.

"E se é verdade que não nos amamos de todo o coração – será necessário detestar-nos porque não nos amamos de todo o coração?

"Que tenho um fraco por ti, com frequência demasiada fraqueza, bem o sabes; e a razão é que tenho ciúme da tua sabedoria. Ah!, que velha louca é a sabedoria!

"Se alguma vez a tua sabedoria te abandonasse, ah!, também a minha ternura não levaria muito tempo a abandonar-te!"

Dito isso, a vida lançou para trás e à sua volta um olhar pensativo e disse baixinho:

— Ó, Zaratustra, não me és suficientemente fiel!

"Estás longe de me amar tanto como dizes; bem o sei, tu pensas em deixar-me muito em breve.

"Há um velho bordão tão pesado, tão pesado, cujo grito sobe à noite até a tua caverna; quando esse sino dá meia-noite, é nisso que pensas entre a primeira e a duodécima pancada; pensas nisso, ó, Zaratustra, bem o sei, pensas que me irás deixar muito em breve."

— Assim é – respondi eu hesitante –, mas também sabes... – e disse-lhe umas palavras ao ouvido, por entre as loucas madeixas loiras entrelaçadas.

— Tu *sabes* isso, ó, Zaratustra? Isso que ninguém sabe...

Olhamo-nos, depois orientamos os nossos olhares para o verde prado onde corria a frescura do crepúsculo, e choramos ambos. Mas, nesse instante, a vida era-me mais cara do que alguma vez o foi a minha sabedoria.

Assim falava Zaratustra.

3

Um!

Homem, ouve!

Dois!

Que diz a Meia-noite com a sua voz grave?

Três!

— Eu estava mergulhada no sono.

Quatro!

— De um profundo sono despertei.

Cinco!

— O universo é profundo, profundo.

Seis!

— Mais do que o Dia imagina.

Sete!

— Profunda, decerto, é a sua dor.

Oito!

— Mas mais profunda a sua alegria.

Nove!

— A dor diz: "Passa e perece!".

Dez!

— Mas a alegria quer a eternidade.

Onze!

— Quer a profunda eternidade!

Doze!

OS SETE SELOS (OU: SIM E AMÉM)

1

Se eu sou profeta – e cheio do espírito profético que erra sobre a alta crista entre dois mares, indo e vindo como uma densa nuvem entre o passado e o futuro, inimigo de todos os lugares baixos asfixiantes e de todos os seres extenuados que já não sabem nem morrer, nem viver, nuvem sempre disposta a largar do fundo do seu coração sombrio o relâmpago, o raio libertador, o raio que diz sim, que ri sim, o raio profético (é ditoso, todavia, quem quer que traga semelhantes raios no seu seio porque é necessário, na verdade, que esteja muito tempo suspenso como uma pesada nuvem de tempestade no flanco da montanha, aquele que está destinado a acender o facho do futuro) —, oh!, como não hei de arder com o desejo da eternidade, o desejo do anel dos anéis, o anel nupcial do Regresso?

Ainda não encontrei a mulher de quem quisesse ter filhos, a não ser esta mulher a quem amo, porque te amo, ó, Eternidade!

Porque te amo, ó, Eternidade!

2

Se alguma vez a minha cólera profanou sepulturas, removeu barreiras e precipitou velhas tábuas partidas nos profundos abismos; se alguma vez o meu sarcasmo dispersou ao vento palavras apodrecidas, se fui a vassoura que expulsa as aranhas que carregam a cruz, e o vento que purifica os antigos sepulcros cheios de ar viciado; se alguma vez me pavoneei em triunfo sobre os túmulos dos deuses mortos, abençoando este mundo, amando este mundo, ao lado dos monumentos dos antigos detratores deste mundo – porque amo até as igrejas e os sepulcros dos deuses, contanto que o céu mergulhe o seu puro olhar através das suas abóbadas destroçadas, gosto de repousar nas igrejas em ruínas como a erva e a papoula vermelhas –, oh!, como não hei de arder com o desejo da eternidade, o desejo do anel dos anéis, o anel nupcial do Regresso?

Ainda não encontrei a mulher de quem quisesse ter filhos, a não ser esta mulher a quem amo, porque te amo, ó, Eternidade!

Porque te amo, ó, Eternidade!

3

Se alguma vez senti o sopro do espírito criador e desta necessidade celeste que obriga os próprios acasos a dançar rendas astrais; se alguma vez ri como ri o raio criador que segue ribombante, mas dócil, ao longo da trovoada da ação; se alguma vez joguei os dados com os deuses, na mesa divina da terra, de modo que ela tremesse, se rasgasse e disparasse torrentes de fogo – porque a terra é a mesa dos deuses e treme quando soam palavras inovadoras e criadoras e os deuses lançam os dados —, oh!, como não hei de arder com o desejo da eternidade, o desejo do anel dos anéis, o anel nupcial do Regresso?

Ainda não encontrei a mulher de quem quisesse ter filhos, a não ser esta mulher a quem amo, porque te amo, ó, Eternidade!

Porque te amo, ó, Eternidade!

4

Se alguma vez bebi um gole cheio da taça espumosa onde se casam todos os aromas e onde são misturadas todas as coisas; se alguma vez a minha mão misturou as coisas mais remotas com as mais próximas, o fogo com o engenho, e o prazer com a dor, e o pior mal com o bem supremo; se eu próprio sou um grão do dissolvente que permite que todas as coisas se misturem bem no interior da cratera — porque há um dissolvente que integra o bem ao mal, e até o pior merece servir de condimento e fazer transbordar a taça —, oh!, como não hei de arder com o desejo da eternidade, o desejo do anel dos anéis, o anel nupcial do Regresso?

Ainda não encontrei a mulher de quem quisesse ter filhos, a não ser esta mulher a quem amo, porque te amo, ó, Eternidade!

Porque te amo, ó, Eternidade!

5

Se eu amo o mar e tudo quanto a ele se assemelha, se o amo sobretudo quando me contradiz com mais furor; se trago em mim esse gosto investigador que impele as velas para terras desconhecidas, se existe no meu prazer alguma coisa do prazer de explorador; se alguma vez a minha alegria exclamou: "A terra desapareceu – caiu a minha última cadeia! – o infinito rodeia-me com o seu mugido, o tempo e o espaço cercam-me com o seu imenso reflexo – vamos, coragem, velho coração!", oh!, como não hei de arder com o desejo da eternidade, o desejo do anel dos anéis, o anel nupcial do Regresso?

Ainda não encontrei a mulher de quem quisesse ter filhos, a não ser esta mulher a quem amo, porque te amo, ó, Eternidade!

Porque te amo, ó, Eternidade!

6

Se a minha virtude é virtude de dançarino e se muitas vezes me lancei de pés juntos ao coração de um êxtase de ouro e de esmeralda; se a minha maldade é uma maldade risonha que assombra os valezinhos cheios de rosas e as sebes de lis – porque o riso reúne nele toda a maldade do mundo, mas santificada e libertada pela sua própria alegria –, e se o alfa e o ômega da minha sabedoria é que tudo o que pesa se deve tornar leve, todo o corpo dançarino, todo o espírito ave — é essa realmente a consequência do alfa e do ômega da minha sageza —, oh!, como não hei de arder com o desejo da eternidade, o desejo do anel dos anéis, o anel nupcial do Regresso?

Ainda não encontrei a mulher de quem quisesse ter filhos, a não ser esta mulher a quem amo, porque te amo, ó, Eternidade!

Porque te amo, ó, Eternidade!

7

Se alguma vez desdobrei por cima da minha cabeça céus tranquilos e se, levado pelas minhas próprias asas, lancei o meu voo para os meus próprios céus; se nadei, brincando, para as distâncias luminosas, e se a minha liberdade conquistou uma sabedoria de ave — mas a sabedoria de ave é aquela que diz: "Olha, não há alto nem baixo! Lança-te em todos os sentidos, para frente, para trás, criatura leve! Canta, e não fales! Não são as palavras feitas para os que são pesados? Não mentem as palavras aos que são leves? Canta! Não fales mais!" –, oh!, como não hei de arder com o desejo da eternidade, o desejo do anel dos anéis, o anel nupcial do Regresso?

Ainda não encontrei a mulher de que quem quisesse ter filhos, a não ser esta mulher a quem amo, porque te amo, ó, Eternidade!

Porque te amo, ó, Eternidade!

Ai! Onde se praticam mais loucuras do que entre os misericordiosos? E haverá no mundo maior causa de sofrimento do que as loucuras dos misericordiosos?

Pobres dos que amam, se não sabem dominar a sua própria piedade!

O diabo falou-me assim um dia: "Deus também tem o seu inferno: é o seu amor pelos homens".

E recentemente ouvi-lhe dizer estas palavras: "Deus morreu; foi a sua piedade pelos homens que o matou".

Assim falava Zaratustra, segunda parte, "Dos misericordiosos"

A OFERTA DE MEL

E tornaram a passar os meses e os anos pela alma de Zaratustra sem ele se dar conta disso, mas os seus cabelos iam embranquecendo. Um dia, quando se sentou numa pedra à entrada da sua caverna, ele olhava ao longe sem nada dizer – ora, via-se o mar lá de cima, e dominava-se uma confusão de abismos. Os seus animais giravam pensativos à sua volta, depois acabaram por se colocar diante dele.

— Ó, Zaratustra – disseram-lhe –, será a tua felicidade que procuras no horizonte?

— Que importa a felicidade! – respondeu ele. — Há muito tempo que já não aspiro à felicidade; aspiro à minha obra.

— Ó, Zaratustra – replicaram eles –, dizes isso como se estivesses saturado de felicidade. Nadas, não é verdade, num lago de felicidade azulada?

— Não passais de uns patifezinhos – respondeu Zaratustra, sorrindo. — E como sabeis escolher a vossa parábola! Mas sabeis também que a minha felicidade é pesada e em nada semelhante à onda fluida; ela pesa sobre mim e me pressiona, e agarra-se a mim como piche derretido.

Então os animais tornaram a girar em volta dele, pensativos, depois subitamente pararam em frente a ele.

— Ó, Zaratustra – disseram –, eis, então, porque é que a tua tez se torna cada vez mais escura e amarela, enquanto os teus cabelos que vão embranquecendo se tornam parecidos com o linho. Toma cuidado, para não caíres no piche de que falaste!

— Que estais a dizer, meus animais? – disse Zaratustra, rindo. — Na verdade, blasfemei quando aludi a esse piche. Só me aconteceu o que acontece a todos os frutos que amadurecem. É o *mel* que me corre nas veias que me torna o sangue mais espesso e torna a minha alma mais taciturna.

— Sem dúvida, Zaratustra – responderam os animais, encostando-se a ele –; mas não queres subir hoje para alguma alta montanha? O ar é puro; e a vista, mais bela do que nunca.

— Sim, meus animais – foi a sua resposta. — O vosso conselho é excelente e inteiramente conforme o meu coração; a partir de hoje, subirei a qualquer alto cume. Mas cuidem para que eu tenha mel lá em cima; uma prateleira cheia de mel amarelo e branco, saboroso e fresco. Ficai sabendo que quero lá em cima fazer a oferenda do mel.

Porém, quando Zaratustra atingiu o cume, despediu os animais que o tinham acompanhado e voltou a encontrar-se só. Riu-se então com toda a alma, deitou os olhos à sua volta e falou assim:

— Se falei de mel e da oferenda do mel, era uma astúcia oratória e, na verdade, uma útil loucura. Aqui, nesta altura, posso falar mais livremente do que diante das cavernas dos eremitas e dos seus animais domésticos.

"Trata-se lá de oferendas! Se dissipo o que me dão, eu, o pródigo de mil mãos, poderei chamar isso de oferenda?

"E se falei de mel, era para fazer uma isca dessa doce e viscosa beberagem de que são gulosos os ursos mais descontentes e as estranhas aves de humor moroso e desagradável; a isca mais apreciada pelos caçadores e pelos pescadores.

"Porque, se é verdade que o mundo é uma floresta negra povoada de animais ferozes, o paraíso de todos os ferozes caçadores, parece-me assemelhar-se ainda mais a um mar rico e sem fundo, um mar cheio de peixes e de caranguejos coloridos que tentariam os próprios deuses a fazerem-se pescadores e lançadores de redes, tão rico é esse mar em monstros maravilhosos, grandes e pequenos, sobretudo o mundo humano, o mar humano. É para apanhar o homem que lanço a minha linha dourada dizendo:

"'Abra-te, abismo humano! Abra-te, lança a meus pés os teus peixes e os teus caranguejos cintilantes.'

"Peguei minha melhor isca para pescar hoje os mais estranhos peixes humanos.

"A isca que lanço aos quatros ventos é a minha felicidade; lanço-a para perto e para longe, para o levante, para o meio-dia e para o poente, na esperança de que numerosos peixes virão morder e roçar na ponta da minha felicidade.

"Depois, quando tiverem mordido os meus anzóis agudos e bem disfarçados, puxá-los-ei até a minha própria altura, esses cadozes das profundezas[3] de cores confundidas, pescados pelo mais malicioso de todos os pescadores de homem.

"Porque é realmente isto que sou no fundo e por natureza, puxando, atraindo, levantando, elevando – arrastador, criador e educador –, e não foi em vão que disse a mim próprio noutro tempo: 'Torna-te quem tu és'.

"Cabe aos homens, de ora em diante, *subir* até mim. Porque espero ainda o sinal que me virá advertir de que chegou a hora do meu declínio; não voltarei a descer de minha própria vontade para o meio dos homens; assim o quer o meu destino.

"É por isso que continuo à espera nestes altos cumes, astuto e desdenhoso, sem impaciência nem paciência, como um homem que tivesse esquecido a paciência e que já sabe o que é 'padecer'.

"O meu destino, com efeito, deixa-me tempo; decerto me esqueceu. Ou então foi sentar-se à sombra, em cima de uma grande pedra, e entretém-se em apanhar moscas.

"E, na verdade, estou grato ao meu destino eterno por não me fustigar nem me apressar, mas dá-me tempo para fazer farsas e pregar partidas, tanto mais que hoje foi para pescar peixes que subi a esta alta montanha.

"Já alguma vez se apanharam peixes em cima das montanhas? E ainda que aquilo que procuro e aquilo que faço aqui fosse loucura, não é melhor que azedar-se à espera, e amarelecer e esverdear, e se tornar um furioso obstinado na sua espera, uma

[3] Jogo de palavras intraduzível: *Gründling* (cadoz) e *Abgrund* (abismo, profundidade).

tempestade sagrada berrando do alto das montanhas, um impaciente que grita para os vales: "Ouvi ou vou sacudi-los com o açoite de Deus!".

"Não é que queira mal a tais coléricos – servem apenas para me fazer rir. É preciso que sejam realmente impacientes, esses enormes tambores ruidosos que querem a qualquer preço fazer-se ouvir, agora ou nunca.

"Mas eu e o meu destino não nos dirigimos ao presente – também nos não dirigimos ao 'nunca' falta, e mais do que isso, para esperar o momento de falar. Porque há de chegar necessariamente e não passará sem se deter.

"Quem é aquele que há de chegar necessariamente e não passará sem se deter? É o nosso grande Acaso, o grande e remoto império do homem, o milênio de Zaratustra.

"A que distância está esse remoto? Que me importa! Mas nem por isso me parece menos certo – é sobre esta base sólida que me firmo, sobre os meus dois pés, sobre uma base eterna, sobre a dura rocha original, sobre este maciço antediluviano, mais alto e mais duro do que qualquer outro, onde se chocam todos os ventos como em cima de um limite meteorológico, perguntando cada um deles onde estão, de onde e em que direção devem soprar.

"Ri então, ri, minha clara e saudável malícia. Do alto dos cumes, lança a cintilação do teu riso zombeteiro. E que a tua cintilação atraia para mim os mais belos peixes humanos.

"E tudo o que me pertence em todos os mares, o *em mim* e o *para mim* de todas as coisas – pescai e trazei para mim aqui; eis o que espero, eu, o mais malicioso de todos os pescadores.

"Vai para longe, minha linha! Mergulha, penetra, isca da minha felicidade! Destila o teu orvalho mais suave, mel do meu coração! Morde, meu anzol, morde no ventre de todas as sombrias aflições!

"Vai para longe, vai para longe, ó, meu olhar! Oh! Quantos mares em torno de mim, quantos futuros humanos começam a despontar! E por cima de mim, oh!, que paz de matizes rosados! Que silêncio sem nuvens!"

O GRITO DE ANGÚSTIA

No dia seguinte, Zaratustra foi outra vez sentar-se na pedra, enquanto os seus animais erravam pelo mundo, em busca de comida nova e também de mel novo; porque Zaratustra tinha usado o mel antigo até a última gota. Mas, enquanto meditava, com o bastão na mão, com a sombra do seu corpo a desenhar-se no chão, sem pensar em si nem na sua sombra, sentiu medo de repente e estremeceu, porque ao lado da sua sombra vislumbrava uma outra. E ao levantar-se, lançando à sua volta um rápido olhar, eis que o Profeta estava a seu lado; o mesmo a quem uma vez dera de comer e de beber à sua mesa; o Profeta do grande cansaço, aquele que ensinava: "Tudo é igual, nada vale a pena, o mundo não tem sentido, o saber abafa-nos". Mas tinha mudado desde então, e Zaratustra, fitando-o com insistência, sentiu o coração se apertar logo que viu passar naqueles traços maus presságios e um ar sombrio.

O Profeta, compreendendo o que se passava na alma de Zaratustra, passou uma das mãos pelo rosto como se quisesse apagar-lhe os traços; e Zaratustra fez o mesmo. Tendo-se tranquilizado e fortalecido em silêncio, deram-se as mãos, em sinal de que queriam voltar a se conhecer.

— Sê bem-vindo – disse Zaratustra –, Profeta do grande cansaço. Não esqueci que foste antigamente meu conviva e meu hóspede. Volta a comer e a beber comigo hoje e perdoa se é um homem velho e jovial que se senta a teu lado.

— Um homem velho e jovial? – respondeu o Profeta, meneando a cabeça. — Mas quem quer sejas ou pretendas ser, ó, Zaratustra, já não desempenharás muito mais tempo esse papel nestas alturas; depressa a tua barca deixará de estar em porto seguro.

— Estou, então, em porto seguro? – perguntou Zaratustra.

— As ondas continuam a subir em torno da tua montanha – respondeu o Profeta –, as ondas da tua grande provação e da grande aflição não tardam a levantar a tua barca e arrastar-te com ela. – Zaratustra calou-se, admirado. — Ainda não ouves nada? – prosseguiu o Profeta. — Não ouves este murmúrio e este rumo que sobem do abismo? – Zaratustra voltou a calar-se, pondo-se à escuta; então, ouviu um demorado grito que os abismos lançavam uns para os outros e devolviam uns aos outros, porque nenhum o queria guardar para si, de tão terríveis os sons.

— Sinistro Profeta – disse, afinal, Zaratustra –, é um grito de angústia e um grito humano; ascende, sem dúvida, de algum negro oceano. Mas que me importa a angústia humana? Sabes como se chama o último pecado que me está reservado?

— A *compaixão* – respondeu o Profeta num tom patético, erguendo as mãos. — Ó, Zaratustra, vim induzir-te a cometer o teu último pecado.

E mal pronunciou essas palavras o grito voltou a ressoar, mais demorado, mais angustiante do que antes e já muito mais próximo.

— Estás a ouvir, estás a ouvir, ó, Zaratustra? – exclamou o Profeta. — É a ti que se dirige e diz-te: anda, anda, anda, já são horas, já são mais do que horas!

Ouvindo essas palavras, Zaratustra calou-se, perturbado e alterado em si mesmo. Por fim, perguntou como se duvidasse de si:

— E quem é que me chama lá de baixo?

— Bem o sabes – respondeu o Profeta. — Por que havemos de fingir? É o *Homem superior* que clama por ti.

— O Homem superior? – exclamou Zaratustra, dominado pelo terror. — O que quer ele de mim? O Homem superior? O que quer ele aqui? – E seu corpo se cobriu de suor.

Mas o Profeta, sem responder à pergunta angustiada de Zaratustra, escutava o que subia das profundezas. Entretanto, como houvesse um silêncio prolongado, virou os olhos e viu Zaratustra de pé e a tremer diante dele.

— Ó, Zaratustra – declarou ele com uma voz triste –, não tens ar de homem a quem a sua alegria dê volta à cabeça; vais precisar dançar, com medo de cair de repente.

“Mas mesmo que quisesse dançar e fazer todos os saltos diante de mim, ninguém afirmaria, vendo-te, que és o único homem no mundo que conhece a alegria.

“Seria em vão que se procuraria esse homem neste cimo; encontrar-se-iam cavernas e grutas e esconderijos para aqueles que aí se querem esconder, mas não se encontrariam minas de felicidade, nem tesouros, nem filões virgens, cheios com o ouro da felicidade.

“A felicidade! Como encontrar a felicidade nesses enterrados vivos, nesses solitários! Hei de buscar ainda a felicidade nas Ilhas Afortunadas ou ao longe sobre mares esquecidos?

“Aliás tudo é igual, nada vale a pena, é inútil procurar, já não há Ilhas Afortunadas!”

Assim gemia o Profeta; mas, ouvindo o seu último gemido, Zaratustra recuperou a lucidez e a presença de espírito, como aquele que volta para a luz saindo de um profundo abismo.

— Não, não, não, e três vezes não! – exclamou ele com voz forte, alisando a barba. — Sei-o melhor do que tu. Ainda há Ilhas Afortunadas. Não és tu que deves falar disso, velho gemedor!

"Acaba com essa choradeira, nuvem chuvosa antes do meio-dia! Não vês que estou inundado de tristeza e encharcado como um cão de pelo comprido?

"Agora vou me sacudir e fugir para longe de ti para me secar; não te admires. Achas-me indelicado? Mas a *minha* corte está aqui.

"Quanto ao teu Homem superior, pois bem, vou me pôr já a procurá-lo por estas florestas. Foi de lá que veio o seu grito. Talvez esteja ameaçado por algum animal feroz.

"Está no meu domínio, não quero que lhe aconteça nenhuma desgraça. E, na verdade, não faltam animais ferozes nos meus arredores."

Dito isso, Zaratustra virou-se e quis afastar-se. Então o Profeta disse-lhe:

— Ó, Zaratustra, és um patife.

"Bem vejo que queres te livrar de mim. Preferes até fugir para as florestas para lá perseguires animais ferozes.

"Mas para que te servirá isso? Hás de voltar a encontrar-me à noite; estarei na tua caverna, passivo e pesado como um madeiro – à tua espera."

— Pois que assim seja! – retrucou-lhe Zaratustra, enquanto se afastava. — E tudo o que me pertence na caverna é também teu, meu hóspede.

"Mas se ainda lá encontrares mel, lambe o que resta, urso rabugento, e trata de adoçar o teu humor. Porque importa que esta noite estejamos ambos de bom humor, de bom humor e felizes por este dia acabar. E tu mesmo dançarás ao som das minhas canções, como o meu urso amestrado.

"Não acreditas? Abanas a cabeça? Vamos, coragem, velho urso! Porque eu também sou profeta!"

Assim falava Zaratustra.

DIÁLOGO COM OS REIS

1

Zaratustra ainda não tinha percorrido uma hora de caminho nas suas montanhas e nas suas florestas, quando percebeu, de repente, um estranho cortejo. Pela estrada que ia tomar para descer, adiantavam-se dois Reis adornados com coroas e com faixas cor de púrpura, pintalgadas como flamingos; empurravam à sua frente um burro carregado. "Que querem estes Reis nos meus domínios?" – disse consigo Zaratustra, surpreendido; e escondeu-se logo atrás de uma moita. Mas quando os Reis se aproximaram, disse a meia-voz, como se falasse consigo mesmo:

— Ora aqui está uma coisa estranha, muito estranha! Como se pode compreender uma coisa destas? Vejo dois Reis – e um único burro!

Nisso os dois Reis pararam, sorriram e olharam para o lado de onde vinha a voz, depois olharam-se bem de frente:

— Eis as coisas que também se pensam em nossa casa – disse o Rei da direita –, mas não se dizem.

Mas o Rei da esquerda encolheu os ombros e respondeu:

— É decerto algum cabreiro ou um solitário que viveu durante muito tempo apenas em companhia das brenhas e das árvores. A ausência de sociedade corrompe também os bons costumes.

— Os bons costumes? — replicou o outro Rei com irritação e amargura. — A que procuramos nós subtrair-nos? Não é justamente aos "bons costumes"? À "boa sociedade"?

"Mais vale, decerto, viver com eremitas e pastores de cabras do que com essa plebe dourada, falsa e ultrajantemente maquiada, que se intitula a 'boa sociedade', se bem que com o nome de 'nobreza'. Mas ali tudo é falso e corrompido, a começar pelo sangue, por causa das velhas doenças perniciosas e de curandeiros ainda mais perniciosos.

"O que há de melhor, o que prefiro, nos nossos dias, é um camponês íntegro, grosseiro, astuto, obstinado e resistente; não há hoje nada mais nobre.

"O camponês é o que hoje temos de melhor, e a raça camponesa deveria dominar. Mas é o populacho que domina – não me deixarei enganar por isso. Ora quem diz populacho diz mestiçagem.

"Mestiçagem do populacho; tudo está misturado com tudo, santos e bandidos, fidalgos e judeus, e todos os animais da arca de Noé.

"Os 'bons costumes'! Tudo é falso e corrupto entre nós! Já não se venera nada. Foi disso que fugimos. São sabujos adocicados e inoportunos; ocupam-se em dourar as palmas.

"O que me enoja a ponto de me sufocar é que até nós, os Reis, tenhamo-nos tornado falsos, cobertos e disfarçados como estamos pelo esplendor antiquado dos nossos pais, parecidos com medalhas que se oferecem aos mais tolos e aos mais astutos e todos os que atualmente se dedicam ao poder.

"Não *somos* os primeiros – e somos forçados a *aparentá-lo*; é um embuste que acabou por nos inspirar saciedade e nojo.

"Quisemos fugir dos canalhas, de todos esses choramingos, dessas varejeiras que utilizam a pena, desse mofo de lojistas, dessas ambições turbulentas, desse hábito pestilento – puf! Nada de viver no meio de canalhas!

"Ser os primeiros entre os canalhas — puf! Ah! Horror, horror, horror! Para que servimos ainda nós, os Reis?"

— Eis o teu antigo mal que te volta a afligir – comentou nesse ponto o Rei da esquerda. — É o horror que te volta a afligir, meu pobre irmão. Mas já sabes que alguém está a ouvir.

Zaratustra, que durante aquela conversa fora todo olhos e ouvidos, saiu, então, do seu esconderijo, dirigiu-se aos Reis e disse:

— Aquele que vos escuta, e que vos escuta com prazer, ó, Reis, chama-se Zaratustra.

"Eu sou Zaratustra, que outrora proclamou: 'Para que servem os Reis?'. Perdoai-me, mas senti-me feliz ao ouvir-vos dizer: 'Para que servimos ainda, nós, os Reis?'

"Mas aqui estais no *meu* domínio e sob a minha lei. Que podeis realmente vir procurar no meu reino? Mas talvez tenhais *encontrado*, pelo caminho, o que eu procuro, o Homem superior?"

Ao ouvirem essas palavras, os Reis bateram no peito e exclamaram em uníssono:

— Estamos desmascarados!

"A espada da tua palavra abre uma brecha nas trevas mais espessas dos nossos corações. Descobriste a nossa angústia, porque, olha, foi para descobrir o Homem superior que nos pusemos a caminho.

"O homem que nos é superior, apesar de sermos Reis. Para ele, trazemos este burro. Porque o Homem superior deve ser também o senhor supremo sobre a terra.

"A mais cruel desgraça que pode atingir a humanidade é que os poderosos da terra não sejam os primeiros em valor. Então, tudo fica falseado, distorcido, desfigurado.

"E se acontece de os mais vis de todos deterem o poder, aqueles que são mais animais do que homens, a população sobe de preço de dia para dia e finalmente a virtude do populacho proclama: 'Vede, só eu sou a Virtude!'"

— Mas que estou eu a ouvir? – respondeu Zaratustra. – Quanta sabedoria em Reis! Estou encantado, na verdade, e apetece-me fazer uns versos a esse respeito, mesmo se esses versos não agradarem a todos os ouvidos. Há muito tempo que esquecia a arte de poupar as orelhas compridas. Vamos! Coragem!

(Mas, nesse momento, aconteceu que o burro tomou também a palavra e pronunciou claramente e com humor estas palavras: I-A[4]).

Noutros tempos – e disseram-me que foi no Ano UM –
A Sibila dizia, ébria sem ter bebido:
"Tudo está mal aqui embaixo, tudo vai de mal a pior!
"Tudo degenera, ai! O mundo caiu muito baixo.
"Roma não passa de um antro de devassidão.
"O seu César é uma besta, e o próprio Deus
— um Judeu!"

2

Os Reis gostaram muito desses versos.

Mas o Rei da direita disse:

— Como fizemos bem, ó, Zaratustra, em nos pormos a caminho para te ver!

"Porque os teus inimigos nos mostravam a tua imagem no espelho deles; e aí fazias uma careta tão diabólica e tão sarcástica, que tivemos medo de ti.

"Mas, apesar de tudo, as tuas máximas acalentavam agradavelmente nossos ouvidos e coração. De forma que acabamos por dizer: que nos importa a cara que tem!

"Queremos ouvir falar aquele que ensina: 'Haveis de amar a paz como meio de novas guerras, e a breve paz mais do que a prolongada!'

"Nunca ninguém pronunciou considerações tão belicosas. 'O que é ser bom? É ser valente. A boa guerra santifica todas as coisas.'

"Ó, Zaratustra, ouvindo essas palavras, ferveu em nós o sangue dos nossos pais; é assim que a primavera fala aos tonéis velhos.

"Quando as espadas se cruzam, semelhantes a serpentes mosqueadas de sangue, então os nossos pais achavam a vida boa; o sol da paz parecia-lhes morno e mole; a prolongada paz envergonhava-os.

"Como os nossos pais suspiravam quando viam secar na inação as espadas cintilantes pendendo da parede! Como tinham sede de guerras! Porque a espada tem sede de sangue e cintila de desejo."

---

4 I-A: é um trocadilho entre a onomatopeia do som que o burro faz e a palavra "ja", em alemão (que significa "sim").

Enquanto os Reis assim conversavam, falando com animação da felicidade de seus pais, ocorreu a Zaratustra um leve desejo de zombar do seu entusiasmo – porque eram visivelmente Reis muito pacíficos que tinha diante dele, com os seus velhos e finos semblantes. Mas conteve-se.

— Vamos! – disse ele. — Aqui está o caminho; é lá em cima que se encontra a caverna de Zaratustra; e vamos terminar este dia com uma grande noitada. Mas agora um apelo de angústia obriga-me a afastar-me de vós a toda a pressa.

"É uma honra para a minha caverna que Reis se dignem a sentar-se lá para me esperar – mas sem dúvida tereis de esperar muito tempo.

"Todavia, que importa? Onde se está mais treinado para esperar, nos nossos dias, do que nas cortes? E toda a virtude dos Reis, a única que lhes deixaram, não é hoje *saber esperar*?"

Assim falava Zaratustra.

A SANGUESSUGA

E Zaratustra afastou-se pensativo, mergulhando cada vez mais nas florestas e passando ao longo das zonas pantanosas; mas como acontece quando se medita em coisas difíceis, pisou num homem por distração. E eis que de repente um grito de dor e duas pragas e vinte injúrias lhe foram atiradas à cara — de tal modo que, dominado pelo susto, ergueu o bordão e bateu outra vez naquele com quem tinha esbarrado. Mas imediatamente se dominou e desatou a rir, no seu íntimo, da loucura que cometera.

— Desculpe-me – disse ao homem com quem tinha se chocado e que se levantara furioso para voltar a sentar-se imediatamente –, desculpe-me e ouve antes de tudo uma parábola.

"Assim como um viajante que sonha com coisas longínquas pisa por distração, num caminho solitário, um cão adormecido ao sol, e ambos começaram a se atacar, semelhantes a inimigos mortais, ambos dominados por um medo terrível, assim aconteceu conosco.

"E, todavia, como faltou pouco para que se abraçassem, esse cão e esse solitário! Não são – ambos – solitários?"

— Quem quer que sejas – respondeu o ofendido sempre furioso –, a tua parábola ofende-me tanto quanto a tua pisada.

"Olha bem para mim e vê se sou algum cão."

E, pondo-se de pé, tirou um braço nu para fora do pântano. Porque, de início, estava estendido no chão, ao comprido, escondido e irreconhecível, como quem espreita caça dentro de água.

— Mas que estás tu aqui a fazer? – exclamou Zaratustra espantado, pois via o sangue correr em abundância pelo braço nu. — Que te aconteceu? Infeliz, foi algum animal cruel que te mordeu?

O homem ensanguentado ria-se apesar da sua zanga.

— Que te importa? – disse ele, querendo prosseguir o seu caminho. — Aqui estou em minha casa, no meu domínio. Por mais perguntas que me façam, não há nenhuma possibilidade de eu responder a um idiota.

— Estás enganado – disse Zaratustra com compaixão, retendo-o. — Estás enganado; não estás em tua casa, mas nos meus domínios, e não quero que aconteça nenhuma desgraça seja a quem for.

"Chama-me como quiseres, mas eu sou como devo ser. O nome que me dou é Zaratustra.

"Coragem! Este caminho leva à caverna de Zaratustra. Não é longe. Não queres ir à minha casa para fazer curativos nas feridas?

"Não fostes feliz neste mundo, infeliz: primeiro mordeu-te um bicho, depois um homem pisou-te aos pés."

Mas quando o homem que tinha sido pisado ouviu o nome de Zaratustra, transformou-se completamente.

— Que me aconteceu? – exclamou. — Que existe no mundo que me importe senão esse único homem, Zaratustra, e o único animal que vive de sangue humano, a Sanguessuga?

"Era por causa da Sanguessuga que eu estava ali, estendido no pântano como um pescador, e já o meu braço estendido mostrava dez mordeduras, quando uma Sanguessuga mais bonita, o próprio Zaratustra, apareceu a provar o meu sangue.

"Ó, ventura! Ó, milagre! Bendito seja o dia que me trouxe a este pântano! Bendita seja a melhor ventosa, a mais poderosa que hoje vive! Bendito seja Zaratustra, a grande Sanguessuga da consciência!"

Assim falava o homem pisado. E Zaratustra sentia prazer nas suas palavras e nas suas maneiras respeitosas.

— Quem és? – perguntou-lhe, estendendo-lhe a mão. — Entre nós ficam muitos pontos a elucidar e a esclarecer, mas já me parece que o diabo está nascendo, claro e puro.

— Eu sou o *Espírito do escrúpulo intelectual* – respondeu o interlocutor –, e no que se refere às coisas do espírito é difícil encontrar alguém que se mostre mais severo, mais rigoroso ou mais duro do que eu, a não ser aquele que nisso foi meu mestre, o próprio Zaratustra.

"Mais vale nada saber do que saber muitas coisas pela metade! Mais vale ser louco à minha vontade do que um sábio pelo gosto de outrem! Eu vou ao fundo das coisas.

"Que importa que esse fundo seja grande ou pequeno, que se chame pântano ou céu? Basta-me um fundo tão grande como a minha mão, desde que seja um fundo e uma base autênticos.

"Um fundo do tamanho da minha mão basta-me para me ter de pé. Em matéria de consciência científica, nada é pequeno nem grande."

— Talvez sejas o especialista da Sanguessuga? – perguntou Zaratustra. — E decerto estudas a fundo a Sanguessuga, espírito intelectual?

— Ó, Zaratustra – replicou o ferido –, seria um assunto imenso. Como poderia eu ter semelhantes pretensões?

"Mas o domínio em que sou conhecedor e sou mestre é o *cérebro* da Sanguessuga. É esse o meu universo!

"E é verdadeiramente um universo. Mas desculpa se deixo falar o meu orgulho porque nesse domínio não tenho igual. É por isso que posso dizer que são 'os meus domínios'.

"Há quanto tempo me prendi a esse único assunto, o cérebro da Sanguessuga, receando sempre que a verdade escorregadia me fuja nesse ponto preciso. São esses os meus domínios.

"Foi por isso que pus de lado tudo o mais, foi por isso que todo o resto do mundo se me tornou indiferente; e a minha sombria ignorância começa mesmo na fronteira do meu saber.

"A minha consciência espiritual exige que eu saiba uma única coisa e nada mais. Estou farto de todos os meios-sábios, dos espíritos nebulosos, flutuantes, exaltados.

"Onde cessa a minha honestidade, sou cego e quero sê-lo. Mas onde quero saber, quero também ser probo, isto é, duro, severo, rigoroso, cruel, impiedoso.

"O que tu próprio disseste um dia, Zaratustra, 'que a inteligência é a vida escarificando a sua própria carne', foi essa frase que me conduziu para a tua doutrina, foi ela que me seduziu. E, na verdade, é à custa do meu próprio sangue que aumenta a minha própria ciência."

— Como salta à vista – interrompeu Zaratustra. Porque o sangue continuava a correr do braço nu do Escrupuloso. Ali se tinham agarrado dez sanguessugas. — Ó, singular companheiro! Quantas coisas me ensina esta visão, quero dizer, a tua pessoa! E não deveria talvez confiar tudo aos teus ouvidos austeros.

"Vamos! Separemo-nos aqui! Mas gostaria de te voltar a ver. Aquele caminho ali em cima leva à minha caverna. Teria prazer em lá te receber esta noite.

"Queria também reparar no teu corpo o mal que te fiz pisando-te aos pés. É nisso que penso. Mas agora um grito de angústia chama-me a toda a pressa para longe de ti."

Assim falava Zaratustra.

O ENCANTADOR

1

Mas quando Zaratustra dava a volta a um penedo, viu não longe de si, no mesmo caminho, um homem que agitava os membros como um maníaco e que acabou por se deitar de bruços no chão.

— Alto! – disse consigo Zaratustra. — Este deve ser o Homem superior, foi ele que lançou aquele grito de angústia, vou ver o que posso fazer por ele.

Mas, tendo corrido para o lugar onde o homem jazia no chão, encontrou um velho trêmulo com o olhar fixo, e todos os seus esforços para o pôr de pé foram vãos. O infeliz sequer parecia notar que houvesse alguém a seu lado; pelo contrário, continuava a olhar para um lado e para o outro com gestos comoventes, como se estivesse abandonado e isolado do mundo inteiro. Afinal, depois de muitas tremuras, sobressaltos e contorções sobre si próprio, começou a lamentar-se nestes termos:

Quem me dará calor, quem me amará ainda?
Estendei-me as mãos quentes!
Dai-me braseiros para aquecer o coração!
Eis-me caído, a tremer,
como um moribundo a quem aquecem os pés,
todo a tremer, ai!, de febres desconhecidas,
tiritando sob as flechas agudas e geladas da geada,
acossado por ti, Pensamento,
indizível, oculto, atroz.
Tu, caçador emboscado por detrás das nuvens!
Abatido, fulminado por ti,
olho zombeteiro que me fixa do fundo das trevas,
assim estou eu jazendo,
convulso, torcido, torturado
por todos os martírios eternos,

ferido por ti, caçador cruel,
por ti – Deus desconhecido!

Fere mais profundamente!
Fere outra vez!
Trespassa, rasga este coração!
Que tortura é essa
de flechas embotadas?
Por que me olhas ainda,
eterno esfomeado do sofrimento humano,
por que me fulminas com os teus olhos divinos e
cruéis?
Oh! Volta!
Todos os regatos das minhas lágrimas
correm para ti,
a última chama do meu coração
flameja por ti.
Oh! Volta,
tu, meu Deus desconhecido! Tu, minha dor! Tu,
minha última felicidade!

2

Nesse ponto, Zaratustra não se pôde aguentar mais tempo, agarrou seu bastão e deu com todas as forças naquele que chorava.

— Para! – gritou-lhe com um riso colérico –, para, comediante, moedeiro falso, refinado mentiroso! Bem estou te conhecendo!

"Vá, hei de aquecer-te bem essas pernas, sinistro encantador, sei muito bem obrigar a suar os que se parecem contigo!"

— Para! – disse o velho, pondo-se de pé. — Não me batas mais, Zaratustra, estava brincando.

"Isso faz parte da minha arte. Queria pôr-te à prova dando-te este testemunho da minha arte. E, na verdade, desmascaraste-me bem.

"Mas também tu me deste uma prova apreciável do que sabes fazer. És *duro*, sábio Zaratustra, bates forte com as tuas 'verdades'; eis a 'verdade' que o teu porrete arrancou de mim."

— Não me lisonjeies – replicou Zaratustra, ainda irritado e de semblante sombrio –, pois não passas de um palhaço. És falso; porque me falas de verdades?

"Pavo dos pavões, mar de vaidade, que comédia estavas a representar, sinistro encantador? Que querias obrigar-me a reconhecer em ti, ouvindo-te gemer e lamentar-te dessa maneira?"

— Eu desempenhava o papel do *Penitente do espírito* – disse o velho. — Foste tu que noutro tempo inventaste a palavra; o poeta, o mágico que acaba por virar o seu espírito contra ele mesmo, o homem que, tendo-se transformado interiormente, congela-se em contato com a sua má ciência, com a sua má consciência.

"E, confessa, foi-te preciso tempo, ó, Zaratustra, para descobrir o meu artifício e a minha mentira. *Acreditavas* de verdade na minha angústia quando me amparavas a cabeça com as mãos.

"Ouvi-te gemer: 'Amaram-no pouco, muito pouco'. A ideia de te ter tão bem ludibriado era o que fazia exultar a minha malícia dentro de mim."

— Deves ter podido ganhar outros mais sutis do que eu – respondeu duramente Zaratustra. — Não desconfio dos impostores, ignorar a prudência é para mim uma necessidade; assim o quer o meu destino.

"Mas tu, tu mentes por absoluta necessidade; conheço-te demais para saber disso. Tudo o que dizes tem duplo, triplo, quádruplo e quíntuplo sentido. Até o que me confessaste não me parece suficientemente verdadeiro nem bastante falso, na minha opinião.

"Vil moedeiro falso, como poderias fazer de outra maneira? Tua enfermidade seria encoberta se te apresentasses nu diante do teu médico.

"Foi por isso que encobertaste perante mim a tua mentira, dizendo-me: 'Só fiz isso por *brincadeira*'. Também nisso tinhas posto *seriedade*, pois és, até certo ponto, o Penitente do espírito.

"Bem vejo o que acontece: és para toda a gente um encantador, mas nenhuma das tuas mentiras, nenhuma das tuas astúcias age já sobre ti – estás desencantado a teus próprios olhos.

"Recolheste o enfado como tua única verdade. Não há em ti uma palavra verdadeira, mas o teu lábio é verdadeiro – quero dizer o enfado grudado em teu lábio."

— Mas quem és tu, então? – exclamou o velho Encantador com voz desafiadora. — Quem tem o direito de me falar assim, a mim, que sou o maior dos vivos? — E lançou a Zaratustra um olhar irado. Mas no mesmo instante mudou de expressão e disse tristemente: — Ó, Zaratustra, estou cansado de tudo isto: estou enfadado dos meus artifícios, não sou *grande*, para que hei de fugir? Mas tu sabes que procuro a grandeza.

"Quis agir como grande homem e seduzi muitas pessoas; mas era uma mentira superior às minhas forças, e por isso estou destroçado.

"Ó, Zaratustra, em mim tudo é mentira, mas estou realmente destroçado, é a única verdade que resta em mim."

— Isso honra-te – respondeu Zaratustra com ar sombrio, baixando e desviando o olhar. — Honra-te ter procurado a grandeza, mas também te deprime. Tu não és grande.

"Velho Encantador sinistro, o que há de melhor e de mais honesto em ti, o que respeito em ti, é teres-te cansado de ti mesmo e haveres declarado: 'Eu não sou grande'.

"E por isso te honro, pois nisso és muito realmente o Penitente do espírito; embora fosse apenas o instante de um sopro ou de um piscar de olho, nesse instante foste verdadeiro.

"Mas, dize-me, que procuras aqui nestas florestas? E nestes rochedos que me pertencem? E a que provas querias submeter-me, atravessando-te no meu caminho?

"Em que me querias tentar?"

Assim falava Zaratustra, com olhos faiscantes. O velho Encantador guardou a princípio silêncio e disse depois:

— Acaso te tentei? Experimentei somente encontrar-te.

"Ó, Zaratustra, eu procuro um homem sincero, reto, puro, simples, categórico, um homem de probidade absoluta, um vaso de sabedoria, um santo do Conhecimento, um grande homem.

"Porventura o ignoras, ó, Zaratustra? *Procuro Zaratustra*."

Aqui fez-se um demorado silêncio entre eles. E Zaratustra absorvia-se profundamente em si mesmo, de olhos fechados. Depois, regressando ao seu interlocutor, pegou o Encantador pela mão e disse com infinita cortesia e astúcia:

— Vamos! O caminho que passa lá em cima leva à caverna de Zaratustra. Podes lá ir e procurar o que desejas encontrar.

"E aconselha-te com os meus animais, a minha águia e a minha serpente; eles irão te ajudar a procurar. Mas a minha caverna é grande.

"Quanto a mim, é verdade, ainda não vi nenhum grande homem. Os olhos mais atentos são insensíveis para ver a grandeza. Vivemos no reinado do populacho.

"Já encontrei mais de um homem ocupado em esticar-se e em encolher-se, e o povo gritava: 'Vede que grande homem!'. Mas para que servem os foles das forjas? Nunca deixam sair senão vento.

"A rã, à força de inchar, acaba por estourar; e então o ar foge. Furar a barriga de um inchado, é a isso que chamo um bom passatempo. Ouvi isto, meus filhos!

"O presente pertence ao populacho; quem pode saber ainda o que é grande e o que é pequeno? Só os loucos. Os loucos triunfam em tal.

"Estás à procura dos grandes homens, estranho louco? Mas quem te *ensinou* essa procura? Será o momento indicado? Porque havias de me vir tentar, entre todas as tuas tentativas, malvado?"

Assim falava Zaratustra, com o coração sereno, e prosseguiu, sorrindo, o seu caminho.

NA DISPONIBILIDADE

Pouco depois de se livrar do Encantador, Zaratustra viu outra vez um homem sentado à beira do caminho, um homem escuro e alto, de semblante pálido e abatido; ficou tristemente impressionado.

— Ai! – disse consigo. — O que está ali sentado é a tristeza disfarçada, é uma figura de padre, ao que me parece; que querem, *esses*, nos meus domínios?

"Quê! Ainda mal me livrei desse Encantador – e logo outro necromante me atravessa o caminho – algum desses feiticeiros que praticam a imposição das mãos, algum sombrio fazedor de milagres pela graça de Deus, que o diabo o carregue!

"O demônio, porém, nunca está onde devia estar, chega sempre tarde demais, esse maldito anão, o raio desse coxo!"

Assim praguejava Zaratustra, cheio de impaciência no seu coração, decidido a passar rapidamente pelo homem, olhando para outro lado, mas eis que ocorreu de maneira muito diferente. Com efeito, o homem sentado tinha-o percebido no mesmo instante; e, como se tivesse encontrado de repente alguma felicidade imprevista, pôs-se de pé de um salto e avançou na direção de Zaratustra.

— Quem quer que sejas, ó, viajante – disse ele –, auxilia um homem perdido que procura o seu caminho, um velho a quem poderia acontecer alguma desgraça!

"Este mundo me é estranho e distante, e ouvi rugidos de animais selvagens; e aquele que me poderia proteger já não existe.

"Andava à procura do último homem piedoso, um santo eremita que sozinho na sua floresta ainda não tinha ouvido dizer o que toda a gente sabe nos nossos dias."

— O que é que toda a gente sabe dos nossos dias? – perguntou Zaratustra. — Será talvez que o Deus antigo, em que todo mundo acreditava antigamente, já não existe?

— Assim o dizes – respondeu o velho com tristeza. — E servi a esse Deus antigo até a sua última hora. Mas agora estou na disponibilidade, sem senhor, se bem que não esteja livre; já não tenho uma hora de felicidade, a não ser nas minhas recordações.

"Por isso subi a esta montanha, para aqui voltar a celebrar uma das festas que convêm a um antigo Papa e pai da Igreja – porque, fica sabendo, eu sou o último Papa –, a festa das pias lembranças e do culto divino.

"Mas acontece que ele morreu também, esse homem pio entre todos, esse santo da floresta que continuamente louvava o seu Deus, com os seus cantos e os seus grunhidos.

"Encontrei a sua cabana, mas já não o encontrei; vi lá dois lobos que chamavam por ele uivando de morte – porque todos os animais o queriam. Ao ver aquilo, fugi.

"Teria eu vindo em vão a estas florestas e a estas montanhas? Resolvi, então, no meu coração procurar outro, o mais piedoso de todos os que não acreditam em Deus – decidi-me a procurar Zaratustra."

Assim falou o velho, fixando um olhar penetrante no que estava de pé diante dele; mas Zaratustra apoderou-se da mão do velho Papa e analisou-a demoradamente, cheio de admiração.

— Olha, então, Santo Padre – disse-lhe por fim –, que bela mão esguia; a mão de um homem que nunca fez outra coisa senão abençoar. Mas agora sou eu quem a segura com firmeza, eu a quem procuras, Zaratustra.

"Eu sou Zaratustra, o ímpio, que diz: 'Quem há mais ímpio do que eu, para ir frequentar a sua escola?'"

Assim falava Zaratustra, e o seu olhar punha a descoberto os pensamentos e nas ideias atrasadas do velho Papa. Este acabou por dizer:

— O homem que melhor o amou, o que melhor o possuiu foi também aquele que mais o perdeu.

"Olha: eu sou decerto, de nós dois, o mais privado de Deus. Mas quem se poderia regozijar com isso?"

— Serviste-o até o fim? – perguntou Zaratustra com ar sonhador, depois de um longo silêncio. — Sabes como morreu? É certo o que se diz, que foi a compaixão que o asfixiou?

"Que, tendo visto o *homem* suspenso na cruz, ele não pôde continuar a suportar que o amor dos homens se tivesse tornado para ele um inferno e causasse, por fim, a sua morte?"

Mas o velho Papa, sem responder, afastava o olhar com ar arisco, e o seu rosto exprimia dor e tristeza.

— Não te ocupes mais com ele – acrescentou Zaratustra, depois de demorada reflexão, continuando sempre a fitar o velho bem nos olhos.

"Não te ocupes mais com ele, desapareceu. E se bem que te honre o fato de só dizeres bem desse desaparecido, sabes tão bem como eu quem ele era e que seguia por caminhos singulares."

— Para o dizer aqui entre três olhos – disse o velho Papa um pouco regozijado (porque era cego de um olho) –, a respeito de Deus sei muito mais do que o próprio Zaratustra, e é justo.

"A minha devoção serviu-o durante muitos anos, a minha vontade vergava-se em todas as circunstâncias à vontade dele. Mas um bom servidor sabe tudo, e muitas coisas que o seu senhor oculta a si próprio.

"Era um Deus oculto, cheio de mistérios. Na verdade, só soube alcançar um Filho por caminhos escusos. À entrada do seu credo, encontra-se o adultério.

"Celebrá-lo como um Deus de amor é depreciar o amor. Não queria esse Deus ser também juiz? Mas o apaixonado é alheio a qualquer ideia de recompensa ou de retribuição.

"Na sua juventude, esse Deus vindo do Oriente era duro e vingativo e criou um inferno para distrair os seus favoritos.

"Mas acabou por se tornar velho e mole e flácido e compassivo, mais parecido com um avô do que com um pai, parecido sobretudo com uma velha avó completamente decrépita.

"Ali estava completamente murcho, sentado ao lume, lamentando-se com a fraqueza das pernas, cansado de viver, cansado de querer, e um dia acabou por perecer, abafado pela sua excessiva piedade."

— E tu, velho Papa – interrompeu Zaratustra –, viste tudo isso com os teus próprios olhos? Foi talvez assim que tudo ocorreu; assim ou de outra maneira, porque os deuses, quando morreram, morreram de diversas mortes.

"Pouco importa! Desta ou doutra maneira, desta e da outra maneira, já não existe! Ofuscava-me os olhos e os ouvidos, é o pior que tenho a dizer dele.

"Gosto de tudo o que tem o olhar límpido e a palavra clara. Mas ele – bem o sabes, velho padre – tinha qualquer coisa das tuas maneiras, maneiras de padre – era ambíguo.

"E tinha o espírito confuso. Quantas vezes se irritou contra nós, fervendo de cólera porque o compreendíamos mal? Por que não se exprimia mais claramente?

"E se é culpa dos nossos ouvidos, por que nos tinha ele dado maus ouvidos? Se havia sujeira nos nossos ouvidos, quem é que a tinha lá metido?

"Fracassou em muitas criações suas, esse oleiro noviço. Mas vingar-se dos seus potes e das suas criaturas porque ficaram ruins – foi um pecado *contra o bom gosto*.

"Também em matéria de piedade existe um bom gosto; foi esse bom gosto que acabou por dizer: 'Chega de *semelhante* Deus! Mais vale não ter Deus, mais vale cada qual decidir o seu destino, mais vale ser louco, mais vale sermos nós mesmos deuses'.

— Que estou eu a ouvir? – disse nesse ponto o velho Papa, apurando o ouvido. — Ó, Zaratustra, és mais piedoso do que pensas, com semelhante incredulidade. É algum Deus presente em ti que te inspira a tua impiedade.

"Não é a tua própria piedade que te impede ainda de acreditar em Deus? E não é a tua excessiva honestidade que te arrasta para além do bem e do mal?

"Vê, então, tudo o que te foi poupado! Tens olhos, mãos e lábios feitos para abençoar toda a eternidade. Não se abençoa apenas com a mão.

"A teu lado, se bem que pretendas ser o pior dos ímpios, distingo um secreto aroma de incenso e demoradas bênçãos; e vês-me feliz e abatido.

"Permite-me ser teu hóspede, ó, Zaratustra, uma só noite. Em nenhuma parte do mundo me sentirei melhor do que em tua casa."

— Amém, assim seja! – replicou Zaratustra, muito surpreendido. — Esse caminho que sobe leva à caverna de Zaratustra.

"Na verdade, gostaria de te lá levar eu próprio, Santo Padre, porque gosto de todos os homens piedosos. Mas agora um grito de angústia me chama depressa para longe de ti.

"Não quero que aconteça infelicidade a ninguém nos meus domínios; a minha caverna é um porto seguro. E gostaria de colocar todos os aflitos em terra firme e ajudá-los a aguentarem-se de pé nas suas pernas.

"Mas quem te poderá aliviar da tristeza que te pesa nos ombros? Eu sou muito fraco. Decerto, poderíamos esperar muito tempo antes que alguém conseguisse ressuscitar Deus.

"Porque esse Deus já deixou de viver; está morto e bem morto."

Assim falava Zaratustra.

O HOMEM MAIS HEDIONDO

E outra vez Zaratustra continuou por montes e por florestas, e os seus olhos, embora procurassem por toda a parte, em parte alguma encontravam aquele que procuravam, o miserável que tinha lançado aquele grande grito de angústia. Mas, enquanto caminhava, sentia-se cheio de alegria e de reconhecimento no seu coração.

— Que boas coisas me deu este dia – dizia consigo – para me compensar de o ter começado tão mal! Que singulares encontros!

"Hei de ruminar durante muito tempo as suas palavras, como se remoem os bons grãos, até que os meus dentes os tenham moído e reduzido à fina farinha e me corram como leite pela alma."

Mas como o caminho voltasse a contornar um rochedo, a paisagem mudou repentinamente, e Zaratustra voltou a entrar no domínio da Morte. Surgiram agulhas rochosas, vermelhas e pretas; nem um fio de erva, nem uma árvore, nem um grito de pássaro. Porque era um vale que todos os animais evitavam, mesmo as feras; só uma espécie de grandes e horríveis serpentes para lá iam estourar na sua velhice. Por isso, os pastores chamavam aquele vale de a Morte das Serpentes.

Zaratustra, contudo, mergulhou em sombrias recordações porque lhe parecia ter já estado uma vez naquele vale. E a sua alma estava oprimida, de tal modo que foi demorando cada vez mais o passo, acabando por parar. Então, levantando os olhos, viu sentado à beira do caminho qualquer coisa que se assemelhava a um homem, mas quase não tinha forma humana; um ser inominável. E de repente Zaratustra foi invadido pela grande vergonha de ter visto semelhante coisa; corando até a raiz dos cabelos brancos, afastou os olhos e deu um passo para se afastar daquele ponto nefasto. Contudo, a pensativa solidão ganhou uma voz e do chão subia um gorgolejo e um estertor como a água que à noite gorgoleja e estertora nos canos obstruídos; finalmente foi uma voz humana e uma palavra humana que assim se exprimiam:

— Zaratustra, Zaratustra, adivinha o meu enigma! Fala, fala: qual é a *vingança contra a Testemunha*?

"Volta para trás, peço-te, o gelo é escorregadio. Toma cuidado com o teu orgulho, não vás partir uma perna nele.

"Julgas-te sábio, orgulhoso Zaratustra! Adivinha, então, este enigma, tu que partes as nozes mais duras. Adivinha o enigma que eu sou. Diz-me, quem *sou eu*?"

Mas depois de Zaratustra ouvir essas palavras, que julgais que se passou na sua alma? A *compaixão* assaltou-o e desabou como uma massa, como um carvalho que durante muito tempo resistiu a numerosos lenhadores e cai com uma queda pesada, repentina, com espanto daqueles mesmos que o queriam abater. Levantou-se, e os seus traços tornaram-se duros.

— Bem te conheço – declarou com voz metálica. — És *o assassino de Deus*. Deixa-me passar.

"Não foste capaz de *suportar* que ele te visse, que ele te tivesse constantemente debaixo dos olhos e te adivinhasse, ó, Homem mais hediondo. Vingaste-te dessa testemunha."

Tendo assim falado, Zaratustra quis prosseguir o seu caminho, mas o ser inominável agarrou-o pela roupa e começou a gorgolejar e a procurar as palavras.

— Fica! – acabou por dizer. — Fica! Não te afastes! Adivinhei qual foi o machado que te derrubou. Mas glória a ti, Zaratustra, que te soubeste levantar outra vez.

"Adivinhaste, bem sei, o que deve sentir aquele que o matou, o assassino de Deus. Fica! Senta-te a meu lado, não perderás nada com isso.

"A quem queria eu encontrar, senão a ti? Fica! Senta-te. Mas não olhes para mim. Respeita também a minha feiura.

"Perseguem-me; tu és o meu último refúgio. Não são o seu ódio nem os seus oficiais que me perseguem – oh!, havia de rir-me de semelhante perseguição, ficaria orgulhoso e contente.

"Não está sempre o êxito do lado daqueles que foram muito perseguidos?[5] E na perseguição aprende-se a *seguir*, pois se marcha no rasto daquilo que se persegue. Mas aquilo de que fujo é da sua *compaixão*.

"É contra a sua compaixão que te venho pedir asilo, ó, Zaratustra, protege-me, último refúgio meu, único ser que me adivinhou!

"Porque adivinhaste o que deve sentir aquele que o matou. Fica! E se queres ir embora, ó, impaciente, não vás pelo caminho que eu trilhei. É um mau caminho.

"Estou a irritar-te há muito tempo com o meu falatório? E porque já me permito dar-te conselhos? Mas fica sabendo que sou eu, o homem mais hediondo, que tenho os pés maiores e mais pesados. Por onde passo, o caminho torna-se mau; arruíno e estrago todos os caminhos.

"Bem vi que ias passar por mim sem dizer nada, corando – e nisso reconheci que és Zaratustra.

"Qualquer outro me teria atirado a sua esmola, a sua compaixão em olhares e palavras. Mas não sou bastante mendigo para a aceitar, como adivinhaste.

"Sou demasiado *rico*, rico em coisas grandes e terríveis, horrorosas, inexprimíveis. A tua vergonha, ó, Zaratustra, *honra-me*.

"Dificilmente me libertei da multidão dos misericordiosos – a fim de descobrir o único homem que, nos nossos dias, ensina que a 'compaixão é inoportuna'; para descobrir a ti, ó, Zaratustra!

"Quer venha de um Deus ou dos homens, a compaixão ofusca o pudor. E a recusa de qualquer ajuda pode ser mais nobre do que a virtude mais oficiosa.

"Ora, aquilo a que hoje se chama virtude, na gente pequena, é a compaixão – tal gente não respeita uma grande desgraça, uma grande feiura, um grande fracasso.

"Domino todos com o olhar, como o cão domina os dorsos buliçosos dos rebanhos de carneiros. São gentinhas cinza, lanosas, bonachonas.

"Tal uma graça real que, de cabeça baixa, domina desdenhosamente com o olhar os pântanos monótonos, o meu olhar dirige-se para além desse formigamento de pequenas ondas cinzentas, de pequenas vontades cinzentas, de pequenas almas cinzentas.

"Por tempo demais se lhes deu razão, a esses humildes; foi assim que se acabou por lhes dar o poder. Agora, ensinam: 'Só é o bem aquilo que os humildes acham o bem'.

"E a verdade, na nossa época, foi o que disse o pregador saído do meio dessa gente, esse estranho santo, esse advogado dos pequenos, que dizia de si mesmo: 'Eu sou a Verdade!'.

"É esse presunçoso que há muito tempo incha de orgulho as pessoas humildes, ele cujo erro não era diminuto, quando dizia: 'Eu sou a Verdade!'.

---

[5] Jogo de palavras intraduzível, baseando-se em: *Erfolg* (êxito); *Verfolgen* (perseguir); *folgen* (seguir).

"Acaso se deu alguma vez resposta mais cortês a um presunçoso? Todavia, tu, ó, Zaratustra, passaste à sua frente sem parar, dizendo: 'Não! Não! Mil vezes não!'

"Tu assinalaste o seu erro, tu foste o primeiro a assinalar o perigo da compaixão – não para toda a gente nem para ninguém, mas para ti e para os que são da tua raça.

"Envergonhas-te de ser a testemunha de uma grande dor. E, na verdade, quando dizes: 'A compaixão cobre-nos com a sua grande nuvem; tomai cuidado, ó, homem!' – quando ensinas que todos os criadores são duros, que todo o grande amor vence a sua própria compaixão –, ó, Zaratustra, penso que conheces muito bem os sinais dos tempos.

"Mas tu mesmo defende-te da tua própria compaixão. Porque uma multidão se pôs a caminho para te vir encontrar, todos os que sofrem, os doutores, os desesperados, os que estão em perigo de se afogar ou de morrer congelados.

"Também te previno contra mim. Adivinhaste o melhor e o pior do enigma que eu represento. Adivinhaste o que sou e o que tenho feito. Conheço o machado que te pode abater.

"Mas Ele – foi realmente necessário que morresse. Com os seus olhos que viam *tudo*, via o fundo e para além do fundo do homem, toda a sua oculta vergonha e ignomínia.

"A sua compaixão não conhecia o pudor; insinuava-se nas pregas mais imundas, esse curioso, esse indiscreto, esse maníaco da compaixão; foi realmente necessário que morresse.

"Fitava-me sem descanso; quis-me vingar dessa testemunha – ou deixar de viver.

"O Deus que via tudo, *e até o homem*, foi necessário que morresse. O homem *não suporta* a vida de semelhante testemunha."

Assim falava o Homem mais Hediondo. Mas Zaratustra levantou-se e preparou-se para seguir o seu caminho porque se sentia gelado até a medula.

— Ser inominável – disse ele –, prevines-me contra o caminho que segues. Para te agradecer, vou fazer o elogio do meu. Olha, lá em cima está a caverna de Zaratustra.

"A minha caverna é grande e profunda, tem numerosos recantos; o mais escondido ainda lá encontra onde se esconder. E mesmo ao lado encontram-se esconderijos, cem abrigos para animais rastejantes, saltadores e voadores.

"Proscrito voluntário, não queres continuar a viver no meio dos homens e da compaixão humana? Bem, faz como eu. Assim aprenderás com o meu exemplo. É agindo que nos instruímos.

"E consulta primeiro e antes de mais nada os meus animais – o animal mais altivo e o animal mais astuto. Devem poder dar bons conselhos a ambos."

Assim falava Zaratustra e continuou o seu caminho, mais pensativo, mais lento do que antes. Porque se fazia muitas perguntas as quais não sabia responder.

"Como o homem é miserável!", pensava consigo. "Como ele é feio, agonizante, cheio de secreta ignomínia!

"Dizem-me que o homem gosta de si. Ai! Como esse amor-próprio deve ser querido! Quanto desprezo lhe é necessário vencer!

"Também esse gostava tanto de si que se desprezava – vejo nele o homem do grande amor e do grande desprezo.

"Ainda nunca encontrei em ninguém semelhante desprezo por si. Também isso é grande. Seria ele, talvez, o Homem superior cujo apelo ouvi?

"Amo aqueles que estão repletos de grande desprezo. Mas o homem é o que deve ser superado."

O MENDIGO VOLUNTÁRIO

Quando Zaratustra se afastou do Homem mais hediondo, sentiu-se acossado pelo frio e pela solidão; porque lhe passavam pelo espírito muitos pensamentos gélidos e solitários, e até os seus membros tinham arrefecido. Mas como continuasse a caminhar por montes e vales, ora passando por barrancos bravios e pedregosos onde noutros tempos algum ribeiro turbulento devia ter feito o seu leito, sentiu-se de repente aquecido e de coração mais confortado.

— Mas que me aconteceu? – perguntou a si mesmo. — De onde vem este sopro cálido e vivo que me reanima? Deve estar muito perto de mim.

"Já me sinto menos só; rodam à minha volta companheiros, irmãos desconhecidos, o seu hálito quente comove a minha alma."

Mas como lançasse olhares à sua volta, procurando saber de onde lhe vinha aquele reconforto na sua solidão, eis que se deu conta das vacas reunidas numa elevação; fora a proximidade e o bafo desses animais que lhe haviam reanimado o coração. Todavia, elas pareciam ouvir com atenção alguém que lhes estava a falar, e não faziam caso de quem se aproximava. Quando Zaratustra chegou muito perto delas, ouviu claramente uma voz que falava no meio do grupo de vacas, e todas viravam ostensivamente a cabeça para o orador.

Então Zaratustra correu para a elevação e afastou as vacas, pois receava que houvesse acontecido alguma desgraça a alguém, que a compaixão das vacas não podia socorrer de maneira alguma. Mas enganava-se em tal. Eis que viu um homem sentado no chão e que parecia exortar as vacas a não ter medo nenhum dele – um homem pacífico, parecido com um pregador da montanha e cujos olhos mostravam amizade.

— Que vens tu fazer aqui? – perguntou Zaratustra estupefato.

— O que venho procurar? – respondeu ele. — O mesmo que tu, desmancha-prazeres, a felicidade na terra.

"É por isso que procuro aprender com estas vacas. Fica sabendo que lhes estive a falar durante metade da manhã, e iam me responder justamente agora. Por que nos vens perturbar?

"Se não nos convertêssemos e não nos tornássemos iguais às vacas, não entraríamos no reino dos céus. Há uma coisa que deveríamos aprender com elas: a ruminar.

"E, na verdade, para que serviria a um homem alcançar o mundo inteiro, se não aprendesse a ruminar? Não conseguiria livrar-se da sua grande tristeza cujo nome é agora *tédio*.

"Quem não terá hoje cheios de tédio o coração, a boca e os olhos? Até tu! Até tu! Mas olha um momento para estas vacas."

Assim falou esse pregador na montanha, depois virou os olhos para Zaratustra. Porque até então os tinha amorosamente fixados nas vacas. Mas imediatamente seu semblante se alterou:

— Quem é este homem com quem estou a falar? – exclamou, assustado, levantando-se de um salto.

"É o homem que desconhece o tédio, é Zaratustra em pessoa, o que venceu o grande tédio. São realmente os seus olhos, são os seus lábios, é o coração de Zaratustra."

E enquanto falava ia beijando as mãos daquele a quem falava e comportava-se como se lhe tivesse caído do céu, ao acaso, uma joia sem preço. E as vacas, vendo tudo isso, estavam maravilhadas.

— Não fales de mim, homem estranho e amável – dizia Zaratustra, defendendo-se da sua ternura –, fala-me primeiro de ti! Não és tu o Mendigo voluntário que noutro tempo renunciou a uma grande riqueza; o que tinha vergonha da sua riqueza e dos ricos e que se refugiou junto dos mais nobres para lhes fazer dom da sua abundância e do seu coração? Mas eles não aceitaram nada disso.

— Mas eles não quiseram nada de mim – reconheceu o Mendigo voluntário –, como sabes. Por isso, acabei por vir para junto dos animais e para junto dessas vacas.

— E assim aprendeste – interrompeu Zaratustra – quão mais difícil é dar o bem do que aceitar o bem, e que existe uma *arte* de dar o bem que é a suprema e mais sutil virtuosidade da bondade.

"Especialmente nos nossos dias, em que tudo quanto é baixo está em estado de revolta, agitado e pleno de orgulho à sua maneira – à sua maneira de populacho.

"Porque chegou a hora, como sabes, a hora da grande insurreição do populacho e dos escravos, a hora da grande, maligna, demorada e lenta insurreição que cresce continuamente.

"Agora a menor benfeitoria, a menor abundância revoltam os humildes, e aqueles que são muito ricos devem dominar-se.

"Aqueles que se pareciam com garrafas de gargalo estreito que só dão o seu conteúdo gota a gota, gostam nos nossos dias de lhes cortar o pescoço.

"Avidez luxuriosa, inveja biliosa, rancor sombrio, orgulho plebeu – eis tudo o que me saltou aos olhos. Já não há razão para dizer: 'Bem-aventurados os pobres! Mas o reino do céu existe -- entre as vacas'"

— E por que não entre os ricos? – perguntou Zaratustra para o experimentar, enquanto afastava as vacas que fungavam familiarmente o rosto do homem bondoso.

— Por que me tentas? – respondeu o outro. — Sabes melhor do que eu. O que foi que me impeliu para os pobres, Zaratustra? Não foi a aversão que sentia pelos ricos, por esses forçados da riqueza que procuram o seu lucro até no lixo, com olhos frios, pensamentos ávidos, essa gentalha cujo fedor sobe até o céu, essa população falsificada e dourada cujos pais eram ladrões, pilhadores de cadáveres ou catadores de lixo, essa gente com mulheres complacentes, lascivas e esquecidas – porque, de fato, em nada diferem das rameiras.

"Populacho no alto da escada, populacho embaixo! Que importam hoje pobres ou ricos! Desaprendi a fazer essa diferença – e acabei por fugir para mais longe, sempre para mais longe, até que me encontrei no meio dessas vacas."

Assim falou o pacífico, respirando ruidosamente e suando com o esforço das suas próprias palavras; de tal modo que as vacas ficaram espantadas. Mas Zaratustra fitava-o sem deixar de sorrir, enquanto o homem pronunciava tão duras considerações e abanava a cabeça sem nada dizer:

— Estás a violentar-te, pregador da montanha, ao empregar expressões tão duras. Nem os teus olhos, nem os teus lábios são feitos para tamanha dureza; nem, ao que me parece, o teu próprio estômago reclama alimentos mais suaves. Não tens nada de carniceiro.

"Pareces-me muito mais um homem para viver de plantas e de raízes, talvez moas grãos para te alimentares, mas seguramente te repugnam as alegrias da carne, e gostas de mel."

— Adivinhaste-me perfeitamente — respondeu o Mendigo voluntário, com o coração aliviado. — Gosto de mel, moo os grãos porque procuro o que tem um gosto bom e dá um hálito puro e o que leva muito tempo, o que ocupa durante dias inteiros as maxilas dos doces gostosos.

"É verdade que estas vacas sabem ainda muito mais, pois inventaram o ruminar e o rebolar-se ao sol. E abstêm-se também de quaisquer pensamentos penosos que incham o coração."

— É realmente bom – replicou Zaratustra. — Mas deverias ver os *meus* animais, a minha águia e a minha serpente; não têm rival na terra neste momento.

"Olha, aquele caminho lá em cima leva à minha caverna, sê seu hóspede esta noite e falarás com os meus animais a respeito da felicidade animal até o meu regresso. Porque agora um grito de angústia me chama depressa para longe de ti. Também hás de encontrar em minha casa mel novo, mel dourado em favos, fresco como gelo – come-o!

"Mas agora despede-te rapidamente das tuas vacas, homem estranho e amável, por mais que te custe. Porque nelas tens as tuas melhores amigas e os teus melhores mestres."

— Com exceção de um único a quem amo ainda mais – respondeu o Mendigo voluntário. — Tu és bom, melhor ainda do que uma vaca, ó, Zaratustra.

— Foge, foge depressa, vil, adulador! – gritou Zaratustra, irritado. — Por que me queres corromper com o mel dos teus louvores e da tua lisonja?

"Foge, foge para longe de mim", gritou mais uma vez, ameaçando com o bordão o terno Mendigo; mas este afastou-se com a maior presteza.

A SOMBRA

Tão logo o Mendigo voluntário tinha se afastado, e Zaratustra voltou a encontrar-se só, logo ouviu atrás dele outra voz que gritava:

— Para, Zaratustra, espera por mim! Sou eu, Zaratustra, eu, a tua Sombra. – Mas Zaratustra não se deteve, porque o invadiu uma súbita irritação, por causa dessa multidão inoportuna que enchia a sua montanha.

— Que foi feito da minha solidão? – perguntava a si mesmo.

"Já é demais. Esta montanha é cheia, o meu reino já não é *deste mundo*, vou precisar de outras montanhas.

"É a minha Sombra que me chama? Que me importa a minha Sombra? Que corra atrás de mim; eu fujo dela."

"Assim dizia consigo Zaratustra enquanto corria. Mas o que estava atrás dele seguia-o, e depressa foram três a correr um atrás do outro: o Mendigo voluntário; depois Zaratustra; e, em terceiro e último lugar, a sua Sombra. Não correram por muito tempo quando Zaratustra se arrependeu da sua loucura e expulsou para longe de si qualquer irritação e qualquer repugnância.

— Ora essa! – exclamou. — Pois não é entre nós, velhos eremitas, velhos santos, que acontecem sempre as coisas mais risíveis?

"Na verdade, a minha loucura prosperou na montanha. Agora, ouço soar, umas atrás das outras, seis velhas pernas de loucos.

"Mas terá Zaratustra o direito de ter medo de uma Sombra? E acabo também por acreditar que tem as pernas mais compridas do que eu."

Assim falava Zaratustra, rindo abertamente com os olhos e as próprias entranhas. Deteve-se, deu vivamente meia-volta e quase atirou ao chão a sua Sombra e o seu Duplo, tão agarrada seguia aos seus calcanhares e tão frágil era. Com efeito, quando ele a examinou, teve medo como perante a aparição repentina de um fantasma, tão fraca, escura, vazia e extenuada parecia.

— Quem és? – perguntou Zaratustra com veemência. — Que fazes aqui? E por que dizes que és a minha Sombra? Não me agradas.

— Perdoa-me ser o que sou – respondeu a outra –, mas sou com efeito a tua Sombra e, se te desagrado, felizmente, ó, Zaratustra, eu aprovo-te e felicito-te pelo teu bom gosto.

"Eu sou uma viajante, há muito tempo agarrada aos teus calcanhares, sempre caminhando, mas sem destino e sem lar; e pouco falta para que sejas o eterno Judeu errante, salvo não ser eterno e também não ser judeu.

"Como? Seria necessário errar perpetuamente, agitada por todos os ventos, instável, perseguida? Ó, terra, és demasiado redonda para o meu gosto!

"Já me sentei em todas as superfícies planas, já adormeci como uma poeira cansada nos espelhos e nas vidraças, tudo me corrói, nada me enriquece, vou diminuindo – pouco falta para que me pareça com uma sombra.

"Mas, ó, Zaratustra, é a ti que há mais tempo tenho seguido e perseguido; e embora me tenha escondido de ti, sempre fui a tua Sombra mais devotada; onde quer que te tenhas fixado, me tenho eu detido; acompanhei-te nas regiões mais longínquas e nas mais glaciais, como um fantasma que se compraz em correr pela neve, pelos telhados embranquecidos pelo inverno.

"Contigo penetrei em tudo o que há de mais proibido no mundo, de pior e de mais longínquo; e se existe em mim alguma virtude, é a de não ter recuado diante de nenhuma proibição.

"Contigo quebrei tudo o que o meu coração tinha adorado, derrubei todas as barreiras e todas as estátuas, cedi aos desejos mais perigosos – na verdade, passei ao menos uma vez por todos os crimes.

"Contigo perdi a fé nas palavras, nos valores consagrados e nos grandes nomes. Quando o diabo muda de pele, não muda ao mesmo tempo de nome? Porque o nome é uma espécie de epiderme. E o próprio diabo talvez não seja mais do que – uma epiderme.

"'Nada é verdade; tudo é permitido', assim um dia me consolei. Mergulhei inteiramente, de cabeça e coração, nas águas mais glaciais. Ah! Quantas vezes saí nua e vermelha como um caranguejo.

"Ai! Que fiz eu de tudo o que era bom em mim, do meu pudor e da minha fé nos bons? Ai! Para onde fugiu a candura mentirosa que possuía antigamente, a candura dos bons e as suas nobres mentiras?

"Demasiadas vezes, na verdade, pisei a verdade; e ela então saltou-me à cara. Às vezes, pretendia mentir – e foi então que me encontrei em face da verdade.

"Muitas coisas se me tornaram claras; agora já nada me importa. Já não há nada no mundo que eu ame; como poderia amar-me ainda a mim mesma?

"'Levar a vida que me agrada ou não viver de modo nenhum'; eis o que quero, o que quer também o mais santo. Mas ai! Ainda terei – desejo do quer que seja?

"Acaso ainda tenho um objetivo? Um porto para onde encaminhar a minha vela?

"Um vento favorável? Ai! Só o que sabe para onde vai sabe também qual é o vento favorável que para lá o levará.

"Que me resta? Um coração cansado cheio de impiedade; uma vontade instável; asas que batem doidamente; uma espinha partida.

"Essa perseguição da minha pátria, ó, Zaratustra, bem o sabes, é o mal que me persegue; devora-me[6]?

"'Onde está a minha pátria?'. Informo-me e procuro-a sem conseguir encontrá-la. Ó, eterno em toda a parte, é eterno em parte alguma, ó, eterno – em vão!"

Assim falou a Sombra, e o rosto de Zaratustra dilatava-se ao ouvi-la.

— Sim, és a minha sombra – disse, afinal, com tristeza. — O perigo que corres não é para desprezar, espírito livre, vagabundo! A tua viagem foi má, toma cuidado para que a noite não seja pior.

"Os inquietos como tu acabam por encontrar encanto até numa prisão. Já alguma vez viste dormir os criminosos a quem acabaram de prender? Dormem tranquilamente, desfrutam de sua nova segurança.

"Toma cuidado para que não acabe por se apoderar de ti qualquer fé acanhada, qualquer dura e rígida ilusão. Porque de ora em diante serás seduzida e tentada por tudo o que é estreito e rígido.

"Perdeste o teu objetivo: ai! Como poderás tomar o teu partido? Como te irás consolar dessa perda? Ao mesmo tempo, perdeste também o teu caminho!

"Pobre errante, pobre transviada, borboleta fatigada! Queres apreciar esta noite um descanso e um lar? Então vai para a minha caverna!

"É esse o caminho da minha caverna. E agora vou te deixar a toda a pressa. Já pesa sobre mim uma espécie de sombra.

"Vou correr sozinho até me voltar a encontrar em plena claridade. Para isso, vai me ser necessário ficar alegremente sobre minhas pernas durante muito tempo. Mas em minha casa, esta noite – vai-se dançar."

Assim falava Zaratustra.

MEIO-DIA

E Zaratustra desatou a correr sem voltar a encontrar ninguém; depressa se achou sozinho e se dominou, contente por poder alimentar-se e sustentar-se com a sua solidão e pensar em boas coisas durante horas. Mas por volta do meio-dia, como o sol se encontrasse no zênite por cima dele, passou perto de uma velha árvore torcida e nodosa, que era enlaçada e envolvida por toda a parte pelo abraço de uma vinha amorosa; cachos dourados ofereciam-se ao viajante em abundância. Então sentiu desejo de acalmar uma sede leve e de colher um cacho; porém, quando já estendia a mão, teve ainda desejo de outra coisa: de se estender debaixo da árvore e de dormir um pouco em pleno meio-dia.

Assim fez. E mal se tinha deitado no chão no silêncio e no mistério da erva florida, logo esqueceu a sede e adormeceu. Porque há um provérbio de Zaratustra que diz: "De duas coisas, uma é mais necessária do que outra". Todavia, conservava os olhos abertos porque não se cansava de ver e de celebrar a árvore e a vinha amorosa. E enquanto ia adormecendo, Zaratustra dizia no seu coração:

— Silêncio! Silêncio! Não é verdade que o mundo acaba de atingir a sua perfeição? Que é que me acontece?

"Como uma brisa deliciosa dança, invisível, sobre o mar acalmado, leve, leve como a pena – assim o sono dança sobre o meu espírito.

---

6 Jogo de palavras intraduzível: *Heim* (pátria, casa); *suchen* (buscar, procurar); *Heimsuchung* (aflição, prova).

"Não me cerra os olhos, deixa a minha alma desperta. É leve, na verdade, leve como uma pena.

"Persuade-me, não sei como. Aflora com a sua mão acariciadora a minha fibra mais íntima. Apodera-se de mim. Obriga a minha própria alma a dilatar-se também.

"Como ela me parece cansada, essa alma estranha! Será já a noite do sétimo dia que a surpreende em pleno dia? Errou ela durante muito tempo com delícia por entre as coisas boas e maduras?

"Ei-la deitada ao comprido – mais extensa ainda. Ei-la muda, à minha alma estranha. Saboreou demasiadas coisas boas, pesa-lhe essa embriaguez dourada, a sua boca contrai-se.

"Como barca que entrou na baía mais calma do mundo, encosta-se agora na terra, cansada das demoradas viagens e dos mares incertos. A terra deixou de ser segura?

"Como uma barca que procura o apoio, a carícia da terra: basta então que uma aranha estenda o seu fio entre elas; não há necessidade de cabo mais forte.

"Como uma barca cansada na mais tranquila baía, repouso em contato com a terra, fiel, confiante, esperando, ligada a ela, pelos fios mais tênues.

"Ó, felicidade! Ó, felicidade! Decerto querias cantar, ó, minha alma? Estás deitada na erva. Mas eis a hora secreta e solene em que nenhum pastor sopra na sua flauta.

"Acautela-te! O Meio-dia ardente dorme nos prados. Não cantes! Silêncio! O mundo atinge a sua perfeição!

"Não cantes, ave dos prados, ó, minha alma! Nem murmures! Olha – silêncio! O antigo Meio-dia adormeceu, mexe os lábios; não acaba de beber uma gota de felicidade?

"Uma velha gota escura de uma felicidade dourada, de um vinho dourado? Um sopro passa sobre ele, a sua felicidade ri. Assim ri um deus. Silêncio!

"'É feliz por ser necessário tão pouco para ser feliz!'. Assim pensava eu antigamente, julgando-me sábio. Mas era uma blasfêmia; agora me dou conta disso. Os loucos, na sua sabedoria, falam melhor disso. Os loucos, na sua sabedoria, falam melhor.

"A mínima coisa, a menos barulhenta e a mais leve, o roçar de um lagarto, um sopro, um deslizar, um fechar de olhos – é com esse pouco que se compõe a essência da felicidade mais singular. Silêncio!

"Que me aconteceu? Ouvi! Acaso voou o tempo? Será que caio, que caí – ouvi! – no poço da eternidade?

"Que me aconteceu? Silêncio! Feriu-me uma flecha – ai! – no coração! No coração? Oh! Quebra-te, coração, depois de semelhante felicidade, depois de semelhante ferida!

"Como! Não acaba o mundo de atingir a sua perfeição? Não está redondo e maduro? Oh! Este círculo de ouro, de uma redondeza perfeita, para onde vai voar, para correr atrás dele? Fugiu!

"Silêncio. – Aqui Zaratustra estirou-se e sentiu que estava a dormir. — A pé — disse para si mesmo –, a pé, dorminhoco, dorminhoco em pleno meio-dia! Vamos, coragem! Minhas velhas pernas. Já são horas, mais do que horas. Ainda nos falta andar um bom pedaço de caminho.

"E agora já dormiste o bastante. Quanto tempo? Uma meia-eternidade, pelo menos. Vamos, coragem, velho coração! Depois de tal sono, quanto tempo te será necessário – para voltar a ter sono outra vez?"

E imediatamente voltou a adormecer, e a sua alma defendia-se e resistia-lhe, e tornava a deitar-se ao comprido.

— Deixa-me então! Silêncio! Não acaba o mundo de atingir a sua perfeição? Oh! a bela bola de ouro redonda!

"Levanta-te – disse Zaratustra – pequena ladra, preguiçosa! O quê? Sempre a espreguiçar-te, a bocejar, a suspirar, a deixar-te cair nos poços profundos?

"Quem és tu, então, minha alma? – E aqui estremeceu, pois um raio de sol caiu sobre o seu rosto.

"Ó, céu por cima da minha cabeça – disse, suspirando e endireitando-se no seu lugar –, estás olhando para mim? Estás ouvindo esta alma singular?

"Quando beberás esta gota de orvalho caída sobre todas as coisas terrenas? Quando beberás esta alma estranha?

"Quando, pois, ó, poço da eternidade, abismo luminoso e assustador do meio-dia, quando absorverás em ti a minha alma?"

Assim falava Zaratustra, e ergueu-se da sua cama debaixo da árvore como se saísse de uma estranha embriaguez, e eis que o sol estava ainda no zênite exatamente por cima da sua cabeça, de onde se podia concluir que Zaratustra não tinha dormido muito nesse dia.

A SAUDAÇÃO

Ia já a tarde muito alta quando Zaratustra, depois de muitas correrias e pesquisas vãs, tornou à sua caverna. Mas quando chegou a apenas vinte passos da entrada, aconteceu o que ele menos esperava: voltou a ouvir o grande *grito de angústia*. E, coisa assombrosa, esse grito saía daquela vez da sua caverna. Ora era um estranho grito, prolongado e múltiplo, e Zaratustra distinguia nitidamente que era produzido por diversas vozes, se bem que, de longe, fizesse o efeito de sair de uma única boca.

Então, Zaratustra precipitou-se para a caverna. Que espetáculo o esperava depois desse concerto! Porque ali viu sentados, lado a lado, todos quantos tinha encontrado no caminho durante o dia: o Rei da direita e o Rei da esquerda, o velho Encantador, o Papa, o Mendigo voluntário, a Sombra, o Espírito do escrúpulo, o Profeta de mau agouro e o burro; mas o Homem mais hediondo tinha posto uma coroa e cingira-se com duas faixas cor de púrpura, porque gostava, como todos os que são feios, de se disfarçar e de se adornar. E no meio dessa triste companhia estava a águia de Zaratustra, eriçada e inquieta, porque lhe faziam uma série de perguntas às quais o seu orgulho a proibia de responder, e a astuta serpente pendia enroscada ao seu pescoço.

Zaratustra ficou muito surpreendido, mas em seguida examinou cada um dos hóspedes com amável curiosidade e, tendo lido as suas almas, tornou a espantar-se. Entretanto, todos se tinham levantado dos seus lugares e esperavam com respeito que Zaratustra tomasse a palavra. E Zaratustra falou-lhe nestes termos:

— Homens singulares, foi então o vosso grito de angústia que ouvi! E sei agora onde se encontra aquele que procurei inutilmente todo o dia, o *Homem superior*.

"Ei-lo portanto na minha caverna, o Homem superior! Mas por que me hei de admirar? Não fui eu próprio que o atraí aqui com o meu oferecimento de mel e os malignos chamarizes da minha felicidade?

"Mas pareceis-me malfeitos para vos pordes de acordo, não cessais de vos irritar uns contra os outros, vós que estais sentados lado a lado, lançando apelos de angústia. Haveis de ter necessidade de que outro se junte a vós, outro que vos ensine outra vez a rir, um bom bufão jovial, um dançarino, um furacão, um fogo-fátuo, algum velho louco — que vos parece?

"Perdoai-me, ó, desesperados, que me sirva de palavras tão humildes, indignas na verdade de tais hóspedes. Mas não adivinhais o que me enche o coração de alegria.

"Sois vós mesmo, e ver-vos aqui, desculpai-me. Com efeito, recupera-se coragem, quando se vê um desesperado, e, para devolver coragem a um desesperado, toda a gente se julga bastante forte.

"São aqui os meus domínios e o meu reino, mas esta tarde e esta noite tudo o que me pertence será vosso. Os meus animais vos servirão, a minha caverna será o vosso lugar de repouso!

"Não quero desesperados em minha casa, no meu lar; nos meus domínios entendo proteger cada um contra as suas próprias feras. E a primeira coisa que vos ofereço é a minha segurança!

"Mas a segunda é o meu dedo mínimo; e quando eu o estender a vós, apoderai-vos da mão toda, e, palavra de honra!, do coração ao mesmo tempo. Sede bem-vindos aqui, muitíssimo bem-vindos, ó, meus hóspedes!"

Assim falava Zaratustra, rindo com um ar de ternura e de malícia ao mesmo tempo. Depois dessa alocução de boas-vindas, os seus hóspedes voltaram a inclinar-se, guardando um silêncio respeitoso. Mas o Rei da direita respondeu em nome de todos:

— Pela maneira como nos estendeste a mão e nos desejaste as boas-vindas, reconhecemos que és Zaratustra. Humilhaste-te diante de nós; um pouco mais, e terias ferido a nossa deferência.

"Mas quem, que não tu, poder-se-ia humilhar com tanto orgulho? Isso mesmo nos endireita, reconforta os nossos olhos e os nossos corações.

"Só para ver tal coisa, estaríamos prontos a subir montanhas ainda mais altas. Viemos com olhos ávidos, desejosos de ver o que tranquiliza os olhos contristados.

"E eis que já esquecemos o nosso apelo de angústia. Já os nossos espíritos e os nossos corações estão abertos e extasiados. Pouco falta para que a nossa coragem se transforme em presunção.

"Não há na terra nada mais forte do que uma alta e forte vontade; é a planta mais bela que se pode desejar. Semelhante árvore anima uma paisagem inteira.

"É com um pinheiro que eu compararia o que cresce como tu, ó, Zaratustra, alto, silencioso, duro, solitário, feito da melhor madeira e da mais flexível, magnífico, desdobrando no cume os seus fortes ramos verdes a fim de alargar o seu próprio domínio, fazendo perguntas vigorosas aos ventos, às tempestades e a tudo quanto é familiar às alturas, e dando respostas mais vigorosas ainda, ordenando como senhor, como vencedor. Oh! Quem não subiria altas montanhas para aí contemplar semelhantes plantas!

"A tua árvore, ó, Zaratustra, devolve a coragem aos próprios melancólicos, aos vencidos da vida; o seu aspecto tranquiliza os inquietos e cura a sua coragem.

"E, na verdade, muitos olhares, nos nossos dias, estão fixados na tua montanha e na árvore que nela vive; levantou-se uma aspiração poderosa, e muitos homens aprenderam a dizer: 'Quem é Zaratustra?'.

"E todos aqueles em cujos ouvidos alguma vez instilastes o mel do teu canto, os homens secretos, aqueles que se afastam furtivamente, sozinhos ou aos pares, disseram de repente no seu coração:

"'Zaratustra ainda está vivo? Não vale a pena viver, tudo é igual, tudo é vão, se não podemos viver com Zaratustra'.

"'Porque não chega ele, depois de se ter anunciado há tanto tempo?'. E mais de um perguntam: 'Teria sido devorado pela solidão? Conseguimos voltar a encontrá-lo?'

"Ora revela-se agora que a solidão sazonou e que se fende como um sepulcro que já não pode reter aos seus mortos. Só se veem ressuscitados por toda a parte.

"As ondas sobem pouco a pouco em torno de tua montanha, ó, Zaratustra. E por mais alto que seja o teu cume, conseguirão sem dúvida alcançar-te; a tua barca já não deve ficar muito tempo em seco.

"E nós que nos desesperávamos, nós viemos à tua caverna e já deixamos de nos desesperar; é esse apenas o sinal e o presságio anunciando que outros, melhores do que nós, puseram-se já a caminho para se virem encontrar contigo.

"Porque aquilo que se pôs à tua procura é o último resto do que existe de divino no homem, são todos os homens animados pela grande nostalgia, o grande tédio, a grande saciedade.

"Todos os que não querem viver a não ser que possam voltar a encontrar a *esperança*, a não ser que aprendam contigo, ó, Zaratustra, a *grande* esperança!"

Tendo assim falado, o Rei da direita pegou a mão de Zaratustra para beijá-la; mas Zaratustra impediu esse gesto de adoração e retrocedeu assombrado, calado, como se mergulhasse de repente nos longínquos infinitos. Decorrido um pequeno instante, todavia, voltou para junto dos seus hóspedes, fixou neles um olhar lúcido e crítico e disse:

— Homens superiores, meus hóspedes, vou vos falar claro, em bom alemão. Não era a vós que esperava nestas montanhas.

— Falar claro, em bom alemão? Deus tenha piedade de nós! – disse aqui o Rei da esquerda à parte. — Bem se vê que este sábio do Oriente não conhece esses bons alemães!

"Mas ele quer dizer: grosseiramente, à maneira alemã. Pois seja! Nos nossos dias, não é o pior dos gostos."

— Pode ser que todos vós sejais Homens superiores – prosseguiu Zaratustra –, mas, em minha opinião, não sois nem bastante altos nem bastante fortes.

"Em minha opinião, quer dizer relativamente à exigência inflexível que calo, mas que nem sempre calarei. E se bem que sejais dos meus, não vos considero como o meu braço direito.

"Porque aqueles que como vós caminham sobre pernas doentes e débeis, quer o saibam quer não, desejam ser *poupados*.

"Ora eu não poupo nem os meus braços, nem as minhas pernas, *eu não poupo em nada os meus guerreiros*. Como poderíeis ser bons para a *minha* guerra?

"Estragaríeis todas as minhas vitórias. E o rufar ruidoso dos meus tambores havia de bastar muitas vezes para vos fazer cair de costas.

"Também não vos acho suficientemente belos nem suficientemente bem-nascidos. Para a minha doutrina são-me necessários espelhos puros e perfeitamente polidos. A minha própria imagem se deforma na vossa superfície.

"Pesam sobre os vossos ombros demasiados fardos, demasiadas recordações. Escondem-se nos vossos íntimos demasiados diabretes malévolos. Há em vós demasiados instintos plebeus que se dissimulam.

"E embora sejais altos e de elevada extração, carregais em vós demasiadas disformidades e maus feitios. Não há ferreiro no mundo que conseguisse endireitar-vos e voltar a forjar-vos eretos.

"Sois pontes: pudésseis servir de pontes a outros maiores do que vós. Sois degraus: não vos irriteis contra os que vos sobem a fim de atingir a *sua própria* altura.

"Talvez a vossa semente possa um dia dar nascimento a um filho legítimo, a um herdeiro completo, mas tal dia está ainda longe. Não sois, quanto a vós, os que podem reivindicar a minha herança e o meu nome.

"Não é a vós que espero nestas montanhas, não é convosco que voltarei a descer pela última vez para o meio dos homens. Não sois para mim senão um presságio dos que maiores do que vós se encaminham para mim; não os Homens da grande nostalgia, do grande tédio, da grande saciedade, nem aqueles a quem chamais os vestígios de Deus sobre a terra, não, não, não, três vezes não! São outros homens que espero aqui nas montanhas e não arredarei daqui senão em sua companhia; outros mais altos, mais fortes, mais triunfantes, mais alegres, homens feitos a compasso e esquadro, de corpo e alma — os *leões risonhos* que hão de vir.

"Ó, meus singulares hóspedes, nunca ouvistes falar dos meus filhos? Não vos disseram que estão a caminho para vir ter comigo?

"Falai-me dos meus jardins, das minhas ilhas Afortunadas, da minha raça bela e nova — por que não me falais disso?

"O dom que reclamo da vossa afeição é que me faleis dos meus filhos. É por eles que sou rico. Foi por eles que empobreci.

"Quanto não dei, quanto não daria para possuir esse único bem, esses filhos, esse vivo viveiro, essas árvores vivas da minha vontade e da minha elevada esperança!"

Assim falava Zaratustra e de súbito interrompeu o seu discurso porque a nostalgia o dominou, e a emoção do seu coração lhe cerrou os olhos e os lábios. Todos os hóspedes se calaram também e permaneceram imóveis e consternados, com exceção do velho Profeta, que fazia toda a espécie de sinais com mãos e gestos.

A CEIA

Nesse momento, o Profeta interrompeu as saudações que trocavam Zaratustra e os seus hóspedes, adiantou-se como alguém que não tem tempo a perder, pegou a mão de Zaratustra e exclamou:

— Mas, Zaratustra! Tu mesmo o disseste, de duas coisas uma é mais necessária do que outra: pois bem, há agora uma coisa que me é mais necessária do que todas as outras no mundo.

"A propósito: não me convidaste para um banquete? E olha, todos os que aqui estão deram longas caminhadas. Não vais, portanto, satisfazer-nos com discursos?

"E todos vós falastes demasiado do perigo de morrer congelados, afogados, asfixiados ou de qualquer outro mal; nenhum de vós pensou no mal que me faz sofrer, quanto a mim, e que é a fome."

Assim falou o Profeta, mas, ao ouvir essas palavras, os animais de Zaratustra fugiram assustados. Porque viam muito bem que aquilo que tinham acarretado durante o dia não bastaria para encher o estômago daquele único Profeta.

— Para não falar na sede – continuou o Profeta. — E se bem que ouça um marulhar de água que se parece com os discursos da sabedoria, abundante e infatigável, como eles, o que eu quero, é – vinho!

"Nem toda a gente é como Zaratustra, bebedor nato de água. A água não vale nada para as pessoas cansadas e gastas; para nós, é necessário vinho. Só o vinho opera súbitas curas e dá uma saúde sempre alerta.

Foi então, enquanto o Profeta reclamava vinho, que o Rei da esquerda, o calado, tomou por sua vez a palavra:

— Quanto ao vinho, nisso pensamos nós, eu e o meu irmão, o Rei da direita; temo-lo em abundância, a carga de um burro. Não teremos falta de nada, a não ser de pão.

— Pão? – disse Zaratustra, rindo — É justamente aquilo que falta aos eremitas. Todavia, nem só de pão vive o homem, mas também da carne suculenta dos cordeiros, como estes dois aqui.

"É preciso abatê-los o mais depressa possível e prepará-los de maneira saborosa com salva; é assim que gosto deles. E também não faltam raízes nem frutos, capazes de agradar mesmo a gastrônomos e paladares delicados; para não falar das nozes e de outros enigmas para decifrar.

"Vamos, pois, fazer daqui a pouco uma boa refeição. Mas os que quiserem comer comigo devem pôr mãos à obra, todos sem exceção dos Reis. Pois em casa de Zaratustra, nem aos Reis é proibido ser cozinheiros."

A proposta agradou a todos, exceto ao Mendigo solitário, que protestou contra a carne, o vinho e as especiarias.

— Ouçam por um momento este glutão do Zaratustra! – exclamou em tom de zombaria. — É então para fazer semelhantes festins que se vem para as cavernas e para as altas montanhas?

"Compreendo agora o que ele nos ensinou outrora: 'Louvada seja uma modesta pobreza!'; e a razão por que quer suprimir os mendigos."

— Não te aborreças – respondeu-lhe Zaratustra –, faz como eu. Conserva os teus hábitos, meu caro. Mói os teus grãos, bebe a tua água, elogia a tua cozinha, desde que te dê alegria.

"Eu apenas quero fazer lei para os meus, não sou uma lei para toda a gente. Mas aqueles que pertencem à minha espécie devem ter ossos rijos e pés ligeiros.

"É necessário que estejam sempre dispostos para a guerra e para os festins; nem melancólicos, nem sonhadores, dispostos aos esforços mais penosos assim como a uma festa, sãos e robustos.

"Pertence-nos o que há de melhor, a mim e aos meus, e o que não nos dão, tomamo-lo: a melhor carne, o céu mais puro, os pensamentos mais fortes, as mulheres mais formosas."

Assim falava Zaratustra – mas o Rei da direita replicou:

— Que curioso! Já alguma vez se ouviram coisas tão sensatas saírem da boca de um sábio? E, na verdade, o que há de mais singular num sábio é ele ser sensato, e não um burro.

Assim falou o surpreendido Rei da direita. Mas o burro sublinhou esse discurso com um I-A descontente. Não era todavia senão o começo de uma longa refeição a que as crônicas chamam "a Ceia". E nessa refeição só se falou do *Homem superior.*

DO HOMEM SUPERIOR

1

A primeira vez que estive em casa dos Homens, pratiquei a tolice que cometem todos os solitários, a grande tolice de me instalar na praça pública.

Dirigindo-me a todos, não me dirigia a ninguém. Mas à noite tive por companheiros saltimbancos e cadáveres; e pouco faltou para que eu próprio não fosse também um cadáver.

Mas na manhã seguinte vi brilhar uma certeza nova; aprendi a dizer: "Que me importam a praça pública e o populacho e a algazarra festiva e as orelhas compridas do populacho!".

Homens superiores, aprendei comigo esta verdade: na praça pública ninguém acredita nos Homens superiores. E se quereis falar na praça pública, fazei-o; mas o populacho dirá, piscando os olhos:

— Somos todos iguais. Homens superiores — assim fala o populacho, piscando os olhos —, não há Homens superiores, somos todos iguais. O Homem é apenas um homem; diante de Deus somos todos iguais.

Diante de Deus! Mas esse Deus morreu. E recusamo-nos a ser iguais diante do populacho. Homens superiores, conservai-vos afastados da praça pública.

2

Diante de Deus! Mas esse Deus morreu! Homens superiores, esse Deus era o vosso maior perigo.

Ressuscitaste depois de Ele jazer no sepulcro. É agora, enfim, que vai luzir o grande meio-dia; que o Homem superior vai se tornar – o senhor.

Compreendeis esta palavra, ó, meus irmãos? Estais assustados, o vosso coração está dominado pela vertigem? Vedes abrir-se um abismo? Ouvis ladrar o cão do inferno?

Vamos, coragem, Homens superiores. É agora que a montanha do futuro humano vai dar à luz. Deus morreu. Mas nós, nós queremos agora que viva o super-homem.

3

Os mais preocupados perguntam hoje: "Como se há de fazer para conservar o homem?".

Mas Zaratustra é o primeiro e único a perguntar: "Como se há de fazer para *superar* o homem?".

É o super-homem que me preocupa o coração. É a minha primeira, a minha única preocupação, ele, e não o homem, nem o próximo, nem o mais pobre, nem o mais aflito, nem o melhor.

Ó, meus irmãos, o que eu posso amar no homem é o que nele é ao mesmo tempo transição e perdição.

Também vós tendes em vós muitas coisas que me inspiram ternura e esperança.

Desprezastes, Homens superiores, o que me dá esperança. Os mais desprezadores são também os mais respeitadores.

Desesperastes, o que merece muito respeito. Porque não aprendestes a resignar-vos, ignorastes as prudências mesquinhas.

Hoje, os pequenos tornaram-se os senhores, todos pregam a resignação, a acomodação, e a prudência, e a aplicação, e as considerações, e todo o extenso *et coetera* das virtudes miúdas.

Os homens efeminados, os filhos dos escravos e sobretudo o populacho mestiço, tudo isso quer agora assenhorear-se do destino humano – ó, horror, horror, horror![7]

Eis os que procuram e se perguntam sem descanso: "Como conservar o homem o mais tempo possível, o melhor possível, com mais agrado? São assim os senhores da hora".

Será necessário subjugar esses senhores da hora, esses pequenos, ó, meus irmãos. São para o super-homem o pior dos perigos.

Superai, peço-vos, ó, meus irmãos, essas miúdas virtudes, essas pequenas astúcias, esses escrúpulos do tamanho de um grão de areia, esse formigueiro, essa miserável satisfação de si, essa felicidade do maior número, e desesperai de preferência a render-vos. Pois, na verdade, vos amo por não saberes viver no tempo em que estamos, Homens superiores. E sois aqueles que viveis melhor.

4

Tendes coragem, ó, meus irmãos? Sois ousados? Não falo de uma coragem perante testemunhas, mas de uma coragem de solitário ou de águias, à qual nem Deus assiste.

As almas frias, os machos, os cegos, os bêbados não têm aquilo a que chamo coragem. Aquele que tem coragem é o que conhece o medo, mas que o domina; que vê o abismo, mas com *arrogância*.

Aquele que vê o abismo, mas com olhos de águia, aquele que *abraça* o abismo, mas com garras de águia, esse tem coragem.

5

"O homem é mau", foi o que me disseram os mais eminentes sábios para me consolar. Ai! Por que não há de ser isso verdade nos nossos dias?! Pôr no homem o mal é ainda a melhor energia.

É necessário que o homem se faça ao mesmo tempo melhor e pior: tal é a minha doutrina. O pior mal é indispensável ao bem do super-homem.

---

7 Há de se ter em mente que o *corpus* nietzscheano carrega como um de seus aparatos conceituais mais importantes o binômio moral de senhor *versus* moral de escravo. Essa última designa uma abordagem existencial subserviente e vitimista, que julga atos baseando-se em intencionalidades que presume serem objetivamente boas ou más (algo contra o qual Nietzsche proferiria sentença ainda mais duramente clara na obra que sucede a presente, *Além do bem e do mal*), e é aos rebentos de uma tal moral que Zaratustra se dirige ao falar de "origem servil", "filhos de escravos" e "populacho". De modo semelhante, "mestiço" não pretende salientar diferenças raciais biológicas, aludindo antes à falta de coesão cultural e social de povos distintos travando contato íntimo, bem como à incapacidade disso decorrente de levarem a termo a altiva meta do Super-homem – no que não se diferem dos "escravos". Finalmente, embora a expressão "homens efeminados" critique um zelo excessivo igualmente visto por Zaratustra como obstáculo em direção à mesma meta, não se pode deixar de mencionar a posição cardinal ocupada pela figura do feminino na filosofia nietzscheana – figura que, tamanha sua importância, não apenas recebe indiscutíveis exaltações ao longo do *corpus*, mas é nele tida como forte o suficiente para receber as críticas que se lhe dirige num esforço de manter a (para Nietzsche imprescindível e fecunda) disputa entre os sexos.

Para esse predicador dos humildes podia ser bom ter sofrido e carregado a sua parte do pecado dos homens! O grande pecado faz a minha alegria, é o meu melhor *reconforto.*

Mas isso não se destina às orelhas compridas. Nem todas as palavras ficam bem em todas as bocas. Trata-se aqui de coisas delicadas e distantes, nada que possa ser apanhado pelos cascos dos carneiros.

6

Homens superiores, pensais que estou aqui para reparar o que fizestes mal?

Ou para preparar uma cama mais elástica para as vossas dores? Ou para vos indicar atalhos mais fáceis, a vós, os inquietos, os errantes, os extraviados na alta montanha?

Não, não, não, três vezes não! É preciso que um número cada vez maior de vós pereça, pois é preciso que a vida se vos torne cada vez mais dura e penosa.

É assim somente que o homem cresce, alcança as alturas em que o raio o atinge e o aniquila: quando subiu suficientemente alto para encontrar o raio.

O meu pensamento, o meu desejo estão ligados aos pequenos números, às coisas longínquas e de longo alcance. Que me importa a vossa pequena angústia múltipla e breve?

Para mim, ainda não sofreis bastante. Porque sofreis por vós mesmos, não é ainda pela *condição humana* que sofreis. Mentiríeis, se falásseis de outra maneira. Nenhum de vós sofre por aquilo que eu sofro.

7

Não me basta que se tenha tornado o raio inofensivo. Não quero desviá-lo, quero ensiná-lo a trabalhar para mim.

Há muito tempo que a minha sabedoria se acumula como uma nuvem, cada vez mais escura e silenciosa. É assim que procede toda a sabedoria que quer um dia dar à luz o *raio.*

Não quero ser uma *luz* para os homens de hoje nem que eles me tomem por uma luz. Esses – quero cegá-los! Relâmpago da minha sabedoria, assombra-os!

8

Defendei-vos de querer o que está acima das vossas forças. Há uma falsidade perniciosa nos que querem o que está acima das suas forças.

Sobretudo se querem grandes coisas. Porque despertam a desconfiança pelas grandes coisas, esses astutos moedeiros falsos, esses cômicos sutis, até o dia em que se disfarçam mesmo aos seus próprios olhos, com os seus olhares de revés, a sua maneira corroída coberta por um verniz, mascarados com palavras solenes, em suas virtudes aparatosas, em suas obras falsificadas, em sua farfalhada.

Muito cuidado com eles, homens superiores. Não há nada que hoje me pareça ser mais precioso nem mais raro do que a probidade.

A hora presente não é a hora do populacho? Ora o populacho ignora o que é grande ou pequeno, reto ou honesto; é tortuoso com inocência; mente sempre.

9

Sede sobretudo prudentes, Homens superiores, homens animosos, corações sinceros. E conservai as vossas razões secretas. Porque a hora presente é do populacho.

O que o populacho aprendeu a crer sem razão, como o poderíamos destruir por meio de razões?

E, na praça pública, é com gestos que se convencem as pessoas. Mas o populacho desconfia das razões.

E se alguma vez a verdade triunfa, perguntai a vós mesmos com salutar desconfiança: "Qual foi o erro grave que combateu por ela?".

Defendei-vos também das pessoas cultas. Odeiam-vos, porque são estéreis. Têm olhos frios e secos, todas as aves lhes parecem depenadas.

Alguns gabam-se de não mentir em nada, mas é preciso que a incapacidade de mentir seja amor pela verdade. Desconfiai!

É preciso que a ausência de febre seja a lucidez do Conhecimento. Não acredito nos espíritos frios. Aquele que não sabe mentir ignora o que é a verdade.

10

Quereis subir mais alto? Servi-vos das vossas próprias pernas. Não vos façais *carregar* para o alto, não subais levados às costas ou à cabeça de outrem.

Mas tu, tu subiste a cavalo? E agora galopas alegremente para o teu objetivo? Está bem, meu amigo. Mas o teu pé coxo vai contigo, em cima do teu cavalo.

Quando chegares ao teu objetivo, quando desceres do cavalo, será no teu *cume*, Homem superior, que tropeçarás.

11

Ó, criadores, Homens superiores, nunca se carrega consigo senão o seu próprio filho.

Não vos deixeis doutrinar. Quem é, pois, o *vosso* próximo? Mesmo agindo "no interesse do próximo", não criais nada para ele.

Esquecei, pois, esse "para", criadores. É a vossa virtude que exige que não façais nada "para", "por causa de", nem "porque". Precisais fechar os ouvidos a essas palavras falsas.

Agir "pelo próximo" é a virtude dos pequenos, dos que pensam: "diz-me com quem andas, dir-te-ei quem és" e "uma mão lava a outra". Não têm direito ao *vosso* egoísmo; também não têm a vossa força.

No vosso egoísmo, ó, criadores!, há a prudência, a previsão da futura mãe. O que ainda ninguém viu com os seus olhos, o vosso fruto, eis o que deveis proteger e conservar e alimentar com o nosso amor.

Onde está o vosso amor, quero dizer o vosso filho, também está toda a vossa virtude! A vossa obra, a vossa vontade, eis o que é *para vós* o "próximo". Não vos deixeis induzir a falsos valores!

12

Ó, criadores, Homens superiores, o que vai dar à luz está doente. Mas o que acaba de dar à luz está impuro.

Perguntai às mulheres: não se dá à luz por gosto. É a dor que faz cacarejar as galinhas e os poetas.

Ó, criadores, há muita impureza em vós. Foi por isso que vos foi necessário dar à luz.

Uma criança que nasce, oh!, quanto de impureza vem ao mundo com ela! Afastai-vos! E o que deu à luz deve lavar a sua alma e purificá-la.

13

Não queirais ser virtuosos para além do que consentem as vossas forças. E não exijais de vós próprios nada que não seja verossímil.

Segui o rasto das virtudes dos vossos pais. Como poderíeis subir mais alto se a vontade dos vossos pais não se elevasse também convosco?

Mas aquele que quer ser um precursor deve ter cuidado para não ser apenas um sucessor. Não é nas coisas em que os vossos pais pecaram que poderíeis tornar-vos santos.

Como poderiam aqueles cujos pais amaram as mulheres, os vinhos fortes e a caça aos javalis exigir de si a castidade?

Seria loucura! Na verdade, já será muito a meus olhos caso contente-se em ser o esposo de uma ou de duas ou três mulheres.

E ainda que fundasse conventos e gravasse na sua porta estas palavras: "o Caminho da Santidade", eu diria ainda:

Para quê? É uma nova loucura. Fundou para si mesmo uma prisão e um asilo. Bom proveito lhe faça, mas não acredito em tal.

O que cresce na solidão é o que cada um para lá leva, incluindo a besta interior. É por isso que se torna necessário afastar muitos da solidão.

Terá havido até hoje na terra alguma coisa mais imunda do que os santos eremitas? À sua volta, não estava somente o diabo – mas também o porco.

14

Tímidos, envergonhados, encolhidos, semelhantes ao tigre que falhou um salto, assim vos vi fugir com frequência, Homens superiores. Falhastes o vosso *golpe*.

Mas que importa, ó, jogadores de dados? Ainda não sabeis jogar e zombar como se deve jogar e zombar. Não estamos constantemente sentados a uma grande mesa de jogo e de divertimento?

E se falhastes algum grande golpe, será que ficastes fracassados por isso? E se quanto a vós estais fracassados, será que o homem está fracassado por isso? E se é o homem que está fracassado – pois bem! Coragem, coragem!

15

Quanto mais uma coisa é rara na sua essência, mais raramente triunfa. Homens superiores, todos quantos estais aqui, não sois todos mais ou menos falhos?

Tomai o vosso partido, isso que importa! Quantas coisas restam em aberto! Aprendei a rir de vós próprios como é necessário saber rir.

Será maravilha que sejais falhados ou semifalhados, vós que estais semiquebrados? O que se agita e se choca em vós não é o *futuro* do homem?

O que o homem tem de mais remoto, de mais profundo, de mais elevado – salta e choca em vosso caldeirão?

Haverá alguma surpresa em que se quebrem tantos caldeirões? Aprendei a rir-vos de vós próprios como é necessário saber rir. Homens superiores, quantas possibilidades restam abertas!

E, na verdade, quantas coisas resultaram já! Como a terra é rica em miúdas perfeições, em felizes resultados!

Rodeai-vos de miúdas coisas boas e perfeitas, Homens superiores. A sua dourada maturidade cura o coração. O que é perfeito ensina-me a esperança.

16

Qual foi até agora na terra o maior pecado? Não será ter dito: "Pobres dos que riem!"?

Não teria ele encontrado nenhum motivo de riso na terra, o que disse tais palavras? Foi por ter procurado mal. Até uma criança aqui encontra razões para tal.

É que tinha falta de amor – de outro modo, teria amado também a nós, risonhos! Mas odiava-nos, zombava de nós, prometia-nos choros e ranger de dentes.

Será necessário amaldiçoar tudo o que não se ama? Em minha opinião, é coisa de muito mau gosto. Mas foi o que fez o intransigente. Tinha saído do populacho.

E ele próprio não amava bastante – sem o que não se teria irritado tanto por não ser suficientemente amado. O que *quer* todo o grande amor não é que o amem, é muito mais.

Afastai-vos de todos esses intransigentes! É uma pobre raça doente, uma casta plebeia; olham maldosamente esta vida, dão mau olhado a esta terra.

Afastai-vos de todos esses intransigentes. Têm o pé pesado, o coração sombrio. Como lhes há de ser leve a terra?

17

As boas coisas chegam a seu termo por vias tortuosas. Curvam as costas como os gatos, ronronam interiormente, sentindo que se aproxima a sua felicidade. Todas as coisas boas riem.

O ritmo da marcha revela se uma pessoa está no bom caminho; vede como eu ando. Mas aquele que se aproxima do seu objetivo dança.

E, na verdade, não fui convertido em estátua, não me encontro aqui imobilizado, obtuso, petrificado, rígido como uma coluna; gosto de andar depressa.

E embora haja na terra atoleiros e muita e espessa tristeza, quando se tem os pés leves, atravessa-se a correr o próprio lodo e dança-se como por cima do gelo liso.

Elevai os vossos corações, meus irmãos, levantai-os ainda mais alto. Levantai também as pernas, bons dançarinos, e melhor ainda, dançai um pouco de cabeça para baixo!

18

Esta coroa do risonho, esta grinalda de rosas, eu mesmo a pus sobre a minha cabeça; eu próprio proclamei o meu riso santo. Ainda não encontrei outro homem suficientemente forte capaz de fazer isso nos nossos dias.

Eu, Zaratustra, o dançarino, Zaratustra, o ligeiro, o que agita as suas asas, pronto a voar, cúmplice de todas as aves, alerta e ágil, na sua negligência bem-aventurada, eu, Zaratustra, o profeta, Zaratustra, o risonho profético, nem impaciente nem intransigente, gosto dos saltos e dos pulos, eu mesmo pus na minha cabeça essa coroa.

19

Elevai os vossos corações, levantai-os alto, mais alto ainda! E sobretudo não esqueçais as vossas pernas! Levantai a perna também, bons dançarinos, e, o que seria melhor, dançai um pouco de cabeça para baixo.

Há, mesmo na felicidade, animais pesados, há pés coxos de nascença. Fazem esforços bizarros, como um elefante que se esforça por se suster sobre a cabeça.

Mais vale estar louco de felicidade do que de tristeza, mais vale dançar pesadamente do que andar claudicando. Aprendei, pois, o que me ensina a minha sabedoria: a pior das coisas tem pelo menos dois lados bons.

A pior das coisas tem duas boas pernas para dançar com elas; aprendei, pois, vós próprios, Homens superiores, a firmar-vos nas pernas.

Esquecei as lâmpadas da melancolia e da tristeza do populacho! Oh!, como me parecem tristes esses arlequins do populacho! Porque o presente pertence ao populacho.

20

Imitai o vento que se precipita para fora das cavernas da montanha. Querem dançar ao som da sua própria flauta, os mares tremem e saltam sob os seus passos.

Louvado seja o gênio que dá asas aos burros, que ordenha as leoas, o gênio bom e indomável que chega como um furacão para soprar sobre tudo o que é presente, sobre toda a população.

O inimigo das cabeças de cardos e dos criadores de sutilezas, de todas as folhas mortas e de todas as ervas murchas, louvado seja este furacão, altivo e livre e bom, que dança por cima dos atoleiros e das melancolias, como sobre outros tantos prados.

O inimigo dos plebeus tuberculosos e de todos os produtos tristes e malnascidos, louvado seja esse espírito de todos os livres espíritos, o furacão risonho que sopra a poeira dos olhos de todos os pessimistas, de todos os purulentos.

O vosso pior defeito, Homens superiores, é que sequer sabeis dançar como é preciso: até para além de vós mesmos. Que importa que o não tenhais conseguido!

Quantas possibilidades restam ainda em aberto! *Aprendei*, então, a rir para além de vós mesmos. Elevai os vossos corações, bons dançarinos, levantai-os bem alto, mais alto ainda! E não esqueçais também o riso bom!

Esta coroa do risonho, esta grinalda de rosas, é a vós que a lanço, irmãos! Proclamei que o riso é sagrado: Homens superiores, *aprendei*, então, a rir!

O CANTO DA MELANCOLIA

1

Quando Zaratustra pronunciou esses discursos, encontrava-se junto da entrada da sua caverna; mas às últimas palavras furtou-se aos seus hóspedes e fugiu um instante para o ar livre.

— Ó, puros aromas que me cercais – exclamou –, ó, abençoado silêncio destas paragens! Mas onde estão os meus animais? Vinde, vinde, minha águia e minha serpente!

"Dizei-me, meus animais: todos aqueles Homens superiores, será que cheiram bem? Ó, puros aromas que me cercais! Sei agora, sinto enfim quanto vos amo, queridos animais!"

E Zaratustra repetiu:

— Quanto vos amo, queridos animais!

E a águia e a serpente, ouvindo essas palavras, aninharam-se junto dele, levantando a cabeça para o fitar. Estavam assim reunidos os três, sem nada dizer, aspirando e saboreando todos juntos o ar salubre. Porque o ar estava melhor ali fora do que junto dos Homens superiores.

2

Mas, assim que Zaratustra saiu da sua caverna, o velho Encantador ergueu-se, olhou maliciosamente à sua volta e disse:

— Saiu! E já, Homens superiores (também me é permitido lisonjear a vossa vaidade dando-vos esse nome de elogio e lisonja), já começo a sofrer as agressões do meu mau espírito de impostura e de magia, do meu demônio melancólico que é o adversário irredutível de Zaratustra. Temos de o desculpar. Deseja agora mostrar-vos alguns dos seus encantamentos, é a *sua* hora. Em vão luto contra este espírito mau.

"A todos vós, quaisquer que sejam os nomes honrosos que vos dais – quer vos chameis os 'espíritos livres', ou 'os verídicos', ou os 'penitentes do espírito', ou os 'libertos', ou os 'companheiros do grande anseio' — todos vós que como eu estais atacados pelo *grande tédio*, vós para quem o Deus antigo está morto e que não tendes ainda novo Deus deitado no berço e envolto em faixas – a todos vós, o meu espírito mau, o meu demônio mágico vos ama.

"Conheço-vos, Homens superiores, e conheço-o também – conheço igualmente este monstro a quem estimo a meu pesar, Zaratustra; parece-me muitas vezes que usa a bela máscara de um santo, parece-me reconhecer nele o novo e singular disfarce no qual se compraz o meu espírito mau, o meu diabo melancólico. Se estimo Zaratustra, parece-me que é muitas vezes por causa do meu espírito maligno.

"Mas ei-lo que já assalta e me subjuga, esse espírito de melancolia, esse demônio do crepúsculo, e, na verdade, Homens superiores, aquilo que ambiciona – ides arregalar os olhos –, aquilo que ambiciona é mostrar-se *nu* a vossos olhos – macho ou fêmea, ainda não sei, mas aproxima-se, subjuga-me. Olá! Tende todos os vossos sentidos despertos!

"Extingue-se o barulho do dia, a noite chega para todas as coisas, até para as melhores; Esqueçai e vede, Homens superiores, que espécie de demônio macho ou fêmea é esse espírito da melancolia vesperal."

Tendo assim falado, o velho Encantador olhou maliciosamente ao redor e pegou a harpa.

3

Na atmosfera onde se extingue a claridade,
quando já o orvalho, bálsamo consolador,
desce suavemente sobre a terra
sem ser visto nem ouvido
– porque o orvalho consolador
calça sandálias leves
como todos os suaves mensageiros da consolação –
recordas-te, ó, coração ardente, recordas-te
da sede que tinhas antigamente
de lágrimas celestes e de gotas de orvalho,
quando ofegavas consumido, abrasado,
pelos caminhos de erva amarelecida
onde os raios cruéis do sol vesperal
te perseguiram por entre as árvores escuras,
os raios ardentes, ofuscantes de um sol malévolo.

— Amante da verdade? Tu? – assim zombavam de ti.
"Não! Apenas poeta!
"Um animal astuto, e rapace, e rastejante,
"obrigado a mentir, sabendo-o, querendo-o,
"e sempre ávido de presa
"sob as suas máscaras pintalgadas,
"mascarando até os seus próprios olhos,
"uma presa para si mesmo.
"Isto, o amante da verdade?
"Não, apenas louco, apenas poeta!
"Fértil somente em discursos sarapintados,
"berrando palavras pintalgadas sob as suas máscaras de louco
"construindo pontes de palavras mentirosas
"e arcos-íris ilusórios,
"entre falsos céus
"e falsas terras,
"errando, planando ao acaso.
"Não, apenas louco! Apenas poeta!

"Isto – o amante da verdade?
"Nem taciturno, nem rígido
"nem frio, nem polido, à imagem
"da estatura de um deus,
"nem levantando à entrada dos templos
"para vigiar nos umbrais de um deus.

"Não! Inimigo dessas estátuas da Verdade,
"mais à vontade nos desertos do que nos templos,
"e como um gato caprichoso,
"saltando por todas as janelas,
"zás!, para o coração de todos os acasos,
"farejando todas as florestas virgens,
"e fungando de inveja e de desejo.
"E em todas as florestas virgens,
"correste por entre as feras de pelagem pintalgadas;
"culpável e florescente, viam-te correr
"cheio de cores, belo como o pecado,
"e com os beiços trêmulos,
"feliz por de tudo chasquear na tua felicidade infernal, na tua felicidade sanguinária;
"ou caindo sobre a tua presa, ou rastejando, à espreita,
"ou como a águia que durante muito tempo,
"durante muito tempo fita os abismos –
"os seus abismos –
"e os vê descer, cada vez mais baixo,
"girando nas profundezas
"sempre e sempre mais profundas.
"Depois
"de repente, em linha reta,
"com um brusco impulso,
"precipita-se sobre os cordeiros,
"picando, esfomeado,
"ávido da carne dos cordeiros,
"inimigo das almas de cordeirinhos,
"enraivecido contra o que evidencia um ar de carneiro,
"doces olhos de cordeiro, pelos encrespados,
"cinzenta doçura lanosa dos cordeiros...

"Tais,
"semelhantes à águia, à pantera,
"são os desejos do poeta,
"são os desejos de mil máscaras,
"ó, louco! Ó, poeta!

"Quando vês o homem,
"Quer seja Deus ou carneiro, que importa
"*fazer em bocados* o Deus no homem
"e também o carneiro no homem,
"e *rir* ao dilacerá-lo,
"é esse, é realmente esse o teu prazer,
"a tua felicidade de pantera ou de águia,
"felicidade de poeta e de louco!"

No ar onde morre a claridade,
quando já está crescente a lua,
verde entre os rubores purpurinos,
desliza invejosamente,
adversário do dia,
ceifando a cada passo, sorrateiramente,
as messes de rosas,
até as fazer cair,
desabar empalidecidas na noite.

Assim caí eu mesmo
da minha loucura de verdade,
do meu ardente desejo do dia,
e cansado do dia, doente de claridade,
caí para os baixos, a noite, as sombras,
queimado e sedento, aspirando apenas
a uma única verdade.
Recordas-te, coração abrasado, recordas-te,
como então estavas sedento?
Cansado! É preciso que eu seja desterrado
de toda a verdade:
e nada mais do que louco,
nada mais do que poeta!

DA CIÊNCIA

Assim cantava o mágico; e como outros tantos pássaros, todos os que estavam ali reunidos deixaram-se apanhar sem dar por isso nas redes da sua Voluptuosidade pérfida e melancólica. Só o Espírito do escrúpulo não se tinha deixado capturar; arrancou vivamente a harpa das mãos do Encantador e exclamou:

— Ar! Deixai entrar o ar puro! Deixai entrar Zaratustra! Tu infectas e envenenas o ar desta caverna, velho Encantador sinistro!

"Pérfido e sutil, sugeres-nos desejos e densos bosques desconhecidos. E desgraçados de nós quando os teus semelhantes falam da *verdade* e dizem possuí-la!

"Desgraçados dos espíritos livres e desprecavidos perante encantadores da tua espécie. Podem despedir-se da sua liberdade. Tu os doutrina e os obriga a regressar às prisões.

"Velho demônio de melancolia, a tua lamentação é uma espécie de chamariz, assemelhas-te aos que, cantando louvores à castidade, impelem-nos secretamente para a voluptuosidade."

Assim falou o Escrupuloso. Mas o velho Encantador, deitando os olhos à sua volta, gozava a sua vitória e suportava sem esforço o despeito que lhe causavam as palavras do Espírito do escrúpulo.

— Cala-te – disse ele à meia-voz –, as boas canções requerem bons ecos; depois de belos cantos fica bem guardar silêncio durante muito tempo.

“É o que fazem todos os Homens superiores. Mas tu decerto não compreendeste grande coisa do meu canto. Não tens, de modo algum, o sentido da magia.”

— Estás a lisonjear-me – tornou o Escrupuloso –, distinguindo-me dos mais que estão aqui. Pois seja! Mas que vejo? Vós estais outra vez com os olhos cheios de olhares lascivos!

“Almas livres, onde está a vossa liberdade? Quase vos pareceis, ao que me parece, aos que durante muito tempo viram dançar nuas meninas viciosas, as vossas almas dançam também.

“Deve haver em vós, Homens superiores, muito mais do que em mim, aquilo a que o Encantador chama o seu maligno espírito de impostura e de magia; decerto somos diferentes.

“E, na verdade, tínhamos conversado e meditado bastante em conjunto, antes de Zaratustra regressar à sua caverna, para saber que somos com efeito diferentes.

“Até aquilo que procuramos aqui nestas alturas é diferente. O que eu procuro é *mais certeza*, e foi por isso que vim procurar Zaratustra, porque é ele, depois de tudo considerado, a torre mais bem fortificada, a Vontade mais forte, nestes tempos em que tudo vacila, em que toda a terra treme. Mas vós, a julgar pelos olhos que fazeis, quase me parece que viestes procurar *mais incerteza*.

“Mais calafrios, mais perigo, mais tremor de terra. Quase me parece – desculpai a minha presunção, Homens superiores –, parece-me que deveis ter inveja da vida mais lastimável, mais perigosa, a que a mim inspira mais temor, a vida dos animais selvagens. Vós sonhais com cavernas, com florestas, com montes escarpados e com autênticos dédalos de precipícios.

“E os que vos agradam não são os guias que melhor vos tirarão do perigo, mas os que vos arrastarão para longe de qualquer caminho, os maus guias. Mas se bem que tenhais *realmente* tais desejos em vós, não consigo acreditar em tal.

“O medo é com efeito um sentimento hereditário e profundo no homem; o medo explica tudo, o pecado original e a virtude original. Foi do medo que nasceu a minha virtude, que se chama Ciência.

“O medo dos animais selvagens é aquele que foi durante mais tempo imposto ao homem, o medo de todos os animais, incluindo desse animal selvagem que carrega em si e de que tem medo. É a isso que Zaratustra chama ‘a besta interior’.

“É este medo muito grande e muito antigo, por fim requintado, espiritualizado, intelectualizado, que, ao que me parece, chama-se Ciência.”

Assim falava o Escrupuloso; mas Zaratustra, que tinha acabado de entrar na caverna e tinha ouvido ou adivinhado a última parte desse discurso, atirou ao Escrupuloso um punhado de rosas e desatou a rir dessas “ verdades”.

— O quê? – exclamou ele. — O que é que acabo de ouvir? Parece-me que és louco de fato ou então sou eu que o sou; e, na verdade, vou já revirá-la num abrir e fechar de olhos e pô-la de pernas para o ar.

“O *medo*, com efeito, é a exceção em nós. Mas a coragem e o espírito de aventura, o gosto pelo incerto e pelas proezas inéditas, a *coragem*, numa palavra, parece-me resumir toda a pré-história do homem.

“Invejou e arrebatou aos animais selvagens e mais corajosos todas as suas virtudes; foi assim que se fez homem.

"Essa coragem, por fim afinada, espiritualizada, intelectualizada, essa coragem de homem com asas de águia e prudência de serpente, é aquilo que se chama nos nossos dias, ao que me parece..."

— *Zaratustra*! – exclamaram simultaneamente todos quantos ali estavam reunidos, enquanto desatavam às gargalhadas; mas parecia que a densa nuvem que sobre eles pesava se tinha dissipado. O próprio Encantador se ria e dizia com ar astuto:

— Vamos! O espírito maligno foi embora!

"E não fui eu próprio que vos preveni contra ele, dizendo-vos que é um impostor, um espírito de impostura e de mentira?

"Sobretudo quando se mostra nu. Mas que posso eu fazer contra tais ardis? Acaso fui eu que o fiz, que criei o mundo?

"Vamos! Recuperemos o nosso bom humor e a nossa alegria. E, se bem que Zaratustra tenha um ar enfurecido – vede como ele me detesta! –, antes de chegar a noite voltará a amar-me e a louvar-me, não pode viver muito tempo sem fazer loucuras dessas.

"Ele gosta dos seus inimigos. De quantos tenho encontrado, nenhum pratica essa arte melhor do que ele. Mas em compensação vinga-se dos seus amigos."

Assim falou o velho Encantador, e os Homens superiores aprovaram-no, e Zaratustra deu uma volta pelo grupo, apertando as mãos dos seus amigos com ternura e malícia, como se tivesse alguma coisa a reparar e a fazer-se perdoar. Mas quando chegou à porta da caverna, eis que tornou a ser dominado pelo desejo de respirar o ar puro do exterior e de voltar a encontrar os seus animais, e estava a ponto de se esgueirar para fora.

ENTRE AS FILHAS DO DESERTO

1

Então o viajante que se dizia a Sombra de Zaratustra disse-lhe:

— Não te vás embora! Fica ao pé de nós, pois em caso contrário o peso da nossa antiga tristeza voltará a esmagar-nos outra vez.

"Já o velho Encantador nos regalou com o que tem de pior, e olha ainda, este bom e velho Papa tão piedoso tem os olhos inundados de lágrimas e voltou a embarcar no mar de melancolia.

"Estes Reis ainda mostram boa cara; de nós todos foram eles os que melhor compreenderam a lição de hoje. Mas, se estivessem sozinhos e sem testemunhas, aposto que também voltaria a começar esse mau jogo, o mau jogo das nuvens passageiras, dos humores melancólicos, dos céus nublados, dos sóis ocultos, dos ventos uivantes do Outono, o mau jogo dos nossos uivos, dos nossos gritos de angústia. Fica ao pé de nós, ó, Zaratustra! Há aqui muita miséria escondida que gostaria de se exprimir, muita noite, nuvens e ar viciado!

"Tu alimentaste-nos com a carne dos fortes e com preceitos energéticos. Não permitas que à sobremesa sejamos outra vez assaltados pelos demônios da covardia e da moleza.

"Só tu sabes tornar a atmosfera forte e clara à tua volta. Onde encontrei já na terra um ar mais salubre do que aquele que respiro na tua caverna?

"E vi, contudo, grande número de países, as minhas narinas aprenderam a examinar e apreciar o ar, mas é junto de ti que saboreiam o seu maior prazer, a não ser –, perdoa uma velha recordação, perdoa uma velha canção de beber que compus entre as Filhas do Deserto.

"Entre elas, com efeito, respirava-se este mesmo ar puro, luminoso, oriental. Foi lá que me senti mais longe desta velha Europa nebulosa, chuvosa e melancólica.

"Nesse tempo amava as filhas do Oriente e aquele azul que nunca é desbotado nem por nuvens, nem por pensamentos.

"Não seríeis capazes de acreditar na decência com que permaneciam sentadas logo que terminavam as suas danças – profundas, mas sem pensamentos, como tantos pequenos segredos, mistérios ocultos, nozes que se partem à sobremesa; estranhas e coloridas, na verdade, mas sem nuvens; enigmas que se deixam adivinhar, foi para elas que compus o meu salmo de sobremesa."

Assim falou o viajante ou a Sombra, e, antes que alguém lhe tivesse podido responder, já se tinha apoderado da harpa do velho Encantador e, com as pernas cruzadas, lançou à sua volta um olhar tranquilo e sábio – mas aspirava o ar pelas narinas, lentamente, com expressão inquisidora, como quem saboreia um ar estranho em países novos. Depois, lançando uma espécie de rugido, começou a cantar:

2

O Deserto cresce: ai daquele que oculta desertos!

Ah! Solene,
verdadeiramente solene,
este digno exórdio;
de uma solenidade completamente africana!
Bem digno de um leão
ou de um macaco bramador, de um moralista –
mas nada que vos convenha,
minhas deliciosas amigas
aos pés de quem
pela primeira vez é dado
a um Europeu tomar lugar
debaixo das palmeiras. – Selá!

Milagre, na verdade!
Eis-me, então, sentado
perto do Deserto e já
tão longe do Deserto!
Nada devastado, quanto a mim,
mas devorado
por este oásis minúsculo.
Como ela abrisse justamente bocejando
a sua boca esquisita,
a pequena boca mais perfumada do que todas,
caí lá dentro,

rolando até o fundo e mais longe,
para me vir a encontrar entre vós,
minhas deliciosas amigas. – Selá!

Bendita, bendita a Baleia,
se ela assim soube acarinhar o seu hóspede!
Estais a compreender
a minha douta alusão?
Bendito seja o ventre
se era como este,
um encantador ventre de oásis,
mas duvido –
tenho de vos confessar que chego da Europa,
e a Europa é mais desconfiada
do que todas as velhas esposas.
Que Deus a melhore!
Amém!

Eis-me, pois, aqui
neste minúsculo oásis,
como uma tâmara
ruiva, açucarada, repleta de ouro e que sonha com uma boca redonda de menina,
e sobretudo com dentes virginais,
gelados, alvíssimos e cortantes;
é com o que sonham, com efeito,
os corações de todas as tâmaras ardentes. – Selá.

Semelhante a esses frutos do meio-dia
e muito parecido com eles,
eis-me jazendo aqui,
cercado por um voo de minúsculos insetos
que me vêm farejar e brincar à minha volta,
assaltado por mil desejos e caprichos
mais pequenos ainda, mais loucos, mais culposos,
cercados por vós,
gatas mudas e reticentes,
Dudu e Suleika –
esfingeado, se quero encerrar numa palavra
muitas impressões
(Deus me perdoe
semelhante pecado contra a língua!).
Aqui estou, então, aspirando este ar delicioso,
um verdadeiro ar de paraíso,
ar leve, luminoso, raiado de ouro,
o melhor ar alguma vez

caído da lua.
Seria bravata?
Seria acaso?
Como contam os poetas de outrora.
Mas eu, doutor, ponho-o
em dúvida, porque chego
da Europa,
de uma Europa mais desconfiada
do que todas as velhas esposas.
Que Deus a melhore!
Amém!

Aspirando este ar esquisito,
as narinas dilatadas como taças,
sem futuro, sem recordações,
aqui estou, encantadoras amigas,
contemplando esta palmeira
que como uma dançarina
se verga, se dobra e agita as ancas –
à força de contemplá-la, acabaremos por imitá-la –
como uma bailarina que, a meu ver,
se susteve muito tempo, e mais do que é prudente,
sobre uma única perna,
até se esquecer, parece-me,
da sua outra perna.
É pelo menos em vão que procuro
essa joia gêmea,
desaparecida –
quero dizer a sua outra perna –
na vizinhança sagrada
da sua deliciosa, da sua encantadora saia
de varas de leque, de asas e de palhetas.
E se me quereis acreditar,
belas amigas,
penso que a perdeu.
Desaparecida,
para sempre desaparecida,
a outra perna!
Que pena! A outra perna tão bonita,
onde é que a pode ter deixado, em que triste abandono,
essa perna solitária?
Talvez prostrada pelo terror
de um leão feroz de juba de ouro,
e já mordida e roída,
que horror, ai! mordida e roída! – Selá.

Não choreis, peço-vos, não choreis,
ternos corações,
não choreis,
corações de tâmaras, seios de leite,
coraçõezinhos
de alcaçuz!
Não chores mais,
pálida Duda;
sê um homem, Suleika, coragem, coragem!
Ou, talvez, quem sabe,
um tônico, um cordial,
teria aqui o seu lugar,
um sábio aviso cheio de unção,
uma exortação solene?

Oh! Levante-te, dignidade!
A mim, virtude, dignidade do europeu!
Sopra, sopra outra vez,
fole de forja da virtude!
Ah!
Rugir mais uma vez,
rugir como moralista,
como um leão da moral,
rugir ante as Filhas do Deserto...
Porque o rugido da virtude,
deliciosas meninas,
é mais poderoso do que todos
os ardores do europeu, do que a Fome do europeu.
E volto de repente a encontrar-me
europeu;
não posso agir de outra maneira, Deus me valha!
Amém!
O deserto cresce: ai daquele que oculta desertos!

O DESPERTAR

1

No fim do canto do Viajante ou da Sombra, a caverna encheu-se subitamente de barulhos e de risos; e como todos os hóspedes reunidos falassem ao mesmo tempo, e que o próprio burro, assim encorajado, não ficasse mudo, Zaratustra experimentou certa aversão e ironia em relação às suas visitas, se bem que tivesse prazer na sua alegria porque nisso via um sinal de cura. Saiu, pois, furtivamente para ir falar com os seus animais.

— Que foi feito da sua angústia? – disse e já se sentia livre de sua leve alteração de humor. — Em minha casa deixaram de saber lançar os seus gritos de angústia, ao que me parece, ainda que desgraçadamente não tenham perdido os seus hábitos de gritar. – E Zaratustra tapou os ouvidos, porque o I-A do burro se confundia estranhamente com o alegre clamor dos Homens superiores. — Estão alegres – prosseguiu –, e quem sabe? Talvez à custa do seu anfitrião; e se lhes ensinei a rir, nem por isso aprenderam a rir como eu.

"Mas que importa! São velhos; é a sua maneira de se curarem, é a sua maneira de se rirem, os meus ouvidos já suportaram pior sem se irritarem.

"Este dia é um dia de vitória. Ei-lo que cede já, que bate em retirada, o *Espírito da gravidade*, meu velho inimigo, meu inimigo mortal. Como vai acabar bem, este dia que tão mal começou, tão pesadamente.

"Vai acabar. Já se aproxima o crepúsculo, chega a cavalo do outro lado do mar, como bom cavaleiro. Como se balanceia na sua sela de púrpura, o crepúsculo bem-aventurado que regressa à sua morada!

"O céu olha para ele, luminoso, o mundo jaz lá embaixo nas profundezas. Ó, meus hóspedes singulares, que vos aproximastes de mim, decerto vale a pena viver ao pé de mim!"

Assim falava Zaratustra. E outra vez ressoaram os gritos e os risos dos Homens superiores, saindo da caverna. E ele continuou a falar:

— Eles mordem, a minha isca é eficaz; já o seu inimigo, o Espírito da gravidade, foge também deles. Já aprenderam a rir de si mesmos; teria ouvido bem?

"O alimento que destino aos fortes, os meus preceitos cheios de seiva e de força estão a agir sobre eles, e, na verdade, não os alimentei com legumes vazios, mas com a carne que convém aos guerreiros, aos conquistadores; despertei neles novos apetites.

"Despertam esperanças novas nos seus braços e nas suas pernas, seus corações se dilatam. Descobrem palavras novas, não tardará para que a sua alma respire a audácia.

"Não é este, sem dúvida, o alimento que convém às crianças, nem às mulheres novas ou velhas. Há outras maneiras de convencer esses estômagos. Não sou nem seu médico, nem seu professor.

"O *tédio* desaparece desses Homens superiores; tanto melhor; é o meu triunfo. No meu domínio, estão em segurança, expandem-se livremente.

"Expandem os corações, voltam a ter bons momentos, aprendem outra vez a repousar e a ruminar – tornam-se *agradecidos*.

"É a meus olhos o melhor sintoma possível; aprendera o reconhecimento. Não tardará que inventem festas e levantem monumentos às suas antigas alegrias.

"São convalescentes!"

Assim falava Zaratustra com íntimo júbilo, os olhos perdidos na distância; mas os seus animais vieram encostar-se a ele, respeitando a sua felicidade e o seu silêncio.

2

De súbito, porém, os ouvidos de Zaratustra ficaram sobressaltados porque a caverna, até ali cheia de tumulto e de risos, voltou a se encher de silêncio mortal; mas as suas narinas captaram um vapor odorífero de um incenso que parecia provir da queima de pinhas.

— O que aconteceu? Que estarão fazendo? – perguntou a si mesmo, aproximando-se furtivamente da entrada, de maneira a ver sem ser visto pelos seus hóspedes. Mas, oh!, maravilha das maravilhas! Que viram então os seus olhos?

— Tornaram-se todos *piedosos*; eles pedem, estão doidos! – disse no auge da surpresa. E com efeito, todos aqueles Homens superiores, os dois Reis, o Papa na disponibilidade, o maldoso Encantador, o Mendigo voluntário, o Viajante ou a Sombra, o velho Profeta, o Espírito do escrúpulo e o Homem hediondo, estavam todos ajoelhados como crianças ou velhas devotas e adoravam o burro! E precisamente o Homem hediondo começava a gorgolejar e a soluçar como se coisas inefáveis quisessem brotar dele; mas quando conseguiu articular algumas palavras, eis que apareceu uma curiosa e piedosa ladainha em louvor do burro, adorado e incensado. E eis a ladainha:

— Amém! Louvores, honra, sabedoria, reconhecimento, glória e força ao nosso Deus, de eternidade em eternidade!

E o burro zurrava I-A.

— Carrega os nossos fardos, tomou a forma de um servidor; tem o coração humilde e nunca diz que não; e aquele que ama bem o seu Deus também o castiga bem.

E o burro zurrava I-A.

— Não fala, a não ser para aprovar sempre o mundo que criou; é a sua maneira de louvar a sua criação. Se não fala, é por astúcia. Assim, raras vezes erra.

E o burro zurrava I-A.

— Passa despercebido no mundo. A cor favorita com que reveste a sua virtude é a cinza. Se tem espírito, esconde-o; mas toda a gente acredita nas suas orelhas compridas.

E o burro zurrava I-A.

— Quanta sabedoria oculta nas suas orelhas compridas e nessa decisão de dizer sempre sim e nunca não. Não criou ele o mundo à sua semelhança, o mais tolo possível?

E o burro zurrava I-A.

— Quer sigas por caminhos direitos ou tortuosos, pouco te importa o que nos parece direito ou tortuoso, a nós homens. A tua candura está em não saber o que é a candura.

E o burro zurrava I-A.

— Eis que não repeles ninguém, nem mendigos, nem reis. Deixas vir a ti as criancinhas e quando os patifes te fazem propostas, respondes simplesmente I-A.

E o burro zurrava I-A.

— Gostas das burras e dos figos frescos, não desprezas os bons petiscos. Um cardo te conforta quando tens fome. Há nisso uma sabedoria divina.

E o burro zurrava I-A.

A FESTA DO BURRO

1

Nesse ponto da ladainha, Zaratustra não pôde se conter mais, pôs-se também a gritar I-A, ainda com mais força do que o burro, e irrompeu no meio dos seus hóspedes enlouquecidos.

— Mas que estais aí fazendo, filhos dos homens? – exclamou, levantando bruscamente os devotos prostrados no chão. — Desgraçados de vós, se vos visse outro que não fosse Zaratustra!

"Com a vossa nova religião, toda a gente vos consideraria os piores blasfemadores ou as velhas mulherzinhas mais absurdas.

"E tu, velho Papa, como podes adorar um burro e a tomá-lo como teu Deus?"

— Ó, Zaratustra – respondeu o Papa –, perdoa-me, mas no que se refere a Deus, eu sei ainda muito mais do que tu. E tudo isso é o mais natural possível.

"Mais vale adorar Deus sob essa forma do que não o adorar de forma nenhuma. Pensa nesta máxima, meu nobre amigo, e depressa adivinharás que implica sabedoria.

"Aquele que disse: 'Deus é espírito' foi o que deu o maior passo, o salto maior para a incredulidade; não é fácil reparar o mal que tais palavras fizeram na terra!

"O meu velho coração salta e rejubila com a ideia de que existe ainda na terra alguma coisa que se pode adorar. Perdoa esse velho coração de Papa, cheio de devoção."

— E tu – disse Zaratustra ao Viajante ou à Sombra –, dizes ser e acreditas ser um espírito livre? E entregas-te aqui a essas práticas idólatras e as essas macaquices de padres?

"Na verdade, portas-te aqui pior do que as tuas meninas malcomportadas de pele bronzeada, como mau neófito que és."

"É coisa bastante triste – respondeu o Viajante ou a Sombra –, tens razão. Mas que posso eu fazer? O Deus antigo ressuscitou, ó, Zaratustra, por mais que digas o contrário.

"É o mais Hediondo dos homens que está em causa, foi ele que o despertou. E bem pode dizer que em tempos o matou, em matéria de deuses a morte é tão só um preconceito."

— E tu – continuou Zaratustra –, velho Encantador sinistro, que fizeste? Quem poderá acreditar ainda em ti, nestes tempos de pensamento livre, se começas a acreditar nessas burrices divinas?

"Fizeste uma tolice; como pudestes, tão maligno como és, cometer semelhante tolice?"

— Ó, Zaratustra – respondeu o astuto Encantador –, tens razão, foi uma tolice. E muito me custou fazê-la.

— E tu, sobretudo – disse Zaratustra ao Espírito do escrúpulo –, reflete um pouco, esfregando o nariz com o dedo. O que está acontecendo aqui não te choca a consciência? Não é o teu espírito demasiado limpo para tais adorações e para o cheiro que se exala desta devota confraria?

— Há alguma verdade no que se passa aqui – respondeu o Escrupuloso, esfregando o nariz com o dedo –, há até neste espetáculo alguma coisa que me reconforta a consciência.

"Pode ser que eu não tenha o direito de acreditar em Deus; mas uma coisa é certa, é sob essa forma que mais facilmente acreditarei nele.

"Deus é eterno, se acreditarmos nas pessoas piedosas; quando se tem tanto tempo diante de si, fazem-se as coisas com tempo. Avançando tão lentamente, tão estupidamente quando possível, um tal Deus pode ir longe.

"E quando se tem demasiado espírito, é permitido ser doido com tanta estupidez e tanta loucura. Pensa em ti próprio, ó, Zaratustra!

"Tu próprio, na verdade, poderias bem, à força de riqueza e de sabedoria, ser transformado em burro.

"Não gosta o sábio mais perfeito de seguir os caminhos mais tortuosos? É uma evidência que salta aos olhos, ó, Zaratustra, podes vê-la com os teus próprios olhos."

— E tu, afinal – disse Zaratustra, dirigindo-se ao mais Hediondo dos homens, que continuava prostrado por terra, com os braços estendidos para o burro (a quem oferecia vinho) –, fala, Inominável, que foi que fizeste?

"Pareces-me transformado, brilham-te os olhos, a tua feiura envolve-se no manto do sublime, que fizeste então?

"É verdade, como dizem os outros, que foste tu que o ressuscitaste? Não foi ele executado e liquidado com boas razões?

"Tu próprio me pareces ressuscitado; que fizeste? Por que voltaste sobre os teus passos? Por que te converteste? Fala, Inominável!"

— Ó, Zaratustra – respondeu o mais Hediondo dos homens –, és apenas um travesso.

"Quanto a saber se Ele ainda está vivo ou ressuscitado ou completamente morto, qual de nós o sabe melhor, pergunto eu?

"Mas há uma coisa que sei, e foste tu que em tempos me ensinaste, ó, Zaratustra. Quando se quer matar radicalmente, as pessoas riem-se.

"Não é a cólera, é o riso que mata. Eis o que dizias antigamente. Ó, Zaratustra, homem manhoso, destruidor impassível, santo pernicioso – não passas de um travesso!"

2

Mas aconteceu então que Zaratustra, surpreendido com tantas respostas maliciosas, recuou com um salto até a entrada da sua caverna e exclamou com voz forte:

"Ó, travessos tantos quantos sois, ó, farsantes! Por que vos haveis de dissimular e de vos disfarçar diante de mim?

"Como os vossos corações todos estremeciam de alegria e de malícia ao sentir-vos ficar semelhantes a criancinhas, quero dizer, piedosos, porque voltáveis a fazer o que fazem as criancinhas, que rezam, pondo as mãos e dizendo: 'Deus misericordioso'.

"Mas agora ides abalar deste quarto de crianças, da minha própria caverna onde hoje se exibe tamanha infantilidade. Ides pôr ao fresco, já fora, o ardor da vossa petulância infantil e do vosso tumulto sentimental.

"É verdade que, se não tornais a ser parecidos com as criancinhas, não podereis entrar no céu de maneira nenhuma – e Zaratustra apontava o dedo para o céu –, mas quanto a nós, não queremos ir para o reino dos céus de maneira nenhuma, tornamo-nos Homens; o que queremos *é o reino da terra*."

3

E Zaratustra tornou a usar a palavra dizendo:

— Ó, meus novos amigos, homens singulares, Homens superiores, como me agradais neste momento, desde que voltastes a encontrar a alegria! Estais todos desabrochados, na verdade; parece-me que a flores como vós são necessárias festas novas, uma pequena absurdez corajosa, uma forma de culto e de festa do burro. E um velho louco alegre como Zaratustra, e uma boa rajada de vento para vos varrer as almas.

"Não esqueçais esta noite, nem esta Festa do Burro, Homens superiores. Inventaram-na em minha casa, e vejo nisso um feliz presságio. Tais invenções são invenções de convalescentes.

"E quando voltardes a celebrar esta Festa do Burro, fazei-o por amor a vós, fazei-o também por amor a mim. E em memória de mim."

Assim falava Zaratustra.

O CANTO DA EMBRIAGUEZ

1

Todos haviam saído um após outro para a noite fresca e pensativa; mas Zaratustra levava pela mão o mais Hediondo dos homens para lhe mostrar o seu universo noturno, e a grande lua redonda, e as cascatas prateadas junto da caverna. Detiveram-se, silenciosas e lado a lado, todas aquelas pessoas velhas, mas de coração consolado e corajoso, surpreendidas por se sentirem tão felizes na terra; contudo, o mistério da noite apertava-lhes cada vez mais os corações. E outra vez Zaratustra pensou consigo: "Oh! como me agradam agora estes Homens superiores!" – mas não lhes disse isso por respeito à sua felicidade e ao seu silêncio.

Então ocorreu a mais surpreendente de todas as coisas no decurso deste dia longo e imprevisível: o mais Hediondo dos homens recomeçou pela última vez a gorgolejar e a soluçar, e, quando conseguiu falar, uma pergunta jorrou da sua boca, redonda e pura, uma boa, profunda e clara pergunta que comoveu o coração de quantos lhe ouviram.

— Vós todos, meus amigos – começou o mais Hediondo dos homens –, o que pensam? Por causa deste único dia, estou pela primeira vez disposto a aceitar ter vivido essa longa vida.

"E ainda não disse o suficiente. Vale a pena ter vivido nesta terra; um único dia e uma única festa em casa de Zaratustra ensinaram-me a amar a vida.

"'Então isto era a vida?', direi à morte. Pois bem, voltaremos ao princípio!

"Meus amigos, que vos parece? Não quereis dizer à morte, como eu: 'Era então isto a vida? Pois seja, por amor a Zaratustra, voltemos ao princípio!'

Assim falou o mais Hediondo dos homens, mas a Meia-noite aproximava-se. E que julgais que aconteceu? Logo que os Homens superiores ouviram a sua pergunta, sentiram-se transformados e curados e recordaram-se de Zaratustra, agradecendo-lhe, adorando-o, beijando-lhe as mãos, cada qual a seu modo, uns rindo, outros chorando. Mas o velho profeta dançava de alegria. E se é verdade, como pensam alguns autores, que ele estava então cheio de vinho doce, estava certamente ainda mais cheio da doçura de viver e tinha esquecido qualquer melancolia. Alguns contam até que o burro também dançou nesse dia; porque não fora em vão que o mais Hediondo do homens o tinha obrigado a beber vinho. Seja como for, se o burro não dançou nesse dia, viram-se dessa vez prodígios mais singulares do que a dança de um burro. Enfim, como diz o provérbio de Zaratustra: "Que importa!".

2

Mas Zaratustra, vendo o que acontecia ao mais Hediondo dos Homens, ficou semelhante a um homem bêbado; toldara-se-lhe o olhar, a língua se revirava, as pernas vacilavam. E quem poderia adivinhar os pensamentos que naquele instante lhe afloravam à alma? E o seu espírito, visivelmente, deixou-o para ir planar por cima de longínquas regiões "como sobre uma cordilheira, levantando-se entre dois mares", tal como está escrito, "suspenso como uma pesada nuvem entre o passado e o futuro". E pouco a pouco, enquanto os Homens superiores o amparavam nos braços, voltou a si e repeliu com as mãos a insistência dos seus adoradores preocupados. Não dizia nada. Contudo, virou a cabeça de repente, com vivacidade, como se ouvisse algum som, pôs o dedo na boca e disse:

— *Vinde*!

E imediatamente tudo ficou em silêncio e misterioso à sua volta; mas um som de sino subia lentamente das profundezas. Zaratustra apurou o ouvido, assim como os Homens superiores, depois voltou a pôr o dedo na boca e repetiu:

— *Vinde*! *Vinde*! *Aproxima-se a Meia-noite*! — E a sua voz modificara-se, mas não se mexia do seu lugar. Então duplicaram o silêncio e o mistério, e toda a gente prestava o ouvido, incluindo o burro e os animais heráldicos de Zaratustra, a águia e a serpente, e a caverna de Zaratustra, e a grande lua fresca, e a própria noite. Mas Zaratustra pôs pela terceira vez o dedo na boca e disse:

— *Vinde, vinde, vinde*! *Vamos partir. Está na hora. Caminhemos para a noite*!

3

Homens superiores, aproxima-se a Meia-noite; então vos direi ao ouvido o que este velho sino me disse também ao ouvido: um segredo terrível e reconfortante como aquele que me disse este sino da Meia-noite, cuja experiência é mais extensa do que a de qualquer homem, e que já contou as palpitações do coração e as dores dos vossos pais.

Ai! Ai! Como suspira! Como ri em sonhos essa antiga, essa profunda, oh!, tão profunda treva da Meia-noite!

Silêncio! Silêncio! Distinguem-se agora muitas vozes que não se podem elevar durante o dia. Mas agora, no ar arrefecido, quando os vossos corações se calam, agora falam, agora fazem-se ouvir, penetram nas almas noturnas e lúcidas. Ai! Ai! Como suspira, como ri em sonhos!

Não ouves como te fala em segredo, terrível e cordial, a antiga, a profunda, oh!, tão profunda treva da Meia-noite?

Ó, Homens, ouvi!

4

Ai de mim! Para onde fugiu o tempo? Em que fundos poços caí? O mundo dorme.

Ai! Ai! O cão uiva, a lua brilha. Antes queria morrer, preferia morrer do que dizer-vos o que pensa agora o meu coração da Meia-noite.

Já estou morto. Tudo acabou. Aranha, porque vens tecer a tua teia à minha roda? Queres sangue? Ai, ai! Cai o orvalho, aproxima-se a hora, a hora que me fará tiritar a perguntar, sem descanso: "Onde está o coração suficientemente corajoso? Quem será o senhor da terra? Quem ousará dizer: 'eis o sentido em que deveis correr, grandes e pequenos rios!'".

Aproxima-se a hora. Homem, Homem superior, toma cautela. Este discurso é para os ouvidos sutis, para os teus ouvidos. *Que diz a Meia-noite, com a sua voz profunda*?

5

Sinto-me arrebatado, a minha alma dança. Ó, minha tarefa! Ó, minha tarefa! Quem será o senhor da terra?

A lua é fresca, calou-se o vento. Ai, ai! Não voastes suficientemente alto? Dançastes, mas uma perna ainda não é uma asa.

Bons dançarinos, morreu o prazer todo, o vinho mudou-se em fel, as taças tornaram-se insulsas, sai um murmúrio das sepulturas.

Não voastes suficientemente alto; agora um murmúrio sai das sepulturas: "Mas salvai os mortos! Por que razão a noite é tão comprida? Não estamos completamente embriagados de luar?".

Homens superiores, libertai então as sepulturas, acordai os cadáveres. Ai! O que é que o verme está ainda a roer? Aproxima-se a hora, aproxima-se a hora!

O sino ressoa, o coração ainda range, o verme ainda rói a madeira, rói ainda o coração. — Ai! ai! *O mundo é profundo*!

6

Doce lira, doce lira! Gosto da tua nota parecida com a nota embriagada do sapo. Do fundo de que passado, de que distância me chega a tua voz, vinda de tão longe, dos pântanos do amor?

Velho sino, doce lira! Todas as dores te atingem no coração – dor paterna, dor ancestral, dor dos avós recuados – o teu verbo sazonou, sazonou como o Outono dourado e a tarde, como o meu coração de solitário. Agora falas, o próprio mundo sazonou, as uvas douram-se, e agora desejas morrer, morrer de felicidade. Homens superiores, não sentis esse perfume? Um perfume que sobe para vós, secretamente, um perfume, um odor de eternidade, o aroma de um vinho de ouro arruivado, delicioso como um perfume de rosa, o perfume de uma felicidade muito antiga, da inebriante felicidade de morrer à Meia-noite, da felicidade que canta: O mundo é profundo *mais do que o Dia pode imaginar.*

7

Deixa-me, deixa-me! Sou puro demais para ti. Não me toques! Não acaba o mundo de atingir a sua perfeição por mim?

A minha pele é demasiado lisa para as tuas mãos. Deixa-me, dia estúpido, simplório, obscuro! Não é mais luminosa a Meia-noite?

Os mais puros serão os senhores da terra; os mais ignorados, os mais fortes; as almas da Meia-noite, mais claras e profundas do que o dia.

O dia, ainda me procuras agarrar? Procuras a minha felicidade às apalpadelas? Julgas que sou rico, solitário, como uma mina de tesouros, uma câmara repleta de ouro?

Julgas-me profano? Julgas-me sagrado? Julgas-me divino? Mas dias e mundo, sois demasiado espessos!

Procurai então ter mãos mais espertas, apoderar-vos de uma felicidade mais profunda, apoderar-vos de um Deus – mas não procureis apoderar-vos de mim!

A minha desdita, a minha dita são profundas, dia singular, mas não sou todavia um deus, nem o inferno de um deus: *Profunda é a sua dor.*

8

A dor de Deus é mais profunda, ó, mundo singular. Apodera-te da dor de Deus e não de mim. Quem sou eu, com efeito? Uma doce lira embriagada, uma lira de Meia-noite, o apelo aflautado do sapo. Ninguém me compreende, mas tenho de falar a surdos, Homens superiores. Porque vós não me compreendeis em nada!

Passada, passada, ó, minha juventude! Ó, Meia-noite! Ó, Tarde! Agora caiu o crepúsculo, a noite, Meia-noite – o vento uiva como um cão, não será o vento também um cão? Geme, ladra, uiva. Como suspira, como ri, como soluça e geme, a noite da Meia-noite.

Como fala com sabedoria, essa poetisa embriagada! Decerto afogou a sua embriaguez no vinho? Tornou-se extralúcida? Rumina?

Antiga e profunda treva da Meia-noite, rumina o seu mal em sonhos, e mais ainda do que o seu prazer. Porque, se o mal é profundo, *mais profunda é a alegria*.

9

Por que me dispensas louvor, vinha? Podei-te. Sou cruel. Sangras. Que significam os louvores que dispensas à minha crueldade embriagada?

"Tudo o que alcança a sua perfeição, tudo o que está maduro quer morrer", dizes tu. Abençoado, abençoado seja o facão do podador! Mas tudo o que está ainda verde quer viver – ai! Para amadurecer, para conhecer a alegria e o desejo, o mal diz: "Passa! Vai-te, dor!". Mas tudo o que sofre quer viver para amadurecer, para conhecer a alegria e o desejo – o desejo das coisas longínquas, mais altas, mais claras. "Quero herdeiros", diz tudo o que sofre, "quero filhos, não é a mim que quero."

Mas a alegria não quer filhos nem herdeiros – a alegria deseja-se a si mesma, quer a eternidade, o Regresso, e que tudo continue eternamente igual a si mesmo.

A dor diz: "Desfibra-te, sangra, ó, coração! Caminhai, pernas! Voai, asas!". Para diante, sobe, ó, dor! – vamos, coragem, meu velho coração. *A dor diz: passa e perece*!

10

Homens superiores, que vos parece, serei um profeta? Um sonhador? Um homem ébrio? Um intérprete dos sonhos? O sino da Meia-noite?

Uma gota de orvalho? Um pavor, um perfume de eternidade? Não ouvis, não sentis que o mundo, o meu, acaba de atingir a sua perfeição? A Meia-noite é também o Meio-dia.

A dor é também alegria, a maldição é benção, a noite é também sol. Ide-vos ou aprendei que um sábio é também um louco.

Alguma vez dissestes sim a uma alegria? Ó, meus amigos, então dissestes ao mesmo tempo sim a todas as dores. Todas as coisas estão encadeadas, misturadas, amorosamente enlaçadas.

Alguma vez desejastes que uma mesma coisa se repetisse? Alguma vez dissestes: "Agradas-me, felicidade, piscar de olhos, instante!". Então desejastes o Regresso de *todas as coisas*, voltando todas de novo, todas eternas, encadeadas, misturadas, amorosamente enlaçadas; oh! Foi assim que amastes o mundo!

Vós próprios eternos, vós amai-o eternamente e sempre; e à dor dizeis: "Passa – mas regressa!". *Porque a alegria quer eternidade*!

11

Toda a alegria quer a eternidade de todas as coisas, quer o mel, quer o fel, quer a embriaguez da Meia-noite, quer as sepulturas, quer a consolação, quer as lágrimas fúnebres, quer o esplendor dourado do poente.

Que não há de querer a alegria! Ela é mais ávida, mais terna, mais esfomeada, mais terrível, mais secreta do que todos os males; quer-se a si mesma, morde-se na sua própria carne, nela confirma-se a vontade de ciclo eterno.

Ela quer o amor, quer o ódio, é de uma riqueza superabundante, dá, desperdiça, suplica que se aceitem as suas dádivas, agradece àqueles que aceitam, deseja que a odeiem.

A alegria é tão rica que tem sede de dor, de inferno, de ódio, de opróbrio, de enfermidade, de *mundo* – não a conheceis bem!

Homens superiores, tem sede de vós, essa alegria indomável e bem-aventurada – sede dos vossos males, sede de criaturas fracassadas.

Porque toda a alegria se estima a si mesma – quer também, por isso, a aflição. Ó, felicidade, ó, dor! Quebra-te, ó, coração! Ficai sabendo, Homens superiores, que toda a alegria quer a eternidade.

A alegria quer a eternidade de todas as coisas, *quer uma profunda, profunda eternidade.*

12

E, agora, aprendestes o meu canto? Adivinhastes o que quero dizer? Vamos, coragem! Homens superiores, cantai agora o meu canto.

Cantai a canção cujo título é: "Mais uma vez!" e cujo sentido é: "Por toda a eternidade". Entoai, Homens superiores, o canto de Zaratustra:

Homem, ouve!
Que diz a Meia-noite com a sua voz grave?
— Eu estava mergulhado no sono,
"Emergia de um sono profundo.
"O universo é profundo, profundo!
"Mais do que o Dia pode imaginar.
"Profundos são o seu mal e a sua dor,
"Mais profunda ainda é a sua alegria.
"A dor diz: 'Passa, vá!'.
"Mas a alegria quer a eternidade,
"Quer a profunda eternidade."

O SINAL

Mas na manhã que se seguiu a essa noite, Zaratustra saltou abaixo de sua cama, cingiu os rins e saiu da caverna, ardente e vigoroso como o sol matutino que se liberta das montanhas sombrias.

— Grande astro – disse ele, como tinha dito antigamente –, olho profundo da felicidade, que seria da tua felicidade se não tivesses aqueles a quem iluminas ou se ficassem nos seus quartos quando estás já acordado, quando apareces para prodigalizar os teus dons e repartir-te! Como ficaria ferido o teu orgulhoso pudor!

"Mas se estes Homens superiores ainda estão a dormir, quanto a mim estou acordado; não são os verdadeiros companheiros que me convêm. Não é a eles que espero aqui na minha montanha.

"Quero principiar o meu labor, o meu dia; mas eles não compreendem os sinais que antecedem a minha aurora, o meu passo não os arranca do sono.

"Ainda dormem na minha caverna, o seu sonho ainda se alimenta com os meus cantos de embriaguez. Mas o ouvido que me há de ouvir, o ouvido que me há de obedecer ainda não lhes foi dado."

Zaratustra dizia essas coisas consigo, enquanto o sol ia subindo. Mas levantou os olhos com ar interrogador, porque ouvia por cima de si o grito penetrante da sua águia.

— Bem – gritou para o alto –, assim me agrada e me convém! Os meus animais estão acordados porque eu estou acordado.

"A minha águia acordou e adora o sol como eu. Com as suas garras de águia, procura apoderar-se do dia novo. Sim, sois meus, meus animais! Amo-vos. Mas ainda não encontrei os Homens que devem ser meus."

Assim falava Zaratustra, mas aconteceu que foi de repente rodeado por um voo e um enxame de pássaros inumeráveis; e o ruflar de todas aquelas asas e o rebuliço à volta da sua cabeça eram tão intensos que fechou os olhos. E, na verdade, ficou cercado por uma nuvem, uma nuvem de setas abatendo-se sobre um novo inimigo. Mas era uma nuvem de ternura, que se abatia sobre um novo amigo.

"O que está acontecendo?", pensou Zaratustra consigo, muito surpreendido, e foi lentamente sentar-se numa grande pedra que estava à entrada da sua caverna. Mas como estendesse as mãos à volta dele, por cima dele e por baixo dele para afastar as ternas aves, eis que lhe aconteceu uma coisa ainda mais surpreendente: a sua mão mergulhou de repente num tosão espesso e quente, enquanto um rugido ressoava diante dele – um demorado e doce rugido de leão.

— *O Sinal está próximo*! – disse Zaratustra, desfalecendo. E quando voltou a si, viu uma fera poderosa deitada a seus pés, esfregando a cabeça nos seus joelhos, tão cheia de amor que já não o quis deixar, como um cão que volta a encontrar o seu antigo dono. Mas as pombas na sua ternura não eram menos demonstrativas do que o leão; e, sempre que uma pomba lhe roçava o focinho, o leão sacudia a cabeça com ar surpreso e ria-se.

A tudo isso, Zaratustra dava apenas uma resposta:

— *Meus filhos, meus filhos, aproximai-vos*! – Depois disso emudeceu completamente. Mas tinha o coração aliviado, e as lágrimas caíam-lhe dos olhos gota a gota, inundando-lhe as mãos. E sem dar atenção a mais nada, continuou sentado, imóvel, sem mesmo se defender dos animais. Então as pombas começaram a voar à sua volta, a pousar-lhe nos ombros e a bicar os seus cabelos brancos, infatigáveis na sua ternura e na sua alegria. Mas o poderoso leão lambia as lágrimas que caíam nas mãos de Zaratustra, rugindo e rosnando timidamente. Assim se comportavam esses animais.

Tudo isso durou um espaço demorado ou curto; porque, para dizer a verdade, para tais coisas, deixou de haver tempo na terra. Enquanto isso, os Homens superiores tinham acordado na caverna de Zaratustra para lhe oferecer a saudação matinal. Porque, ao acordarem, tinham se dado conta de que já não estava junto deles. Mas como chegassem à entrada da caverna, precedidos pelo rumor dos seus passos, o leão teve um sobressalto poderoso, afastou-se bruscamente de Zaratustra e precipitou-se para a caverna com um rugido feroz. E ouvindo-o rugir, os Homens superiores berraram todos em uníssono, fugiram e desapareceram num abrir e fechar de olhos.

Mas o próprio Zaratustra, aturdido e distraído, levantou-se do seu assento, olhou à sua volta, permaneceu estupefato, interrogou o coração, recuperou o domínio de si – e achou-se sozinho.

— Mas que foi que ouvi? – disse, afinal, lentamente. – Que aconteceu agora mesmo?

E já lhe voltava a memória, e compreendeu de repente tudo o que tinha ocorrido desde o crepúsculo até a alvorada.

— Aqui está a pedra – disse alisando a barba – onde me sentei ontem de manhã. E foi aqui que me abordou o Profeta, e foi aqui que pela primeira vez ouvi o grito que voltei a ouvir novamente, o grande grito de angústia.

"Homens superiores, era da vossa angústia que o velho Profeta me falava ontem de manhã.

"Queria servir-se da vossa angústia para me seduzir e me persuadir. 'Ó, Zaratustra', dizia-me ele, 'venho induzir-te ao teu último pecado.'

"O meu último pecado? – exclamou Zaratustra, rindo com cólera das suas próprias palavras. — Que perspectivas me restam ainda que não sejam as do meu último pecado?"

E outra vez Zaratustra se absorveu em si próprio e voltou a sentar-se na grande pedra para refletir. Ergueu-se de repente.

— *A compaixão! A compaixão pelo Homem superior!* – exclamou, e o seu semblante parecia feito bronze. — Que assim seja! Já passou o tempo. Quer eu padeça ou me compadeça – que importa? Acaso aspiro à felicidade? Aspiro à minha obra.

"De pé! Chegou o leão, os meus filhos não tardam, Zaratustra amadureceu, chegou a minha hora.

"Eis a minha alvorada, o meu dia que se levanta. *Aparece, sobe para o céu, ó, grande Meio-dia!*"

Assim falava Zaratustra e deixou a sua caverna, ardente e vigoroso como o som matinal que se liberta das sombrias montanhas.

LEIA TAMBÉM

Veríssimo

ESTA OBRA FOI IMPRESSA
EM NOVEMBRO DE 2025